«La inteligencia artifici
nuestra era. Agrawal, Ga
cia, sino que también no
caciones económicas y su ....unes intrínsecos.
Si desea ir directo al meollo de la cuestión e identificar los desafíos y
oportunidades que conlleva la IA para la sociedad, ignorando toda la
propaganda y ruido mediático en torno a esta tecnología, su primer
paso deberá ser leer este libro.»

> — ERIK BRYNJOLFSSON, profesor del MIT, autor de *La segunda era de las*
> *máquinas* y *Machine, Platform, Crowd*

«*Máquinas predictivas* es una lectura obligada para líderes empresariales, políticos, economistas, estrategas y personas anónimas que
deseen entender las implicaciones de la IA a la hora de diseñar sus
estrategias de negocio, tomar decisiones y saber cómo va a impactar
la IA en nuestra sociedad.»

> — RUSLAN SALAKHUTDINOV, profesor de Carnegie Mellon; director de
> investigación sobre IA de Apple

«Me encuentro con mucha gente que está emocionada y al mismo
tiempo abrumada por la IA. Este libro disipará esas sensaciones y les
aportará un práctico marco de referencia»

> — SHIVON ZILIS, director y socio de OpenAI, Bloomberg Beta

«Probablemente, la revolución de la IA actual tendrá como resultado
una mayor riqueza, pero el proceso hasta llegar a ese punto requerirá
reflexionar sobre temas difíciles, como el aumento del desempleo y la
desigualdad en los ingresos. Este libro presenta una serie de contextos que permitirá a los responsables de tomar decisiones comprender
profundamente las fuerzas que están en juego.»

> — VINOD KHOSLA, Khosla Ventures; director ejecutivo fundador de Sun
> Microsystems

«¿Qué significa la IA para su negocio? Lea este libro y lo sabrá.»

> — HAL VARIAN, jefe economista de Google

«La inteligencia artificial puede transformar tu vida. Y *Máquinas predictivas* transformará tu comprensión sobre ella. Este es el mejor libro que se ha escrito hasta la fecha sobre lo que puede ser la mejor tecnología que jamás se haya desarrollado.»

> – LAWRENCE H. SUMMERS, profesor Charles W. Eliot, expresidente de la Universidad de Harvard, exsecretario del Departamento del Tesoro de EE. UU. y exjefe economista de World Bank

«*Máquinas predictivas* es un libro innovador que se centra en lo que los estrategas y directores empresariales realmente necesitan saber sobre la revolución de la IA. Adoptando una perspectiva realista y bien fundamentada en torno a esta tecnología, este libro utiliza los principios económicos y la estrategia para entender cómo las empresas, las industrias y la administración serán transformadas por la IA.»

> – SUSAN ATHEY, profesora de Economía de la Tecnología de la Universidad de Stanford; exinvestigadora y asesora de Microsoft Research New England

«*Máquinas predictivas* consigue una proeza tan loable como única: un estudio legible y conciso sobre adonde nos está llevando la inteligencia artificial, que separa el despliegue publicitario de la realidad, al tiempo que ofrece un flujo constante de nuevos conocimientos sobre la materia. Habla en un lenguaje que los altos ejecutivos y los políticos entenderán. Todos los líderes necesitan leer este libro.»

> – DOMINIC BARTON, socio director global de McKinsey & Company

«Este libro hace que la inteligencia artificial sea más fácil de entender, redefiniéndola como un artículo nuevo y asequible capaz de hacer predicciones. Es una brillante iniciativa. El libro me pareció sumamente útil.»

> – KEVIN KELLY, editor ejecutivo y fundador de Wired; autor de *What Technology Wants* y *Lo inevitable*

Máquinas predictivas

Máquinas predictivas

La sencilla economía de la inteligencia artificial

AJAY
AGRAWAL

JOSHUA
GANS

AVI
GOLDFARB

REVERTÉ MANAGEMENT

Prediction Machines
Máquinas predictivas

Copyright © 2018 Ajay Agrawal, Joshua Gans, Avi Goldfarb
All rights reserved.

Ilustraciones cortesía de Matthew Zilli.

© **Editorial Reverté, S. A., 2019**
Loreto 13-15, Local B. 08029 Barcelona – España
revertemanagement@reverte.com

Edición en papel
ISBN: 978-84-949493-8-8

Edición en ebook
ISBN: 978-84-291-9530-9 (ePub)
ISBN: 978-84-291-9531-6 (PDF)

© Jordi Vidal Moral, 2019, por la traducción

Editores: Ariela Rodríguez / Ramón Reverté
Coordinación editorial: Julio Bueno
Maquetación: Patricia Reverté
Revisión de textos: Mariló Caballer Gil

Impreso en España – *Printed in Spain*
Depósito legal: B 22790-2019
Impresión y encuadernación: Romanyà Valls
Barcelona – España

1491

*A nuestras familias, colegas, estudiantes
y empresas de nueva creación, que nos inspiraron para pensar clara
y profundamente en la inteligencia artificial.*

Contenidos

Agradecimientos

Deseamos expresar nuestro agradecimiento a todas aquellas personas que han contribuido a la confección de este libro con su tiempo, sus ideas y su paciencia. En particular, le damos las gracias a Abe Heifets de Atomwise, Liran Belanzon de BenchSci, Alex Shevchenko de Grammarly, Marc Ossip y Ben Edelman por el tiempo que nos dedicaron en las entrevistas, además de a Kevin Bryan por sus comentarios sobre el manuscrito general. Asimismo, estamos muy agradecidos por los debates y comentarios con nuestros colegas Nick Adams, Umair Akeel, Susan Athey, Naresh Bangia, Nick Beim, Dennis Bennie, James Bergstra, Dror Berman, Vincent Bérubé, Jim Bessen, Scott Bonham, Erik Brynjolfsson, Andy Burgess, Elizabeth Caley, Peter Carrescia, Iain Cockburn, Christian Catalini, James Cham, Nicolas Chapados, Tyson Clark, Paul Cubbon, Zavain Dar, Sally Daub, Dan Debow, Ron Dembo, Helene Desmarais, JP Dube, Candice Faktor, Haig Farris, Chen Fong, Ash Fontana, John Francis, April Franco, Suzanne Gildert, Anindya Ghose, Ron Glozman, Ben Goertzel, Shane Greenstein, Kanu Gulati, John Harris, Deepak Hegde, Rebecca Henderson, Geoff Hinton, Tim Hodgson, Michael Hyatt, Richard Hyatt, Ben Jones, Chad Jones, Steve J urvetson, Satish Kanwar, Danny Kahneman, John Kelleher, Moe Kermani, Vinod Khosla, Karin Klein, Darrell Kopke, Johann Koss, Katya Kudashkina, Michael Kuhlmann, Tony Lacavera, Allen Lau, Eva Lau, Yann LeCun, Mara Lederman, Lisha Li, Ted Livingston, Jevon

MacDonald, Rupam Mahmood, Chris Matys, Kristina McElheran, John McHale, Sanjog Misra, Matt Mitchell, Sanjay Mittal, Ash Munshi, Michael Murchison, Ken Nickerson, Olivia Norton, Alex Oettl, David Ossip, Barney Pell, Andrea Prat, Tomi Poutanen, Marzio Pozzuoli, Lally Rementilla, Geordie Rose, Maryanna Saenko, Russ Salakhutdinov, Reza Satchu, Michael Serbinis, Ashmeet Sidana, Micah Siegel, Dilip Soman, John Stackhouse, Scott Stern, Ted Sum, Rich Sutton, Steve Tadelis, Shahram Tafazoli, Graham Taylor, Florenta Teodoridis, Richard Titus, Dan Trefler, Catherine Tucker, William Tunstall-Pedoe, Stephan Uhrenbacher, Cliff van der Linden, Miguel Villas-Boas, Neil Wainwright, Boris Wertz, Dan Wilson, Peter Wittek, Alexander Wong, Shelley Zhuang, y Shivon Zilis. También deseamos enviar nuestro agradecimiento a Carl Shapiro y Hal Varian por su libro *Information Rules*, que sirvió de fuente de inspiración para nuestro proyecto. La aportación del personal de The Creative Destruction Lab y de la Rotman School ha sido una bendición, particularmente la de Steve Arenburg, Dawn Bloomfield, Rachel Harris, Jennifer Hildebrandt, Anne Hilton, Justyna Jonca, Aidan Kehoe, Khalid Kurji, Mary Lyne, Ken McGuffin, Shray Mehra, Daniel Mulet, Jennifer O'Hare, Gregory Ray, Amir Sariri, Sonia Sennik, Kristjan Sigurdson, Pearl Sullivan, Evelyn Thomasos, y el resto del personal y equipo de laboratorio y de la escuela Rotman. Por supuesto, agradecemos a nuestro decano, Tiff Macklem, su entusiasta apoyo a nuestro trabajo sobre la IA en el Creative Destruction Lab y, en general, a la Rotman School. Dirigimos también nuestro agradecimiento a los ejecutivos y el personal de Next 36 y The Next AI. También deseamos dar las gracias a Walter Frick y Tim Sullivan por su estupenda edición, así como a nuestro agente, Jim Levine. Muchas de las ideas que contiene este libro se basan en la investigación financiada por el Consejo de Investigación de Ciencias Sociales y Humanidades del Canadá, el Instituto Vector, el Instituto Canadiense de Investigación Avanzada bajo el liderazgo de Alan Bernstein y Rebecca Finlay, y la Fundación Sloan, con el apoyo de Danny Goroff y al amparo de la beca de Economía de la

Digitalización, administrada por Shane Greenstein, Scott Stern, y Josh Lerner. Les estamos muy agradecidos por su apoyo. Por otra parte, deseamos expresar nuestro agradecimiento a Jim Poterba por dar su apoyo a nuestra conferencia sobre la economía de la IA ante la Oficina Nacional de Investigación Económica. Por último, total agradecimiento a nuestras familias, por su paciencia y sus contribuciones durante el proceso: ¡gracias a Gina, Amelia, Andreas, Rachel, Anna, Sam, Ben, Natalie, Belanna, Ariel y Annika!

1

Introducción

Máquinas inteligentes

Si la siguiente escena aún no te resulta familiar, pronto lo será. Un niño está haciendo los deberes escolares solo en otra habitación. Y su padre oye la siguiente pregunta: «¿Cuál es la capital de Delaware?». El padre piensa unos instantes: «*Baltimore... demasiado obvio... Wilmington... no es capital*». Pero, antes de que el proceso de pensamiento acabe, una máquina llamada Alexa anuncia la respuesta correcta: «La capital de Delaware es Dover». Alexa es la inteligencia artificial, abreviadamente IA, creada por Amazon, que interpreta el lenguaje natural y proporciona las respuestas correctas a preguntas concretas a la velocidad de un rayo. Alexa ha reemplazado al padre como la fuente de información omnisciente a los ojos de un niño.

La IA está en todas partes: teléfonos, coches, experiencias comerciales, servicios de contactos personales, hospitales, bancos... y en todos los medios de comunicación. No es de extrañar que los directores corporativos, jefes ejecutivos, vicepresidentes, gestores, líderes de equipos, empresarios, inversores, instructores y responsables políticos se hallen inmersos en una frenética carrera por conocer más sobre la IA. Todos se han percatado de que esta tecnología está a punto de cambiar radicalmente sus negocios.

Nosotros, los autores, hemos observado los avances de la IA desde un singular punto de vista. Somos tres economistas que construimos nuestras carreras estudiando la última gran revolución tecnológica: internet. A lo largo de años de investigación, hemos aprendido cómo ignorar lo superfluo e ir a lo esencial en lo que respecta a la tecnología para las esferas con poder de decisión.

Creamos el Creative Destruction Lab (CDL), un programa de fase inicial que aumenta la probabilidad de éxito para nuevas empresas que fundamentan sobre conceptos científicos. Inicialmente, el CDL estaba abierto a todo tipo de empresas emergentes, pero hacia 2015 muchos de los proyectos empresariales más emocionantes eran empresas basadas en la IA. En septiembre de 2017, el CDL, por tercer año consecutivo, era el programa con la mayor concentración de empresas emergentes basadas en IA del planeta.

Como resultado de ello, muchos líderes del sector viajaban con regularidad a Toronto para participar en el CDL. Por ejemplo, uno de los primeros inventores del motor IA que impulsa a Alexa, William Tunstall-Pedoe, volaba a Toronto cada ocho semanas desde Cambridge (Inglaterra) para trabajar con nosotros durante todo el programa. Y Barney Pell, de San Francisco, quien había dirigido al equipo de ochenta y cinco personas de la NASA que llevó la primera IA al espacio profundo, hizo otro tanto.

En parte, el dominio del CDL en este campo deriva de nuestra ubicación, en Toronto, donde se concibieron e impulsaron muchas de las invenciones esenciales —enmarcadas en un campo denominado *machine learning* o *aprendizaje automático*— que han avivado el reciente interés por la IA. Los expertos, cuya base previa había sido el Departamento de Informática de la Universidad de Toronto, actualmente dirigen muchos de los principales equipos industriales de IA del mundo, como los de Facebook, Apple y OpenAI de Elon Musk.

El hecho de estar tan cerca de tantas aplicaciones de la IA nos obligó a centrarnos en cómo esta tecnología afecta a la estrategia de negocios actual. Tal como explicaremos más adelante, la IA es una tecnología de predicción. Las predicciones son datos útiles para la toma de decisiones, y la economía proporciona el marco perfecto para comprender los compromisos que subyacen bajo cualquier decisión. Así pues, con una pizca de suerte y un poco de diseño, nos vimos en el lugar y el momento idóneos para tender un puente entre el técnico y el hombre de negocios. El resultado es este libro.

Nuestra primera información clave es que de hecho la nueva ola de la IA no nos aporta inteligencia, sino un componente básico de la misma: la *predicción*. Lo que Alexa estaba haciendo cuando el niño planteó su pregunta, caso expuesto anteriormente, era captar los sonidos que se emitían y predecir las palabras que iba a pronunciar el niño, para a posteriori revelar qué información se busca con esas palabras. Alexa no «sabe» cuál es la capital de Delaware, pero es capaz de predecir que, cuando las personas hacen tal pregunta, buscan una respuesta específica: «Dover».

Todas las empresas emergentes de nuestro laboratorio se dedican a explotar los beneficios de unas mejores predicciones. Deep Genomics mejora la práctica de la medicina prediciendo qué sucederá en una célula cuando se altera el ADN. Chisel mejora la práctica del Derecho prediciendo qué partes de un documento se deben redactar. Y Validere mejora la eficacia de la transferencia de custodia del petróleo prediciendo el contenido de agua del crudo entrante. Estas aplicaciones son un microcosmos de lo que la mayoría de los hombres de negocios van a hacer en un futuro cercano.

Si estás perdido en la niebla tratando de imaginar qué te aporta la IA, podemos ayudarte a entender las implicaciones de esa tecnología y a explicarte de manera sencilla los avances en la misma, aunque jamás hayas programado una red neuronal convolucional, ni estudiado la estadística bayesiana.

Si eres un líder empresarial, te proporcionaremos información sobre el impacto de la IA en la gestión y en la toma de decisiones.

Si eres un estudiante o un recién graduado, te facilitaremos el contexto para pensar en la evolución de los empleos y carreras del futuro. Si eres un analista financiero o un inversor de capital de riesgo, te ofrecemos una estructura alrededor de la cual podrás desarrollar tus tesis de inversión. Si eres una persona perteneciente a la esfera con poder de decisión, te proporcionaremos las directrices para comprender cómo la IA va a cambiar la sociedad y cómo la política puede dar forma a tales cambios para bien.

La economía aporta una base sólida para comprender la incertidumbre y lo que significa para la toma de decisiones. En la medida en que unas mejores predicciones van reduciendo las incertidumbres, usamos la economía para informarte sobre qué incidencia tiene la IA en las decisiones que deberás tomar en el curso de tus negocios. Dicha información, a su vez, proporciona conocimientos sobre qué herramientas de IA pueden rendir mayores beneficios sobre la inversión respecto a los flujos de trabajo internos de un negocio, lo cual conduce a un marco que sirve para diseñar estrategias de negocio; a saber, cómo se puede replantear la escala y el alcance de un negocio de una manera que permita explotar las nuevas realidades económicas basadas en la predicción barata. Finalmente, exponemos los principales compromisos asociados a la IA en cuanto a los empleos, la concentración de poder corporativo, la privacidad y la geopolítica.

¿Qué predicciones son importantes para vuestro negocio? ¿Cómo cambiarán los futuros avances en IA las predicciones en las que os basáis? Al igual que cuando entraron en escena el ordenador personal y, posteriormente, internet, ¿cómo rediseñareis en vuestra empresa los puestos de trabajo en respuesta a los avances de la tecnología de predicción? La IA es una nueva tecnología aún poco conocida, pero los instrumentos económicos para evaluar las implicaciones de una caída del coste de la predicción son completamente fiables; a pesar de que seguramente los ejemplos que aquí exponemos acabarán quedando obsoletos, el marco del presente libro seguirá estando muy vigente. Los conocimientos continuarán aplicándose a medida que la tecnología mejore y que las predicciones se vuelvan más precisas y complejas.

Máquinas predictivas no es una receta para el éxito en la economía de la IA, lo que se pretende es enfatizar «los compromisos». Más datos significa menos privacidad. Más velocidad significa menos precisión. Más autonomía significa menos control. No prescribimos la mejor estrategia para tu negocio. Ese es tu trabajo. La mejor estrategia para tu empresa, tu carrera o tu país dependerá de cómo ponderes cada parte de un compromiso. Este libro pretende facilitarte una estructura para que identifiques los compromisos clave y cómo evaluar los pros y contras, con el fin de que potes por la mejor decisión. Obviamente, incluso teniendo nuestro marco a mano, te encontrarás con que las cosas cambian a toda velocidad. Será necesario tomar decisiones sin tener toda la información, pero tomarlas será mejor que la inacción.

PUNTOS CLAVE

- La actual ola de avances en IA no nos aporta inteligencia, sino un componente crítico de la misma: la predicción.

- La predicción es una información básica en la toma de decisiones. La economía posee un marco bien definido para comprender el proceso de toma de decisiones. Las nuevas y poco conocidas implicaciones de los avances en la tecnología de predicción pueden combinarse con la vieja y bien fundamentada teoría de la lógica de la decisión procedente del campo de la economía, la cual aporta una serie de informaciones que ayudan a plantear un enfoque de IA para una organización.

- No suele existir una única respuesta correcta a las preguntas de qué estrategia de IA es la mejor o cuáles son las mejores herramientas de IA, dado que dicha tecnología implica una serie de compromisos y concesiones: a más velocidad, menor precisión; a más autonomía, menor control; cuantos más datos, menor privacidad. Aquí facilitamos un método para identificar los compromisos asociados a cada decisión que implique una IA, de forma que sea posible evaluar ambos lados de cada operación a la luz de la misión y los objetivos de una organización concreta, para después tomar la decisión más acertada dentro de lo posible.

2

Lo barato lo cambia todo

Todos hemos vivido «un momento IA», o vamos a vivirlo pronto. Estamos acostumbrados a que los medios de comunicación nos bombardeen con historias de nuevas tecnologías que cambiarán nuestras vidas. Algunos de nosotros somos tecnófilos y celebramos las posibilidades que nos brinda el futuro; otros son tecnófobos y se lamentan por tener que dejar atrás aquellos maravillosos viejos tiempos; pero casi todos estamos tan acostumbrados al constante flujo de noticias sobre tecnología que repetimos mecánicamente el mantra de que «lo único inmune al cambio es el propio cambio». Hasta que llega nuestro momento IA. Entonces es cuando nos percatamos de que esa tecnología es diferente.

Algunos informáticos experimentaron su momento IA en 2012, cuando un equipo de estudiantes de la Universidad de Toronto obtuvo un impactante triunfo en la competición de reconocimiento de objetos visuales de Image-Net, y al año siguiente todos los finalistas usaron el, por aquel entonces novedoso, enfoque de «aprendizaje profundo» para competir. El reconocimiento de objetos es más que un simple juego, ya que permite que las máquinas «vean».

Algunos jefes ejecutivos de empresas tecnológicas experimentaron su momento IA cuando leyeron unos titulares, publicados en enero de 2014, donde se anunciaba que Google acababa de pagar más de 600 millones de dólares por la adquisición de DeepMind, compañía sita en el Reino Unido. A pesar de que la puesta en funcionamiento de la compañía había generado unos ingresos insignificantes en relación con el precio de compra, esta empresa había demostrado que su IA había aprendido —por su cuenta y sin ser programada— a jugar a ciertos videojuegos Atari obteniendo un rendimiento sobrehumano.

Por su parte, algunos ciudadanos de a pie vivieron su momento IA más tarde ese mismo año, cuando el conocido astrofísico Stephen Hawking explicó enfáticamente que: «Todo lo que la civilización tiene que ofrecer es producto de la inteligencia humana…. El éxito en la creación de la inteligencia artificial podrá ser el evento más grande en la historia de la humanidad».[1]

Otros, en cambio, experimentaron su momento IA la primera vez que soltaron el volante de su veloz Tesla y dejaron que el piloto automático de su vehículo se ocupara del problema del tráfico.

Incluso el Gobierno chino experimentó su momento IA cuando fue testigo de la victoria del programa de DeepMind, AlphaGo, sobre Lee Se-dol, un maestro surcoreano de un juego de mesa llamado Go, y cuando, más tarde ese mismo año, el citado programa venció al primer clasificado del ranquin mundial, el chino Ke Jie. El *New York Times* describió esta partida como el «momento Sputnik de China»[2]. Justo tras la inversión masiva de Estados Unidos en ciencia, que siguió al lanzamiento soviético del Sputnik, China respondió a tal logro con una estrategia nacional diseñada para dominar el mundo de la IA hacia el 2030, anunciando un compromiso financiero para hacer plausible tal proclama.

Nuestro momento IA llegó en 2012, cuando las empresas de IA emergentes —de entrada, un pequeño número que más tarde se convertiría en legión—, empezaron a utilizar avanzadas técnicas de aprendizaje automático aplicadas al CDL. Tales aplicaciones abarcaban sectores industriales como la investigación de fármacos, el servicio al cliente, la fabricación de productos, la garantía de calidad, la distribución minorista o los dispositivos médicos. Esta tecnología era poderosa y al mismo tiempo tenía un propósito general, y aumentaba significativamente el valor de extensa gama de aplicaciones. Fue entonces cuando empezamos a entender lo que significaba la IA en términos económicos, pues sabíamos que se regía por los mismos principios económicos que cualquier otro tipo de tecnología.

La tecnología en sí misma es, por decirlo de manera simple, asombrosa. En sus primeros años, el famoso inversor de riesgo, Steve Jurvetson, lo expresó ocurrentemente: «Prácticamente cualquier producto que uses en los próximos cinco años y que parezca mágico habrá sido construido con casi total seguridad mediante estos algoritmos».[3] La caracterización de Jurvetson de la IA como «mágica» tuvo su eco en la narrativa popular en filmes como *2001: una odisea del espacio*, *La guerra de las galaxias* o *Blade Runner*, y más recientemente en *Her*, *Transcendence* o *Ex machina*. Comprendemos y simpatizamos con esta tipificación de Jurvetson de las aplicaciones de la IA como mágicas; pero, como economistas, nuestro trabajo consiste en tomar esas ideas aparentemente «mágicas» y hacerlas simples, claras y prácticas.

Saber ver lo esencial

Los economistas vemos el mundo de forma diferente a la mayoría de la gente. Todo lo vemos a través de un marco dirigido por fuerzas tales como la oferta y la demanda, la producción y el consumo, y los precios y los costes. A pesar de que los economistas a menudo disentimos entre nosotros, lo hacemos en el contexto de un marco común. Discutimos sobre asunciones e interpretaciones, pero no sobre conceptos fundamentales, como los roles de la escasez y la competencia en la fijación de precios. Esta manera de contemplar el mundo nos da una perspectiva privilegiada. El aspecto negativo de nuestro punto de vista es que, para ciertas personas, resulta muy frío, y desde luego no nos hace muy populares en los eventos sociales. El aspecto positivo de tal perspectiva es que nos proporciona una útil clarividencia a la hora de fundamentar las decisiones empresariales.

Pero empecemos por lo básico: los precios. Cuando el precio de algo baja, consumimos más ese producto. Eso es economía básica, y está sucediendo justo en estos momentos con la IA. La IA está en todas partes: comprimida en las aplicaciones del móvil, optimizando las redes eléctricas y sustituyendo a los gestores de cartera de valores. Y es posible que pronto te evite el tener que conducir o que te envíe paquetes voladores a tu domicilio.

Si los economistas somos buenos en algo es en saber ver lo esencial, ya que donde otros ven una innovación transformadora, nosotros vemos una simple caída de precios. Pero no se trata solo de eso. Para comprender cómo la IA afectará a una organización, es necesario saber exactamente qué precio ha cambiado y cómo ese cambio de precio se irá diseminando por los demás sectores de la economía. Solo entonces será posible configurar un plan de acción. La historia de la economía nos ha enseñado que el impacto de las principales innovaciones suele sentirse en los lugares más insospechados.

Analicemos, por ejemplo, el caso del internet comercial en 1995. Cuando la mayoría de nosotros estábamos viendo la serie de TV *Seinfeld*, Microsoft sacó al mercado el Windows 95, su primer sistema operativo multitarea. Aquel mismo año, el Gobierno de Estados Unidos eliminó las últimas restricciones que impedían el tráfico comercial a través de internet, y Netscape —los inventores del navegador— celebraron su primera oferta pública inicial (OPI) importante del internet comercial. Este hecho supuso un punto de inflexión cuando internet pasó de ser una mera curiosidad tecnológica a un *tsunami* destinado a inundar la economía.

La OPI de Netscape tasó la empresa en más de 3.000 millones de dólares, a pesar de que aún no había generado ningún beneficio significativo. Los inversores de capital de riesgo tasaron las empresas emergentes en millones, aunque estas estuvieran en la etapa «preingresos» (nuevo término). Los recién graduados de MBA (Máster de Administración de Empresas) rechazaron empleos tradicionalmente lucrativos para explorar e indagar en la web. A medida que los efectos de la red mundial empezaron a expandirse por los sectores de la industria y a lo largo de toda la cadena de valor, los defensores de la tecnología dejaron de referirse a internet como una nueva tecnología para hacerlo en lo sucesivo como la «nueva economía». El término arraigó y se hizo popular. La red de internet trascendió a la tecnología, introduciéndose en la actividad humana a un nivel fundamental. Los políticos, ejecutivos corporativos, inversores, empresarios y principales agencias de noticias empezaron a usar el término citado. Todo el mundo definía el fenómeno como la «nueva Economía».

Es decir, todo el mundo excepto «los economistas». Nosotros no veíamos aquel fenómeno como una nueva economía. En nuestro ámbito, aquello tenía todos los visos de ser la vieja economía de siempre, si bien es cierto que se habían producido algunos cambios importantes. Los bienes y servicios podían distribuirse digitalmente, la comunicación era sencilla. Y uno podía encontrar información de manera sencilla con solo clicar un botón de búsqueda, pero todas estas cosas ya se podían hacer antes. En esencia, lo único que había cambiado es que ya se podían hacer a bajo precio. La aparición de internet supuso una caída del coste de la distribución, la comunicación y la búsqueda. Reformular un avance tecnológico como un cambio de lo caro a lo barato, o de la escasez a la abundancia, es una premisa muy valiosa a la hora de pensar en cómo ello afectará a un negocio en concreto. Por ejemplo, si rememoramos la primera vez que usamos Google, quizá nos venga a la mente cómo nos sorprendió aquella aparentemente mágica capacidad de acceder a la información. Desde la perspectiva de los economistas, Google hizo que la búsqueda fuera barata. Al volverse barata, las empresas que hacían dinero vendiendo búsquedas a través de otros medios (Páginas Amarillas, agencias de viajes, anuncios clasificados) se vieron inmersas en una crisis de competitividad. Al mismo tiempo, aquellas empresas que se basaban en que la gente las encontrara —por ejemplo, los autores autopublicados, los vendedores de objetos coleccionables raros, los directores de cine caseros— tuvieron una época de prosperidad.

Este cambio en los costes relativos de ciertas actividades influyó radicalmente en algunos modelos de negocio y llegó incluso a transformar algunas industrias. Sin embargo, las leyes de la economía no cambiaron. Todavía podíamos entenderlo todo en términos de oferta y demanda; y, por tanto, establecer estrategias, elaborar políticas y anticipar el futuro a partir de los principios económicos existentes.

Barato significa «estar en todas partes»

Cuando el precio de algo fundamental cae drásticamente, todo el mundo puede verse inmerso en un cambio. Consideremos, por ejemplo, el coste de la luz. Lo más probable es que estés leyendo este libro bajo algún tipo de energía lumínica artificial. Además, probablemente jamás te hayas parado a pensar en si vale le pena usar luz artificial para leer. La luz es tan barata que la usamos con toda naturalidad sin pensar en su coste. Pero, según la meticulosa investigación del economista William Nordhaus, realizada en la década de 1800, la misma cantidad de luz nos habría costado cuatrocientas veces más de lo que pagamos actualmente.[4] A ese precio, tendríamos en cuenta el coste de la luz artificial y nos lo pensaríamos dos veces antes de usarla para leer este libro. La subsiguiente caída en el precio de la luz iluminó el mundo. No solo convirtió la noche en día, sino que nos permitió vivir y trabajar en grandes edificios en los que la luz natural no podía penetrar. Prácticamente nada de lo que tenemos hoy en día sería posible si el coste la luz artificial no hubiera llegado a ser casi cero.

El cambio tecnológico abarata cosas que antes eran caras. El coste de la luz cayó tanto que cambió nuestro comportamiento, pasando de pensar en si debíamos usarla o no a ni siquiera pararnos a pensar un segundo antes de pulsar el interruptor de la luz. Tal caída significativa de los precios creó oportunidades para hacer cosas que nunca habíamos hecho; hacía posible lo imposible. Así pues, no es de extrañar que los economistas estén obsesionados con las implicaciones de caídas masivas de los precios de bienes tan fundamentales como la luz.

Algunos de los impactos de producir luz más barata eran fáciles de imaginar, pero otros no tanto. En qué afectará el que una nueva tecnología abarate las cosas no es siempre obvio, ya se trate de luz artificial, de vapor, de automóviles o de ordenadores.

Tim Bresnahan, un economista de Stanford y uno de nuestros mentores, señaló que los ordenadores no hacen otra cosa que operaciones aritméticas. El advenimiento y la comercialización de los ordenadores abarató la aritmética.[5] Y al abaratarse, además de usarla más en sus aplicaciones tradicionales, la aritmética ahora se utilizará en aplicaciones que no estaban tradicionalmente asociadas a la misma, como la música.

Ada Lovelace, a quien se considera la primera programadora de ordenadores, fue la primera persona que vio este potencial. Trabajando bajo una luz sumamente costosa, a principios de la primera década del siglo XIX, Lovelace escribió el primer programa registrado que sirvió para computar una serie de números (llamados números Bernoulli) en un todavía teórico ordenador diseñado por Charles Babbage. Babbage, que también era economista, no era el único que se percató de la estrecha relación entre informática y economía, como más adelante expondremos. Lovelace comprendió que la aritmética, por usar la jerga moderna, podía «trascender» y permitir hacer muchas más cosas; además, se percató de que las aplicaciones de la informática no se limitaban a las operaciones matemáticas: «Suponiendo, por ejemplo, que las relaciones fundamentales de los sonidos en la ciencia de la armonía y la composición musical fueran susceptibles de tal expresión y adaptaciones, la máquina podría componer elaboradas y científicas piezas musicales con cualquier grado de complejidad».[6] El ordenador no se había inventado todavía, pero Lovelace vio que una máquina aritmética podría almacenar y reproducir música, un formato que redefiniría el arte y la humanidad.

Y eso es precisamente lo que sucedió. Cuando, un siglo y medio más tarde, el coste de la aritmética disminuyó lo suficiente, ya había miles de aplicaciones para esta disciplina con las que la mayoría no había ni siquiera soñado. La aritmética representó una aportación tan importante para tantos ámbitos que cuando se volvió barata, al igual que la luz en su momento, el mundo cambió por completo. Reducir algo a meros términos de coste es una manera de ignorar lo superfluo y ver lo esencial, si bien no ayuda a que el último y grandioso avance tecnológico resulte emocionante. Jamás vimos a Steve Jobs anunciar «una nueva máquina de sumar», aunque en realidad es lo que siempre hacía. Al reducir el coste de algo importante, las nuevas máquinas de sumar de Jobs tenían un poder transformador.

Y tal reflexión nos lleva a la IA: será económicamente significativa precisamente porque abaratará en gran medida algo importante. Justo ahora, quizá estés pensando en el intelecto, el razonamiento o el propio pensamiento. Tal vez imagines robots por todos lados o seres no corpóreos, como los amigables ordenadores de *Star Trek*, que evitan que tengas que pensar. A Lovelace se le ocurrió la misma idea, pero la desechó rápidamente. Al menos, en la medida en que concierne a los ordenadores, Lovelace escribió: «No alberga pretensiones de originar nada. Es capaz de hacer cualquier cosa que sepamos ordenarle. Puede hacer análisis; pero carece del poder para anticipar relaciones o verdades analíticas».[7]

A pesar de toda la fanfarria publicitaria y del ruido mediático que acompaña a la noción de la IA, lo que Alan Turing llamaría a posteriori la «objeción de la señora Lovelace» sigue estando vigente. Los ordenadores todavía no piensan, así que el pensamiento no va a abaratarse en un futuro cercano. No obstante, lo que sí se abaratará será algo tan frecuente que, como la aritmética, seguramente ni siquiera seamos conscientes de hasta qué punto está omnipresente y hasta qué punto una caída en su precio puede afectar tanto a nuestras vidas como a la economía.

¿Qué será lo que abaraten las nuevas tecnologías de IA? La «predicción». Por tanto —como la economía nos dice— no solo vamos a usar mucho más la predicción, sino que la vamos a ver emerger en nuevos e insospechados lugares.

Lo barato crea valor

La predicción es el proceso de completar la información faltante. La ciencia de la predicción toma nuestra información, a menudo llamada «datos», y la usa para generar información que no posee. Gran parte de las discusiones sobre IA enfatizan que la variedad de las técnicas de predicción que usan nombre y etiquetas cada vez más vagos y crípticos: clasificación, agrupación, regresión, árboles de decisión, estimación bayesiana, redes neuronales, análisis topológico de datos, aprendizaje profundo, aprendizaje de refuerzo, aprendizaje de refuerzo profundo, redes capsulares, etc. Estas técnicas son importantes para los tecnólogos interesados en implementar la IA en un problema de predicción concreto.

En este libro, no entramos en aquellos detalles de las matemáticas que subyacen bajo tales métodos. Conviene enfatizar que cada uno de estos métodos trata sobre predicciones: usar la información que se posee para generar información que no se posee. Este libro pretende sobre todo servir de ayuda para identificar las situaciones en las que la predicción sea valiosa y, acto seguido, mostrar cómo beneficiarse lo máximo posible de tales predicciones.

Predicciones más baratas significa más predicciones. Esto es economía básica. Cuando el coste de algo se reduce, lo producimos más. Por ejemplo, cuando la industria de la informática empezó a despegar en la década de 1960 y el coste de la aritmética también cayo velozmente, se recurrió más a esa disciplina en aplicaciones donde ya era un insumo, como la Oficina del Censo de Estados Unidos, el Departamento de Defensa o la NASA —algo recientemente recreado en la película *Figuras ocultas*—. Más tarde, empezamos a usar la barata aritmética para abordar problemas que tradicionalmente no eran problemas «aritméticos», como la fotografía. Si en su día disolvíamos las fotografías usando agentes químicos, la aritmética, al abaratarse, nos sirvió para hacer la transición hacia una solución basada en la misma: la cámara digital. Una imagen digital no es más que una cadena de ceros y unos que puede volverse a conjuntar para formar una imagen visible usando la aritmética.

Y lo mismo es aplicable a la predicción. La predicción se usa para tareas tradicionales, como la gestión de inventarios y la previsión de demanda. Significativamente, como se está abaratando, la aritmética se está usando en problemas que no solían entrar en su esfera de aplicación. Kathryn Howe, de Integrate.ai, llama a esta habilidad de ver un problema y reformularlo como un problema de predicción «enfoque IA», y hoy en día los ingenieros de todo el mundo lo están adoptando. Por ejemplo, estamos transformando el transporte en un problema de predicción. Los vehículos autónomos han existido en entornos controlables durante más de dos décadas, pero estaban limitados a lugares con planos del espacio detallados, tales como fábricas o almacenes. Esos planos implican que los ingenieros pueden diseñar sus robots para que maniobren con inteligencia lógica básica del tipo «si... entonces»: si una persona camina por delante del vehículo, párate; o, si la estantería está vacía, muévete hacia la siguiente. No obstante, nadie podría usar esos vehículos en la calle de una ciudad corriente. Hay demasiadas cosas que pueden pasar, demasiados «sí» que se deberían codificar.

Los vehículos autónomos no podrían funcionar fuera de un entorno altamente predecible y controlado a menos que los ingenieros reformularan la navegación como un problema de predicción. En lugar de decirle a una máquina qué debe hacer en cada circunstancia, los ingenieros reconocen que podrían centrarse en un solo problema de predicción: «¿qué haría un humano?». Ahora, las empresas están invirtiendo miles de millones de dólares en enseñar a las máquinas cómo conducir autónomamente en entornos no controlados, incluidas las calles de una ciudad y las autopistas.

Imaginemos una IA instalada en un coche con conductor humano. El humano conduce durante miles de kilómetros, recibiendo datos sobre el entorno a través de sus ojos y oídos, procesando esos datos con su cerebro, humano, y respondiendo a los datos entrantes: avanza recto o gira, frena o acelera. Los ingenieros les dan a las IA sus propios ojos y oídos equipando el coche con sensores —esto es, cámaras, radares y láseres—. Así, la IA observa los datos entrantes mientras el humano conduce y, simultáneamente, observa las acciones humanas. Cuando entra un determinado dato del entorno, ¿el humano gira a la derecha, frena o acelera? Cuanto más observa la IA al humano, mejor es prediciendo la acción específica que realizará el conductor, en función de los datos que recibe del entorno. La IA aprende a conducir prediciendo qué haría un conductor humano ante unas condiciones específicas de la carretera.

En este sentido, el hecho crucial es que cuando un factor —como la predicción— se abarata, aumenta el valor de otras cosas. Los economistas lo llaman «complementos». De la misma forma que una caída del precio del café aumenta el valor del azúcar y de la crema, en el caso de los vehículos autónomos, una caída del coste de la predicción aumenta el valor de los sensores que captan datos del entorno del automóvil. Por ejemplo, en 2017, Intel pagó más de 15.000 millones de dólares por la empresa emergente israelí Mobileye, principalmente por su tecnología de recopilación de datos que permite que los vehículos vean objetos de forma efectiva (señales de stop, personas, etc.) así como líneas de delimitación (carriles, carreteras…).

A medida que la predicción se abarate, se harán cada vez más predicciones y habrá más complementos que predecir. Estas dos simples fuerzas económicas impulsan las nuevas oportunidades que crean las máquinas predictivas. A niveles bajos, una máquina predictiva puede librar al ser humano de tareas predictivas, con lo que se ahorran costes. A medida que la máquina se pone en marcha, la predicción puede cambiar y mejorar la calidad de la toma de decisiones. Pero en algún punto la máquina predictiva puede volverse tan precisa y fiable que cambie la forma de hacer las cosas de una organización. Algunas IA afectarán tanto a la economía de un negocio que no se podrán utilizar simplemente para mejorar la productividad de ejecución contra la estrategia, sino que cambiarán la propia estrategia.

De lo barato a la estrategia

La pregunta más habitual que nos formulan los ejecutivos corporativos es «¿cómo afectará la IA a nuestra estrategia de negocios?». Usamos un experimento mental para responder a tal pregunta. La mayoría de las personas están familiarizadas con las compras en Amazon. Igual que sucede con el resto de tiendas en línea: visitas una página web, seleccionas algunos artículos, los colocas en tu carrito, pagas por ellos y Amazon te los envía. En estos momentos, el modelo de negocios de Amazon es de compra-envío.

Durante el proceso de compra, la IA de Amazon le ofrece sugerencias de artículos que predice que deseas comprar. La IA hace un trabajo razonable, que, a pesar de todo, aún está lejos de ser perfecto. En nuestro caso, la IA predice de forma concisa qué queremos comprar alrededor de un 5% de las veces. De hecho, compramos alrededor de uno de cada veinte artículos que nos recomienda. Si tenemos en cuenta los millones de artículos que se ofrecen, ¡no está nada mal!

Ahora imaginemos que la IA de Amazon recopila información sobre nosotros y que usa esos datos para mejorar sus predicciones, una mejora similar a subir el volumen de un dial de altavoz. Pero en lugar del volumen, la IA está subiendo su precisión de predicción.

En algún punto, a medida que se gira el botón del sonido, la precisión de predicción de la IA traspasa un umbral cambiando el modelo de negocio de Amazon. La predicción se vuelve lo suficientemente precisa como para que Amazon vea más rentable enviarnos los artículos que deseamos que esperar a que los pidamos.

Teniendo eso en cuenta, no necesitaríamos acudir a otros vendedores y, además, es posible que el hecho de que el artículo esté allí nos incite a comprar otros. Amazon obtiene una mayor cuota de cartera. Claramente, esto es algo fantástico para Amazon, pero también para nosotros. Amazon nos envía algunos artículos antes de que los compremos; lo cual, si todo va bien, nos ahorra el trabajo de comprar. Así, el hecho de subir el dial de la predicción cambia el modelo de negocio de Amazon de «compra-envío» por el de «envío-compra».

Obviamente, los compradores no querrán tomarse la molestia de devolver todos los artículos que no quieran, por lo que Amazon invertirá en una infraestructura para devoluciones de producto; tal vez una flota de camiones como los de reparto que, una vez a la semana, hagan las oportunas recogidas de aquellos artículos que los clientes no deseen.[8]

Si este es un mejor modelo de negocio, ¿por qué Amazon no lo ha puesto ya en marcha? Pues porque, si se implementara hoy en día, el coste de recoger y de gestionar artículos devueltos sería mayor que el aumento de ingresos procedente de la cuota de cartera. Por ejemplo, actualmente, devolveríamos el 95% de los artículos que nos hayan enviado. Eso es incómodo para nosotros y costoso para Amazon. La predicción no es lo bastante buena como para que Amazon adopte ese nuevo modelo.

Podemos imaginar un escenario en el que Amazon adopte la nueva estrategia incluso «antes» de que la precisión de la predicción sea lo bastante buena para hacerla rentable, ya que la empresa «anticipa» que en algún momento lo será. Cuando antes se lance esa estrategia, la IA de Amazon antes obtendrá más datos, y mejorará más rápidamente. Amazon entiende que cuanto antes empiece más difícil será para los competidores ponerse a su nivel. Unas mejores predicciones atraerán a más compradores, más compradores generarán más datos con los que entrenar a la IA, más datos llevarán mejores predicciones, conformando así un círculo virtuoso. Adoptar un modelo de negocio demasiado pronto puede resultar costoso, pero adoptarlo demasiado tarde puede ser fatal.[9]

Lo que queremos decir no es que Amazon deba hacer esto o lo otro, aunque los lectores escépticos quizá se sorprenderían al saber que, en 2013, Amazon compró una patente en Estados Unidos por el «envío anticipatorio».[10] En lugar de ello, la idea relevante es que girar el dial de la predicción tiene un impacto significativo en la estrategia. En este ejemplo, dicha iniciativa cambió el modelo de negocio de Amazon de compra-envío por el de envío-compra, generó el incentivo para integrar verticalmente en la operativa un servicio de devolución de productos —incluida una flota de camiones— y aceleró el tempo de la inversión. Y todo esto se debió simplemente a girar el dial de la máquina predictiva.

¿Qué significa esto para la estrategia? En primer lugar, es necesario invertir en la recopilación de inteligencia sobre la velocidad y hasta qué punto el dial de las máquinas predictivas girará respecto a un sector y unas aplicaciones de un negocio en concreto. En segundo lugar, es necesario invertir en el desarrollo de una tesis sobre las opciones estratégicas creadas al girar el dial.

Para comenzar con este ejercicio de ciencia ficción, cierra los ojos, imagina que pones los dedos sobre el dial de tu máquina predictiva y, usando las palabras inmortales de Spinal Tap, lo subes hasta el once.

El plan para el libro

Es necesario crear los fundamentos antes de que las implicaciones estratégicas de las máquinas predictivas en una organización sean evidentes. Así es precisamente cómo hemos estructurado este libro: construyendo una pirámide desde cero.

En la parte uno, establecemos los fundamentos y explicamos cómo el aprendizaje automático mejora las *predicciones*. Después, pasamos a exponer la razón por la que los nuevos avances son diferentes de las estadísticas que aprendimos en la escuela o que los analistas de la empresa puedan elaborar. A continuación, consideramos un complemento clave en la predicción: los datos, especialmente aquellos imprescindibles para hacer buenas predicciones, y explicamos cómo saber si se tienen o no. Finalmente, profundizamos en casos en los que las máquinas predictivas tienen un mejor rendimiento que las personas, y en los que personas y máquinas pueden trabajar juntos para conseguir una precisión predictiva todavía mejor.

En la parte dos, describimos el papel de la predicción como factor clave en la *toma de decisiones* y explicamos la importancia de otro componente que la comunidad IA ha ignorado hasta la fecha: el juicio. La predicción facilita la toma de decisiones porque reduce la incertidumbre, mientras que el juicio asigna valor. En la jerga de los economistas, el juicio es la habilidad usada para determinar un pago, una utilidad, un incentivo o un beneficio. La implicación más significativa de las máquinas predictivas es que aumentan el valor del juicio.

Los asuntos prácticos son el foco de la parte tres. Las *herramientas de IA* hacen que las máquinas predictivas sean útiles y son implementaciones de este tipo de máquinas diseñadas para realizar tareas específicas. Describimos tres pasos que te ayudarán a decidir cuándo construir —o comprar— una herramienta de IA generará la máxima rentabilidad. A veces, tales herramientas encajan perfectamente en un sistema de trabajo, pero otras veces motivan un rediseño del mismo. A lo largo del libro, presentamos una ayuda relevante para especificar los rasgos principales de una herramienta de IA: el «lienzo de la IA».

En la parte cuatro, volveremos a la *estrategia*. Tal como describimos en nuestro experimento mental de Amazon, algunas IA ejercen un efecto tan profundo en la economía de una tarea que acaban transformando un negocio o industria. Ahí es cuando una IA se convierte en la piedra angular de la estrategia de una organización. Las IA que tienen un impacto en la estrategia cambian la atención sobre la IA, pasando de los gestores de producto e ingenieros de operaciones a los directivos de alto nivel. En ocasiones, es difícil predecir de antemano cuándo una herramienta de IA tendrá un efecto poderoso. Por ejemplo, pocas personas pudieron predecir, cuando lo intentaron la primera vez, que la herramienta de búsqueda de Google transformaría la industria de los medios de comunicación y se convertiría en la base de una de las empresas más valiosas del planeta.

No obstante, aparte de las oportunidades positivas, las IA también plantean riesgos que pueden afectar negativamente a nuestro negocio, a menos que tomemos las medidas preventivas adecuadas. El debate popular parece centrarse en los riesgos que las IA plantean a la humanidad, pero la gente presta mucha menos atención a los peligros que las IA suponen para las organizaciones. Por ejemplo, algunas máquinas predictivas en las que se han introducido datos generados por humanos ya han «aprendido» peligrosos prejuicios y estereotipos.

Con la parte cinco, concluiremos este libro aplicando nuestro juego de herramientas para economistas, que afectan a la sociedad más ampliamente, examinando cinco de los debates más comunes en torno a las IA:

1. ¿Seguirá habiendo empleos? Sí.

2. Generará esto más desigualdades? Quizá.

3. ¿Habrá algunas pocas grandes empresas que lo controlen todo? Depende.

4. ¿Se enzarzarán los países en carrera hacia el abismo dictando políticas cada vez más restrictivas que socaven nuestra privacidad y seguridad a fin de proporcionarles a sus empresas domésticas una ventaja competitiva? Algunos sí lo harán.

5. ¿Será el fin del mundo? Todavía te queda tiempo suficiente para extraer cosas valiosas de este libro.

PUNTOS CLAVE

- La economía ofrece una información clara en lo relativo a las implicaciones en los negocios del abaratamiento de la predicción. Las máquinas predictivas se usarán para las tareas de predicción tradicionales —inventarios y previsión de la demanda—, así como para nuevos problemas —como la navegación y la traducción—.

  La caída del coste de la predicción tendrá un impacto en el valor de otras cosas: aumentará el valor de los complementos (datos, evaluación y acción) y disminuirá el valor de los sustitutos (predicción humana).

- Las organizaciones podrán explotar las máquinas predictivas adoptando las herramientas IA como asistencia en la ejecución de su estrategia habitual. Cuando estas herramientas se vuelvan más poderosas, podrán motivar un cambio en la propia estrategia. Por ejemplo, si Amazon puede predecir lo que los compradores desean, es posible que pasen de un modelo compra-envío al de envío-compra, llevando los artículos a los hogares antes de que estos sean encargados. Tal cambio transformará las organizaciones.

- Como resultado de las nuevas estrategias que las organizaciones implementarán para sacar partido de las IA, nos enfrentaremos a una nueva serie de compromisos relacionados con el impacto de la IA en la sociedad. Nuestras opciones dependerán de nuestras necesidades y preferencias, y casi con toda seguridad serán distintos en cada país y cultura. Hemos estructurado este libro en cinco secciones para reflejar cada capa del impacto de la IA, construyendo a partir de los fundamentos de la predicción hasta los compromisos y concesiones para la sociedad: (1) Predicción, (2) Toma de decisiones, (3) Herramientas, (4) Estrategia y (5) Sociedad.

PARTE UNO

Predicción

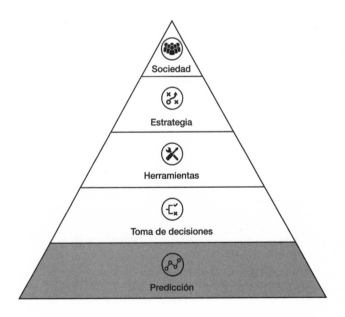

3

La magia de las máquinas predictivas

¿Qué tienen en común Harry Potter, Blancanieves y Macbeth? Pues que todos estos personajes están motivados por una profecía, por una predicción. Incluso en *Matrix*, un film que aparentemente aborda el tema de las máquinas inteligentes, la creencia de los personajes humanos en las predicciones compone el hilo argumental. Desde la religión hasta los cuentos de hadas, el conocimiento del futuro tiene sus consecuencias. Las predicciones afectan al comportamiento e influyen en las decisiones.

Los antiguos griegos reverenciaban sus muchos oráculos por su aparente habilidad para hacer predicciones, aunque en ocasiones los pronunciaran en forma de acertijos que desconcertaban a quienes hacían la pregunta. Por ejemplo, el rey de Lidia, Creso, sopesaba un arriesgado ataque el Imperio persa. Como no confiaba en ningún oráculo en concreto, decidió enviar a mensajeros para que probaran cada uno de ellos antes de solicitar consejo sobre el ataque a Persia. En el centésimo día, los mensajeros debían preguntar en cada oráculo lo que Creso estaba haciendo en ese preciso momento. El oráculo de

Delfos fue el que hizo la predicción más precisa, por lo que el rey le preguntó y confió en su profecía.[1]

Como en el caso de Creso, las predicciones pueden referirse al «presente». Predecimos si una transacción de tarjeta de crédito corriente es válida o fraudulenta, si un tumor es maligno o benigno, si quien mira a la cámara del iPhone es el propietario o no. A pesar de ser un verbo de raíz latina (*praedicere*, o sea, «dar a conocer de antemano»), nuestro entendimiento cultural de la predicción enfatiza la capacidad de ver información oculta, ya sea en el pasado, el presente o el futuro. Quizá sea la bola de cristal el símbolo más familiar de la predicción mágica. Mientras asociamos las bolas de cristal a los adivinos que predicen la vida amorosa o la riqueza futura de alguien, en *El mago de Oz* la bola de cristal permite a Dorothy ver a su tía Em en el presente, lo cual nos lleva a nuestra definición de *predicción*:

> PREDICCIÓN es la capacidad para aportar la información que falta. La predicción toma la información que poseemos, a la que se suele hacer referencia como «datos», y la usa para generar información que no poseemos.

La magia de la predicción

Hace muchos años, Avi —uno de los autores de este libro— se percató de que con su tarjeta de crédito se había efectuado una transacción inusual en el casino de Las Vegas. Solo había estado en Las Vegas en una ocasión, mucho antes de este suceso: los juegos de apuestas perdedores no van acordes con la perspectiva del mundo propia de un «economista». Tras una extensa conversación con el banco, su asistente efectuó la operación inversa y le cambió la tarjeta.

Recientemente sucedió un problema similar: alguien usó la tarjeta de crédito de Avi para una compra, pero esta vez Avi no vio reflejada tal operación en su extracto y no tuvo que lidiar con el penoso proceso de explicárselo al educado, pero estricto, interlocutor del servicio de atención al cliente. En lugar de ello, Avi recibió una llamada proactiva en la que se le comunicaba que habían detectado una incidencia en su tarjeta y que se le iba a enviar una nueva por correo.

A partir de los hábitos comerciales de Avi y de una multitud de datos disponibles, el proveedor de tarjetas había detectado que se trataba de una transacción era fraudulenta. La empresa de tarjetas de crédito estaba tan segura de los datos obtenidos que ni siquiera bloquearon la tarjeta durante unos días mientras llevaban a cabo la investigación. Como por arte de magia, la empresa envió una tarjeta sustituta sin que Avi tuviera que hacer nada. Obviamente, el proveedor de tarjetas de crédito no tenía una bola de cristal, sino datos y un buen modelo predictivo: una máquina predictiva. Esas mejores predicciones permitieron reducir el fraude al tiempo que, tal como lo expresó Ajay Bhalla, el presidente de riesgos empresariales y seguridad de Mastercard: «resolvían uno de los mayores motivos de preocupación del consumidor, que es ser erróneamente rechazado».[2]

Las aplicaciones de negocios están muy acordes con la definición de la predicción como el proceso de rellenar la información faltante. Las redes de tarjetas de crédito creen que es útil saber si una transacción reciente de este tipo es fraudulenta. La red de tarjetas de crédito usa información sobre las transacciones fraudulentas —y no fraudulentas— pasadas para predecir si una transacción reciente en concreto es fraudulenta. Si lo es, el proveedor de tarjetas puede prevenir futuras transacciones con esa tarjeta y, si la predicción se hace lo bastante rápido, tal vez también la presente.

La noción de tomar un tipo de información y convertirla en otro tipo de información es la base de uno de los principales logros de la IA recientes: la traducción de los distintos idiomas; un objetivo que la civilización humana ha perseguido desde siempre, que incluso ha quedado plasmado en la milenaria historia de la Torre de Babel. Históricamente, el enfoque de la traducción automática de textos era contratar a un lingüista —un experto en las normas del lenguaje— para que clarificara las normas y las tradujera de una forma que pudieran ser programadas.[3] Así es como, por ejemplo, se puede tomar una frase en castellano y, en lugar de simplemente sustituirla palabra por palabra, comprender que se precisa modificar el orden de los sustantivos y adjetivos para convertirla en una frase comprensible en inglés.

Además, los recientes avances en IA nos han permitido reformular la traducción como un problema de predicción. Podemos ver la aparentemente mágica naturaleza del uso de la predicción en el campo de la traducción observando el sutil cambio que se ha ejercido en la calidad del servicio de traducción de Google. Como en el bello inicio de la inmortal novela de Ernest Hemingway *Las nieves del Kilimanjaro*:

> El Kilimanjaro es una montaña cubierta de nieve de 5.895 metros de altura y se afirma que es la más alta montaña de África.

Cierto día de noviembre de 2016, el profesor Jun Rekimoto —informático de la Universidad de Tokio—, cuando tradujo al inglés vía Google una versión japonesa de la clásica novela corta de Hemingway, leyó:

> El Kilimanjaro es 5.895 metros de una montaña cubierta de nieve y se afirma que la más alta montaña de África.

Al día siguiente, la traducción de Google rezaba:

> El Kilimanjaro es una montaña de 5.895 metros de altura cubierta de nieve y se afirma que es la más alta montaña de África.

La diferencia es notable. De la noche a la mañana, la traducción había pasado de ser una frase claramente automatizada y tosca ser una frase coherente; en la primera, parecía que alguien se estaba peleándose con el diccionario mientras que, en la segunda, se mostraba un aparente dominio de ambas lenguas.

Si bien es cierto que la frase no estaba al mismo nivel que la de Hemingway, la mejora era extraordinaria. Babel pareció estar de regreso. Y ese cambio no había sido un accidente ni algo fortuito. Google había modernizado la herramienta subrayando su producto de traducción y aprovechando los avances en IA, que son un asunto que abordamos en este libro. Específicamente, ahora el servicio de traducción de Google se basa en el aprendizaje profundo para potenciar la predicción.

La traducción de textos del inglés al japonés se basa en la predicción de la equivalencia entre las palabras y frases japonesas y las inglesas. La información faltante que debe predicirse es la serie de términos en japonés y el orden en que estos van. Si se toman datos de un idioma extranjero y se predice la secuencia y el orden correcto de palabras en un idioma que se conozca, entonces se podrá entender esa lengua. Si se hace lo suficientemente bien, podremos percatarnos de que se trata de una traducción.

Las empresas no han perdido el tiempo en darle un uso comercial a esta mágica tecnología. Por ejemplo, más de 500 millones de personas en China ya están usando un servicio de aprendizaje profundo desarrollado por iFlytek para traducir, transcribir y comunicarse usando el lenguaje natural. Algunos arrendatarios solían usarlo para comunicarse con los inquilinos en otros idiomas, los pacientes de un hospital lo usan para comunicarse con robots y recibir las indicaciones, los médicos para dictar los datos médicos de un paciente y los conductores para comunicarse con sus vehículos.[4] Cuanto más se usa la IA, más datos recopila, más aprende y más eficiente se vuelve. Con tantos usuarios, la IA está mejorando a toda velocidad.

¿Cuánto ha mejorado la predicción?

Los cambios en Google Translate ilustran cómo el aprendizaje de las máquinas —del cual el aprendizaje profundo es una subdisciplina— ha reducido considerablemente los costes de la predicción ajustada a la calidad. Por el mismo coste, en términos de capacidad computacional, Google puede ahora proporcionar traducciones de alta calidad. El coste de producir la misma calidad de predicción ha descendido notablemente.

Las innovaciones en la tecnología de predicción están teniendo un impacto en áreas tradicionalmente asociadas a la previsión, tales como la detección de fraudes. La detección de fraudes en tarjetas de crédito ha mejorado tanto que las empresas emisoras detectan y atacan el fraude antes de que nos demos cuenta. Sin embargo, esta mejora parece ser incremental. A finales de la década de 1990, los métodos más avanzados detectaban alrededor del 80% de las transacciones fraudulentas.[5] Estas cifras mejoraron hasta alcanzar el 90%-95% en 2000 y el 98%-99,9% actual.[6] El último salto es resultado del aprendizaje de las máquinas; el cambio del 98% al 99,9% ha sido transformacional.

Este paso del 98% al 99,9% puede parecer incremental, pero los pequeños cambios son significativos si los errores son costosos. Una mejora del 85% al 90% en la precisión significa que los errores caen en un tercio. Una mejora del 98% al 99,9% significa que los errores han descendido en un factor de veinte. Y una mejora de veinte deja de parecer incremental.

La caída del coste de la predicción está transformando muchas actividades humanas. Del mismo modo que las primeras aplicaciones de computación se empleaban para medir problemas aritméticos clásicos, como el registro censal y las tablas balísticas, muchas de las primeras aplicaciones de predicción económica derivada del aprendizaje automático se aplican a problemas de predicción clásicos. Además de la detección del fraude, estas incluyen la capacidad crediticia, los seguros de salud y la gestión de inventarios. La capacidad crediticia implicaba predecir la probabilidad de que alguien retornara un préstamo. El seguro de salud suponía predecir cuánto se gastaría un individuo por la atención médica. Y la gestión de inventarios conllevaba predecir cuántos artículos habría en un almacén un día concreto.

Más recientemente, han aparecido nuevos tipos de problemas de predicción. Muchos de ellos eran casi imposibles de resolver antes de se produjeran los recientes avances en la tecnología de inteligencia artificial, como la identificación de objetos, la traducción de idiomas y el descubrimiento de fármacos. Por ejemplo, el ImageNet Challenge es un concurso anual de gran repercusión mediática que pretende predecir el nombre de un objeto que se muestra en una imagen. Hacer tal cosa puede ser algo realmente complicado, incluso para los seres humanos. Los datos de ImageNet contienen miles de categorías de objetos, incluidas muchas razas de perros y otras imágenes similares. Puede resultar difícil distinguir la diferencia entre un mastín tibetano y un boyero bernés, o entre una caja fuerte y una cerradura con combinación Las personas cometemos errores alrededor del 5% del tiempo.[7]

Entre el primer año de la competición en 2010 y el concurso final en 2017, la predicción mejoró notablemente. El gráfico 3-1 muestra la precisión de los ganadores del concurso año tras año. El eje vertical mide el índice de error, siendo mejor cuanto más bajo es. En 2010, las mejores predicciones de máquinas cometieron errores en el 28% de las imágenes. En 2012, los concursantes usaron el aprendizaje profundo por primera vez, y el índice de error cayó hasta el 16%. Tal como expresa la profesora de Princeton y científica informática

GRÁFICO 3-1

Error en la clasificación de imágenes a lo largo del tiempo

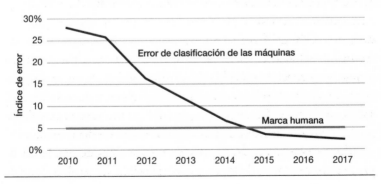

Olga Russatovsky: «El 2012 fue realmente al año en que se produjo el avance más notable en la precisión, pero también fue una prueba conceptual para los modelos de aprendizaje profundo que habían estado presentes durante décadas».[8] Las rápidas mejoras en los algoritmos continuaron, y un equipo batió la marca humana por primera vez en 2015. En 2017, la gran mayoría de los treinta y ocho equipos superaron la marca humana, y el mejor equipo cometió algo menos de la mitad de los errores. Las máquinas podían identificar esos tipos de imágenes mejor que las personas.[9]

Las consecuencias de la predicción barata

La actual generación de IA está lejos de las máquinas inteligentes que vemos en el cine de ciencia-ficción. La predicción no nos va a traer el HAL de *2001: Una odisea del espacio*, ni el Skynet de *Terminator,* ni el C3PO de *La guerra de las galaxias*. Pero, si la moderna IA es simplemente predicción, ¿a qué viene tanto escándalo? La respuesta es que la predicción es una entrada de beneficios fundamental. Quizás no lo notes, pero las predicciones están por todas partes. Nuestros negocios y vidas personales están plagadas de predicciones. Nuestras predicciones suelen estar ocultas como beneficios en la toma de decisiones. Unas mejores predicciones implican una mejor información, lo cual a su vez implica una mejor toma de decisiones.

La predicción es «inteligencia» en el sentido de «obtener información útil».[10] La predicción de las máquinas es información útil generada artificialmente. La inteligencia es lo que cuenta. Unas mejores predicciones desembocan en mejores resultados, tal como ilustramos con el ejemplo de la detección de fraudes. Dado que el coste de la predicción continúa cayendo, estamos descubriendo su utilidad para un notablemente amplio espectro de actividades adicionales y, en el proceso, estamos consiguiendo cosas, como la traducción de lenguas, que eran inimaginables.

PUNTOS CLAVE

- La predicción es el proceso de rellenar la información faltante.

  La predicción toma la información que poseemos, a
  menudo denominada «datos», para generar información
  que no poseemos. Además de generar información sobre
  el futuro, la predicción puede generar información sobre
  el presente y el pasado. Esto sucede cuando la predicción
  clasifica una transacción con tarjeta de crédito como fraude,
  cuando a partir de una imagen identifica un tumor como
  maligno o cuando detecta si una persona que sostiene un
  iPhone es el propietario del mismo.

- El impacto de las pequeñas mejoras en la precisión de las
  predicciones puede ser engañoso. Por ejemplo, una mejora
  del 85% al 90% en la precisión parece más del doble que
  una mejora del 98% al 99,9% (un aumento de 5 puntos
  porcentuales comparado con 2). No obstante, la primera
  mejora supone que los errores bajan en un tercio, mientras
  que la segunda significa que los errores caen en un factor de
  veinte. En algunos escenarios, los errores que descienden en
  un factor de veinte se consideran transformacionales.

- El aparentemente trivial proceso de llenar la información faltante puede hacer que las máquinas de predicción
  parezcan mágicas. Tal cosa ya ha sucedido, puesto que las
  máquinas ven —reconocimiento de objetos—, conducen
  —coches sin conductor— y traducen.

4

¿Por qué se llama inteligencia?

En 1956, un grupo de universitarios se reunieron en el Dartmouth College de New Hampshire con el fin de trazar una vía de investigación hacia la inteligencia artificial. Estos estudiantes deseaban saber si era posible programar los ordenadores para que activaran un pensamiento cognitivo: cosas como jugar partidas de ajedrez, probar teoremas matemáticos, etc. También reflexionaron arduamente sobre qué es el lenguaje y el conocimiento para que los ordenadores pudieran describir cosas. Sus esfuerzos incluyeron tentativas de dar a los ordenadores opciones y hacer que escogieran la mejor. Los investigadores eran optimistas sobre las posibilidades de la IA. Para solicitar fondos a la Rockefeller Foundation, escribieron:

> Nos disponemos a intentar descubrir cómo hacer que las máquinas usen el lenguaje, las abstracciones formales y los conceptos, que resuelvan problemas hasta ahora reservados a los humanos y que se mejoren a sí mismas. Creemos que se pueden conseguir avances significativos en una o varias de

estas áreas si un grupo de científicos cuidadosamente seleccio-
nado trabaja en ello durante un verano.[1]

Este calendario resultó ser más visionario que práctico. Entre
otros retos, los ordenadores de los años cincuenta no eran bastante
rápidos para hacer aquello que los estudiantes tenían en mente.

Tras ese informe de investigación original, la IA mostró ciertos
progresos en traducción, pero a un ritmo lento. El trabajo con la IA
en entornos muy específicos —como, por ejemplo, el que preten-
día crear un terapeuta artificial— fallaron a la hora de generalizarse.
A principios de la década de los ochenta, los ingenieros albergaban
esperanzas de programar sistemas especializados para replicar sectores
tan cualificados como la diagnosis médica, pero eran costosos y complejos de desarrollar y no podían abordar la multitud de excepciones
y posibilidades, lo que fue denominado como «el invierno IA».

A pesar de todo, aquel invierno parece haber pasado. Más datos,
mejores modelos y ordenadores más avanzados han permitido desa-
rrollos recientes en el aprendizaje de las máquinas que mejoran la
predicción. Las mejoras en la recopilación y el almacenaje de grandes
bases de datos han suministrado materia prima para los nuevos algoritmos de aprendizaje. Comparándolos con sus antiguos congéneres
estadísticos, y gracias a la invención de procesadores más adecuados,
los nuevos modelos de aprendizaje automático son significativamente más flexibles y generan mejores predicciones, hasta tal punto
que algunas personas han vuelto a describir esta rama de la informática como «inteligencia artificial».

Prediciendo la rotación de clientes

La mejora de los datos, modelos y ordenadores son la clave del progreso en predicción. Para entender su valor, consideremos un problema tradicional de la predicción: predecir lo que los comerciantes
conocen como «rotación de clientes». En muchos negocios, los
clientes son difíciles de adquirir y, por tanto, perderlos a causa de

la rotación resulta costoso. Una vez conseguidos, las empresas pueden capitalizar esos costes de adquisición reduciendo la rotación. En industrias de servicios como los seguros, los servicios financieros y las telecomunicaciones, gestionar la rotación es tal vez la actividad de mercadotecnia más importante. El primer paso para reducir la rotación es identificar a los clientes de riesgo, y para ello las empresas pueden usar tecnologías de predicción.

Históricamente, el método principal para predecir la rotación era la técnica estadística llamada «regresión». La investigación se centraba en mejorar las técnicas de regresión. Los investigadores proponían, y ponían a prueba, cientos de métodos de regresión distintos en las revistas académicas y en la práctica.

Pero ¿qué es lo que hace exactamente la regresión? Pues encuentra una predicción basada en la media de lo que ha ocurrido en el pasado. Por ejemplo, si lo que se precisa para determinar si va a llover mañana es lo que sucedió cada día de la semana anterior, la mejor opción será el promedio. Si llovió dos de los últimos siete días, se puede predecir que la probabilidad de que llueva mañana está en torno a dos de siete, es decir, el 29%. Mucho de lo que sabemos sobre la predicción se basa en mejorar nuestros cálculos de la media a partir de modelos que recopilen más datos del contexto.

Para ello hemos usado algo llamado «la media condicional». Por ejemplo, si vivimos en el norte de California, es posible que sepamos por experiencia que la probabilidad de lluvia depende de la época del año; esto es, baja en verano y alta en invierno. Si observáramos que durante el día la probabilidad de lluvia en un día concreto es del 25%, mientras que en verano es del 5%, no afirmaríamos que la probabilidad de lluvia para mañana sea del 15%. ¿Por qué? Porque sabemos si es verano o es invierno, de forma que haremos una aseveración en consonancia con la situación.

El ajuste en función de las estaciones es una manera de condicionar las medias —aunque es muy popular en el comercio minorista—. Podemos condicionar las medias según la hora del día, la contaminación, la nubosidad, la temperatura del océano o cualquier otra información disponible.

Es incluso posible condicionar varias cosas al mismo tiempo: ¿lloverá mañana si ha llovido hoy, siendo invierno, sabiendo que está lloviendo a trescientos veinte kilómetros al oeste, está soleado a ciento sesenta kilómetros al sur, la tierra está húmeda, la temperatura del océano Ártico es baja y el viento está soplando del suroeste a veinte y cuatro kilómetros por hora? No obstante, este sistema es bastante difícil de manejar. Calcular la media para estos siete tipos de datos crea exponencialmente más combinaciones.

Antes del aprendizaje de las máquinas, la regresión multifactorial suministraba un modo eficiente de condicionar múltiples cosas sin necesidad de calcular docenas, cientos o miles de medias condicionales.

La regresión toma los datos e intenta encontrar el resultado que minimice los errores de predicción. Por suerte, este término es más preciso matemáticamente que lingüísticamente. La regresión minimiza los errores de predicción de promedio y penaliza más los errores grandes que los pequeños. Es un método potente, especialmente con bases de datos relativamente pequeñas y si se tiene un buen criterio sobre lo que será útil para la predicción. En cuanto a la rotación de clientes en la televisión por cable, la clave puede estar en con qué frecuencia ve la gente la televisión; si no usan su suscripción por cable, es probable que se den de baja.

Además, los modelos de regresión aspiran a generar resultados objetivos; así que, si se tienen suficientes predicciones, esas predicciones serán, en promedio, totalmente correctas. Aunque prefiramos las predicciones objetivas a las subjetivas —que sistemáticamente sobreestiman o subestiman un valor, por ejemplo—, las predicciones objetivas siguen sin ser perfectas. Podemos ilustrar este punto con un viejo chiste sobre estadística:

> Un físico, un ingeniero y un estadístico van juntos de caza. Caminan a través de los bosques y, de repente, atisban un ciervo en una llanura. El físico calcula la distancia hasta el

objetivo, la velocidad y la trayectoria de la bala; apunta, dispara y falla el blanco desviándose cinco metros a la izquierda. El ingeniero parece frustrado. «Olvidaste el viento. Fíjate bien». Tras lamerse el dedo para determinar la velocidad y la dirección del viento, el ingeniero carga el rifle, dispara y falla el blanco desviándose cinco metros a la derecha.

De repente, sin disparar un solo tiro, el estadístico exclama: «¡Ajá, lo tenemos!»

De hecho, ser perfecto de media puede significar equivocarse cada vez. La regresión puede fallar cada vez por varios metros a la derecha o a la izquierda. Aun cuando se pretenda establecer la media de la respuesta correcta, la regresión puede significar no acertar nunca en el blanco.

A diferencia de la regresión, las predicciones del aprendizaje de máquinas pueden ser incorrectas de media pero, cuando las predicciones fallan, no suelen hacerlo por mucho. Los estadísticos describen tal hecho como permitir cierto margen de error a cambio de reducir la variación.

Una importante diferencia entre el aprendizaje de máquinas y el análisis de regresión es la forma en que se desarrollan las nuevas técnicas. Inventar un nuevo método para el aprendizaje de máquinas implica probar qué funciona mejor en la práctica. Por el contrario, inventar un nuevo método de regresión requiere primero probar qué funciona en la teoría. La focalización del trabajo en la práctica les da a los innovadores del aprendizaje de máquinas más espacio para experimentar, incluso aunque sus métodos hayan generado estimaciones que eran incorrectas de media o subjetivas. Esta libertad de experimentar produjo rápidas mejoras, ya que aprovecharon los abundantes datos y la velocidad de los ordenadores de la última década.

A finales de los años noventa y principios del siglo XXI, los experimentos con el aprendizaje de máquinas para predecir la rotación de clientes tuvieron un éxito limitado. Si bien es cierto que los métodos del aprendizaje de máquinas mejoraron, la regresión seguía obteniendo mejores resultados en general. Lo datos no eran bastante abundantes y los ordenadores no eran tan buenos como para sacar provecho de las nuevas posibilidades.

Por ejemplo, en 2004, el Centro Teradata de la Universidad de Duke celebró un concurso científico para predecir la rotación. En aquella época, tales concursos eran inusuales. Cualquiera podía presentarse, y las propuestas ganadoras recibían premios en metálico. Las propuestas ganadoras usaron modelos de regresión. Algunos métodos de aprendizaje de máquinas obtuvieron buenos resultados, pero los métodos de red neuronal, que más tarde impulsaron la revolución de la IA, no los obtuvieron. En 2016, todo aquello había cambiado. Los mejores modelos de rotación usaban modelos de aprendizaje de máquinas, y los modelos de aprendizaje profundo (red neuronal) superaron a todos los demás.

¿Qué había cambiado? Primeramente, los datos y los ordenadores eran por fin bastante buenos como para permitir que el aprendizaje de máquinas se impusiera al resto. En la década de los años noventa, era difícil construir conjuntos de datos suficientemente grandes. Por ejemplo, un clásico estudio de la predicción de la rotación usó a 650 clientes, con menos de 30 variables.

En 2004, el tratamiento y el almacenaje informático habían mejorado de forma sustancial. En el concurso de Duke, los conjuntos de datos de entrenamiento contenían información sobre cientos de variables para decenas de miles de clientes. Con estas variables y estos clientes adicionales, los métodos de aprendizaje de máquinas empezaron a obtener tan buen rendimiento como la regresión, si no mejor. Actualmente, los investigadores basan la predicción de la rotación en miles de variables y millones de clientes. Las mejoras en la capacidad de computación significan que es posible incluir enormes cantidades de datos, incluidos texto e imágenes, amén de números. Por ejemplo, siguiendo un modelo de rotación de clientes de teléfonos móviles, los investigadores utilizaron datos sobre registros de llamadas cada hora, además de variables estándar como el tamaño de la factura y la puntualidad en el pago.

Los métodos de aprendizaje de máquinas también mejoraron en el aprovechamiento de los datos disponibles. En la competición de

Duke, el componente clave del éxito fue escoger cuál de los cientos de variables disponibles se debía incluir y qué modelo estadístico se debía usar. Los mejores métodos de la época, ya fueran del tipo de aprendizaje de máquinas o de regresión clásica, usaban una combinación de intuición y pruebas estadísticas para seleccionar las variables y el modelo. Actualmente, los métodos de aprendizaje de máquinas y, en especial, los métodos de aprendizaje profundo permiten mayor flexibilidad en el modelo; lo cual implica que las variables pueden combinarse entre sí de forma sorprendente. Las personas que emiten grandes facturas telefónicas y acumulan minutos a comienzos del mes de facturación es posible que sean menos proclives a rotar que las que acumulan más minutos hacia el final del mes. O las personas con facturas de llamadas de larga distancia y de fin de semana, que también pagan tarde y tienden a enviar muchos mensajes de texto, también es más probable que roten. Tales combinaciones son difíciles de anticipar, pero pueden ayudar en gran medida a la predicción. Dado que son difíciles de prever, los modeladores no las incluyen cuando predicen con técnicas de regresión estándar. Por el contrario, los métodos de aprendizaje de máquinas ofrecen las opciones de qué combinaciones y qué interacciones puede que sean importantes para la máquina pero no para el programador.

Las mejoras en estos métodos, en general, y el aprendizaje profundo, en particular, implican que es posible convertir de forma eficiente los datos disponibles en predicciones de rotación precisas. Hoy en día, tales métodos controlan claramente las técnicas de regresión, así como otras varias.

Más allá de la rotación

El aprendizaje de máquinas está mejorando la técnica de la predicción en una variedad de escenarios que transcienden la rotación, desde los mercados financieros hasta el pronóstico meteorológico.

La crisis financiera del 2008 fue un fallo espectacular de los métodos de predicción basados en la regresión. Las predicciones del probable impago de las obligaciones de deuda garantizada (ODG) agravaron en parte la crisis. En 2007, las agencias de calificación como Standard & Poor's predijeron que las ODG con calificación AAA tenían una posibilidad inferior a una entre ochocientas de no dar rentabilidad en cinco años. Cinco años más tarde, más de una de cada cuatro ODG no dieron rentabilidad. La predicción inicial fue increíblemente equivocada a pesar de que se disponía de datos abundantes sobre pasados impagos.

El fracaso no se debió a la insuficiencia de datos, sino a cómo los analistas usaron esos datos para establecer una predicción. Las agencias de calificación basaron su predicción en múltiples modelos similares a la regresión que dieron por sentado que los precios de la vivienda en los diferentes mercados no estaban correlacionados entre sí. Aquello resultó ser falso, no solo en 2007, sino también con anterioridad. Si se incluye la posibilidad de que se pueda producir una conmoción en muchos mercados de la vivienda simultáneamente, la probabilidad de perder al invertir en ODG sube muchos enteros, aun cuando estas se distribuyan entre muchas ciudades de Estados Unidos.

Los analistas basan sus modelos de regresión en hipótesis de lo que creen que será relevante y en cómo lo será, creencias que son innecesarias para el aprendizaje de máquinas. Los modelos de aprendizaje de máquinas son particularmente buenos para determinar cuáles de las posibles variables funcionarán mejor y para reconocer qué cosas no son relevantes y cuales, tal vez de manera sorprendente, sí lo son. Hoy en día, la intuición y las hipótesis de un analista son menos importantes. De esta forma, el aprendizaje de máquinas permite predicciones basadas en correlaciones no anticipadas, incluido el hecho de que los precios de las viviendas en Las Vegas, Phoenix y Miami puedan ir de la mano.

Si es simplemente predicción, ¿por qué lo llaman «inteligencia»?

Los recientes avances en aprendizaje de máquinas han transformado la forma en que usamos las estadísticas para predecir. Es tentador considerar los avances más recientes en IA y aprendizaje de máquinas simplemente como «estadísticas tradicionales sobre esteroides». En cierto sentido, tal definición es cierta, puesto que el objetivo último no es otro que generar una predicción que rellene la información faltante. Además, el proceso del aprendizaje de máquinas implica la búsqueda de una solución que tienda a minimizar los errores.

Así pues, ¿qué convierte el aprendizaje de máquinas en una tecnología informática transformadora que merezca la etiqueta de «inteligencia artificial»? En algunos casos, las predicciones son tan buenas que podemos usar esta técnica en lugar de la lógica basada en normas.

Las predicciones efectivas cambian el modo de programar los ordenadores. Ni los métodos de estadística tradicionales ni los algoritmos de las instrucciones «si… entonces» operan bien en entornos complejos. Pongamos por ejemplo que deseamos identificar un gato en un grupo de imágenes. En tal caso, deberemos especificar que los gatos pueden ser de varios colores y texturas, y que pueden estar de pie, sentados, echados, saltando o con aspecto malhumorado; además, pueden hallarse en el interior o en el exterior. El asunto pronto se vuelve complicado, de ahí que hacer un trabajo aceptable requiere mucha atención y cuidado. Y eso solo en lo que respecta a los gatos. ¿Qué pasa si queremos describir todos los objetos de una imagen? Necesitamos una especificación individual para cada caso.

Una tecnología clave subyacente en varios avances recientes, etiquetada como «aprendizaje profundo», se basa en un enfoque denominado «retropropagación». Dicha técnica evita todo lo anterior de la misma forma que lo hace el cerebro, aprendiendo a través de ejemplos —la cuestión de si las neuronas artificiales están imitando a las reales es una posibilidad interesante derivada de la utilidad de esta tecnología—. Si queremos que un niño aprenda el término que designa a un «gato», cada vez que vea un gato, le pronunciaremos esa palabra. Básicamente, lo mismo sucede en el caso del aprendizaje de máquinas. Se insertan en la máquina un determinado número de imágenes de gatos con la etiqueta «gato» y un número de fotos sin gatos sin tal etiqueta. La máquina aprende a reconocer los patrones de pixeles asociados a la etiqueta «gato».

Si posee una serie de imágenes con perros y gatos, el vínculo entre gatos y objetos de cuatro patas se reforzará, si bien el mismo vínculo con perros también lo hará. Sin tener que especificar más, una vez que se hayan introducido en la máquina varios millones de imágenes con diferentes variaciones —incluidas algunas sin perros— y etiquetas, esta desarrollará muchas más asociaciones y aprenderá a distinguir entre perros y gatos.

Muchos problemas han evolucionado, y han pasado de ser problemas algorítmicos («¿cuáles son las características de un gato?») a problemas de predicción («¿esta imagen que no lleva etiqueta presenta las mismas características que los gatos que he visto antes?»). El aprendizaje de máquinas usa modelos probabilísticos para resolver problemas.

Así pues, ¿por qué tantos tecnólogos se refieren al aprendizaje de máquinas como «inteligencia artificial»? Porque el resultado de tal técnica —la predicción— es un componente clave de la inteligencia, la precisión en la predicción mejora con el aprendizaje, y la alta precisión de la predicción suele permitir a las máquinas realizar tareas que, hasta ahora, iban asociadas con la inteligencia humana, como la identificación de objetos.

En su libro *Sobre la inteligencia,* Jeff Hawkins fue el primero que argumentó que la predicción es la base de la inteligencia humana. La esencia de su teoría es que la inteligencia humana —elemento primordial para la creatividad y la productividad— se debe a la forma en que nuestros cerebros usan los recuerdos para hacer predicciones. «Hacemos predicciones continuas de bajo nivel y en paralelo con todos nuestros sentidos. Pero eso no es todo. Estoy planteando una proposición mucho más ambiciosa. La predicción no es solo una de las cosas que hace nuestro cerebro. Es la función principal del neocórtex, y el fundamento de la inteligencia. El córtex es el órgano de la predicción».[2]

Hawkins argumenta que nuestros cerebros están constantemente haciendo predicciones, respecto a lo que vamos a experimentar: qué veremos, sentiremos y oiremos. A medida que crecemos y maduramos, las predicciones de nuestros cerebros se vuelven cada vez más precisas; las predicciones suelen hacerse realidad. Sin embargo, cuando las predicciones no predicen el futuro con precisión, nos damos cuenta de una anomalía, y esta información es comunicada de vuelta a nuestro cerebro, que actualiza su algoritmo, lo que le permite aprender y mejorar el modelo.

El trabajo de Hawkins es controvertido. Sus ideas se debaten en la literatura del ámbito de la psicología, y muchos científicos informáticos rechazan categóricamente su énfasis en el córtex como modelo para las máquinas predictivas. La noción de que una IA pueda pasar el test de Turing —una máquina capaz de engañar a un humano haciéndole creer que es en realidad un ser humano— sigue estando, en su sentido más profundo, lejos de ser real. Los algoritmos de IA actuales no pueden razonar, y más difícil resulta interrogarlos para comprender la fuente de sus predicciones.

Con independencia de si el modelo subyacente es apropiado, su énfasis en la predicción como la base de la inteligencia es útil para entender el impacto de los recientes cambios en esta tecnología. En este caso, enfatizamos las consecuencias de las considerables mejoras en la tecnología de la predicción. Muchas de las aspiraciones de los expertos expuestas en la conferencia de Dartmouth, celebrada en 1956, están ahora a nuestro alcance. En varios aspectos, las máquinas predictivas pueden «usar el lenguaje, crear abstracciones y conceptos, resolver ciertos problemas hasta ahora (refiriéndose a 1956) reservados a los seres humanos, e incluso mejorarlos»[3].

No especulamos sobre si este progreso anuncia la llegada de la inteligencia artificial generalizada, la «singularidad» o *skynet*. No obstante, como veremos, este enfoque más restringido en la predicción sigue sugiriendo cambios extraordinarios para los próximos años. Igual que la aritmética barata posibilitada por los ordenadores se reveló poderosa a la hora de introducir cambios considerables en los negocios y en las vidas de las personas, similares transformaciones ocurrirán a causa de la predicción barata.

En general, independientemente de si se trata de inteligencia o no, esta progresión de la programación de ordenadores determinista a la probabilística es una transición de funciones importante, al tiempo que consistente con el progreso de las ciencias sociales y físicas. El filósofo Ian Hacking afirmó en su libro *La domesticación del azar* que, antes del siglo xix, la probabilidad era patrimonio de quienes apostaban.[4] En siglo xix, la aparición de los datos de censo gubernamental aplicaba las recientemente incipientes matemáticas de la probabilidad a las ciencias sociales. El siglo xx vio un reordenamiento fundamental de nuestra comprensión del mundo físico, pasando de la perspectiva determinista newtoniana a las incertezas de la mecánica cuántica. Quizá el avance más importante de la ciencia informática del siglo xxi iguale aquellos avances previos conseguidos en las ciencias sociales y físicas: el reconocimiento de que los algoritmos funcionan mejor cuando se estructuran probabilísticamente, basándose en datos.

PUNTOS CLAVE

- La ciencia del aprendizaje de máquinas tenía diferentes objetivos partiendo de las estadísticas. Mientras que la estadística enfatizaba ser correcto de media, el aprendizaje de máquinas no requiere tal cosa. En lugar de ello, la meta era la efectividad operacional. Las predicciones podían mostrar sesgos, siempre que fueran mejores —algo que ha sido posible con ordenadores más potentes—. Tal situación dio a los científicos la libertad para experimentar y conseguir rápidas mejoras que aprovechan los abundantes datos y rápidos ordenadores que han ido apareciendo en la última década.

- Los métodos de estadística tradicionales requieren la articulación de hipótesis o, por lo menos, la intuición humana para la especificación del modelo. El aprendizaje de máquinas tiene menos necesidad de especificar de antemano lo que incluye el modelo y puede acomodar el equivalente de modelos mucho más complejos con más interacciones entre variables.

• Los avances recientes en el aprendizaje de máquinas se suelen describir como avances de la inteligencia artificial, dado que: (1) los sistemas dedicados a esta técnica aprenden y mejoran con el tiempo; (2) estos sistemas producen predicciones significativamente más precisas que otros enfoques bajo ciertas condiciones, y algunos expertos argumentan que la predicción es un elemento fundamental de la inteligencia; y (3) la mejora en la precisión de la predicción de estos sistemas les permite realizar tareas, tales como traducir o conducir, que antes se consideraba que estaban reservadas exclusivamente para los seres humanos. Seguimos siendo agnósticos en cuanto al vínculo entre la predicción y la inteligencia. Ninguna de nuestras conclusiones se basa en adoptar una posición sobre si los avances en predicción representan avances en inteligencia. Nos centramos en las consecuencias de una caída del coste de la predicción, no en una caída del coste de la inteligencia.

5

Los datos son el nuevo petróleo

Hal Varian, el economista jefe de Google, en la misma línea de Robert Goizueta, de Coca Cola, afirmó en 2013: «Hace mil millones de horas que surgió el *Homo sapiens* moderno. Hace mil millones de minutos que empezó la cristiandad. Hace mil millones de segundos que salió al mercado el PC de IBM. Hace mil millones de búsquedas de Google... era esta mañana».[1] Google no es la única empresa con cantidades ingentes de datos. La recopilación de datos de grandes empresas como Facebook o Microsoft, gobiernos locales y empresas emergentes es cada vez más barata y sencilla. Y estos datos tienen un valor. Miles de millones de búsquedas significan miles de millones de líneas de datos con los que Google puede mejorar sus servicios. No es de extrañar que algunos llamen a los datos el «nuevo petróleo».

Las máquinas predictivas se basan en los datos. Más cantidad y mejores datos implican mejores predicciones. En términos económicos, los datos son el complemento clave de la predicción. Y estos se vuelven más valiosos a medida que la predicción se vuelve más barata.

En la IA, los datos cumplen tres funciones. Primera, tenemos los «datos de entrada» con los que se alimenta un algoritmo y que se usan para producir una predicción. Después, están los «datos de entrenamiento», que se usan para generar el algoritmo en primera instancia. Estos datos se usan para entrenar a la IA y que esta sea lo bastante buena como para predecir la realidad. Finalmente, tenemos los «datos de retroalimentación», que se utilizan para mejorar el rendimiento del algoritmo con la experiencia. En algunas situaciones, se produce un considerable solapamiento, hasta el punto de que los mismos datos cumplen las tres funciones.

Pero adquirir los datos puede ser muy caro, de ahí que la inversión implique un compromiso entre el beneficio de obtener más datos y el coste de adquirirlos. Para tomar las decisiones de inversión en datos correctas, debemos comprender cómo las máquinas predictivas usan los datos.

La predicción requiere datos

Antes del reciente entusiasmo por la IA, existía un gran interés por los grandes archivos y las bases de datos. La variedad, la cantidad y la calidad de los datos ha aumentado sustancialmente durante las últimas dos décadas. Las imágenes y el texto se presentan ahora en forma digital, por lo que las máquinas pueden analizarlas. Los sensores están por todas partes. El entusiasmo se basa en la habilidad de estos datos para ayudar a las personas a reducir la incertidumbre y saber más sobre lo que está sucediendo.

En este sentido, consideremos los mejores sensores que monitorizan la frecuencia cardiaca. Varias empresas y organizaciones no lucrativas con sonoros nombres médicos como AliveCor y Cardiio están construyendo productos que usan los datos de frecuencia cardiaca. Por ejemplo, la empresa emergente Cardiogram proporciona una aplicación para iPhone que usa el ritmo cardiaco de un reloj Apple para generar una extraordinaria cantidad de información: medir segundo a segundo las frecuencias cardiacas de cualquiera que use tal aplicación. Los usuarios pueden ver en qué momento sus frecuencias cardiacas alcanzan el máximo a lo largo del día y si sus ritmos cardiacos se han acelerado o ralentizado durante un año o, incluso, una década.

Pero el poder potencial de tales productos proviene de la combinación de estos abundantes datos con una máquina predictiva. Tanto los investigadores académicos como los industriales han demostrado que los teléfonos inteligentes pueden predecir ritmos cardiacos irregulares —en términos médicos, fibrilación auricular—.[2] De forma que, con sus máquinas predictivas, los productos que están construyendo Cardiogram, AliveCor o Cardiio, entre otras empresas, usan estos datos de frecuencias cardiacas para ayudar a diagnosticar enfermedades del corazón. El enfoque general es usar estos datos para predecir la información desconocida de si un usuario concreto presenta un ritmo cardiaco inusual.

Estos datos de entrada son necesarios para que una máquina predictiva pueda operar. Como tales máquinas no pueden funcionar sin datos de entrada, solemos definirlos simplemente como «datos», en contraste con los datos de entrenamiento o de retroalimentación.

El usuario no iniciado no puede apreciar el vínculo entre datos de frecuencias cardiacas y datos de ritmo cardiaco anormal a partir de datos puros. En contraste, Cardiogram puede detectar un ritmo cardiaco irregular con el 97% de precisión usando su red neuronal profunda.[3] Estas irregularidades causan casi la cuarta parte de los infartos. Con mejores predicciones, los médicos podrán recetar un mejor tratamiento, pues ciertos medicamentos pueden prevenir los infartos.

Pero, para que este sistema funcione, los consumidores deben proporcionar sus datos de frecuencia cardiaca. Sin datos personales, la máquina no puede predecir el riesgo que existe para una persona particular. La combinación de una máquina predictiva y los datos de un individuo permite establecer una predicción relativa a la probabilidad de que una persona tenga un ritmo cardiaco irregular.

Cómo las máquinas aprenden de los datos

La actual generación de tecnología IA se conoce como «el aprendizaje de máquinas» por una razón: las máquinas aprenden a partir de los datos. En el caso de los monitores de frecuencia cardiaca, para predecir un ritmo cardiaco irregular —y una mayor probabilidad de infarto— a partir de datos de frecuencia cardiaca, la máquina predictiva debe aprender cómo los datos se asocian con incidencias reales de ritmos cardiacos irregulares. Para hacerlo, la máquina predictiva necesita combinar los datos de entrada provenientes del reloj Apple —que los estadísticos denominan «variables independientes»— con la información sobre los ritmos cardiacos irregulares —«la variable dependiente»—.

Para que una máquina predictiva aprenda, la información sobre ritmos cardiacos irregulares debe provenir de la misma persona que los datos de ritmo cardiaco del reloj Apple. Por tanto, esta máquina precisa datos provenientes de muchas personas con ritmos cardiacos irregulares, junto con sus datos de ritmo cardiaco. Conviene además reseñar que estas máquinas también necesitan datos de personas que «no presentan» ritmos cardiacos irregulares, junto con sus datos de ritmo cardiaco. La máquina predictiva compara entonces los patrones de ritmo cardiaco con los que presentan ritmos irregulares y los que no los presentan. Esta comparación posibilita la predicción. Si el patrón de ritmo cardiaco de un nuevo paciente es más similar a la muestra de «entrenamiento» de personas con un ritmo cardiaco irregular que con la muestra de los que presentan un ritmo regular, la máquina predecirá que este paciente presenta un ritmo cardiaco irregular.

Como muchas aplicaciones médicas, Cardiogram recopila sus datos trabajando con investigadores académicos que monitorizan unos seis mil usuarios que asisten al estudio. Entre esos seis mil usuarios, aproximadamente doscientos ya han sido diagnosticados con pacientes con un ritmo cardiaco irregular. Así pues, todo lo que Cardiogram hace es recopilar datos sobre patrones de ritmo cardiaco del reloj Apple y compararlos.

Estos aparatos continúan mejorando su precisión de predicción incluso después de su lanzamiento al mercado. Las máquinas predictivas necesitan datos de retroalimentación sobre si sus predicciones son correctas. Por tanto, estas máquinas requieren de datos sobre la incidencia de ritmos cardiacos irregulares de los usuarios del producto. La máquina combina estos datos con los datos de entrada sobre monitorización cardiaca para generar retroinformación que mejore continuamente la precisión en la predicción.

Sin embargo, la adquisición de datos de entrenamiento puede ser una tarea ardua. Para hacer predicciones sobre el mismo grupo de individuos —en este caso, pacientes con anomalías del corazón—, se precisa información sobre el resultado de interés —ritmos cardiacos irregulares—, así como información sobre algo que sea útil para predecir ese resultado en un nuevo contexto —monitorización cardiaca—.

Esta tarea se vuelve particularmente laboriosa cuando la predicción alude a un evento futuro. En una máquina predictiva solo se pude insertar la información que se conoce en el momento que se desea predecir. Por ejemplo, supongamos que deseas comprar las entradas para ir a un partido de tu equipo favorito en la próxima temporada. En Toronto, ese equipo sería el Toronto Maple Leafs de la liga de hockey sobre hielo. Te gusta ir a los partidos cuando tu equipo gana, pero no te gusta animar a un equipo perdedor, así que decides que solo vale la pena comprar las entradas si el equipo gana al menos la mitad de los partidos que disputará el año que viene. Para tomar esta decisión, necesitas predecir qué número de victorias habrá.

En hockey sobre hielo, el equipo que marca más goles gana, por lo que intuyes que los equipos que marcan muchos goles tienden a ganar y los que marcan pocos pierden. Decides introducir en tu máquina predictiva datos provenientes de las temporadas anteriores con los goles marcados por cada equipo, los goles encajados por cada equipo y el número de victorias de cada equipo. Introduces estos datos en la máquina predictiva y ves que, en efecto, se trata de una excelente forma de predecir el número de victorias. Ahora ya puedes usar esta información para predecir el número de victorias del próximo año.

Pero es posible. Estás atascado. No tienes información sobre el número de goles que marcará tu equipo el año siguiente, así que no se pueden usar esos datos para predecir el número de victorias. Tienes datos sobre los goles marcados la última temporada, pero eso no funciona porque has preparado la máquina predictiva para que aprenda a partir de los datos del año actual. Para hacer esta predicción, necesitas los datos que tendrá a mano en el momento de hacer la predicción. Puedes volver a preparar tu máquina predictiva usando los goles marcados el año anterior para predecir las victorias del año actual. Puedes usar otra información, como las victorias obtenidas el año anterior o la edad de los jugadores del equipo y su rendimiento pasado.

Muchas aplicaciones de IA comerciales poseen esta estructura: usan una combinación de datos de alimentación y mediciones de resultados para crear la máquina predictiva, y después usan los datos de alimentación de una nueva situación para predecir el resultado de esa situación. Si puedes obtener datos sobre los resultados, tu máquina predictiva podrá aprender continuamente a través de la retroalimentación.

Decisiones sobre los datos

Puede que sea costoso adquirir los datos, pero las máquinas predictivas no pueden operar sin ellos. Son máquinas que requieren datos para crear, operar y mejorar.

Por consiguiente, debes tomar decisiones sobre la escala y el alcance de la adquisición de datos. ¿Cuántos tipos de datos diferentes necesitas? ¿Cuántos objetos distintos se requieren para preparar a la máquina? ¿Con qué frecuencia es necesario recopilar datos? Más tipos, más objetos y más frecuencia significan un coste más elevado, pero también potencialmente un mayor beneficio. A la hora de pensar en tomar decisiones, debemos determinar cuidadosamente qué deseamos predecir. El problema de predicción particular nos dirá qué necesitamos.

Cardiogram deseaba predecir los infartos, por lo que usaba ritmos cardiacos irregulares como un indicador —médicamente aprobado—.[4] Una vez establecido este objetivo de predicción, dicha empresa solo necesitaba obtener los datos del ritmo cardiaco de cada persona que usara su app. También podía usar información sobre el sueño, la actividad física, los antecedentes familiares, el historial médico y la edad. Tras formular algunas preguntas para recopilar datos sobre edades y otras informaciones, la empresa solo necesitaba un aparato que midiera perfectamente el ritmo cardiaco.

Cardiogram también necesitaba los datos de entrenamiento; es decir, los de las seis mil personas, una fracción de las cuales presentaban ritmos cardiacos irregulares.

A pesar de la vasta cantidad de sensores y detalles sobre usuarios potencialmente disponibles, Cardiogram solo tuvo que recopilar una pequeña cantidad de información sobre la mayoría de los usuarios. Y solo necesitó acceder a la información sobre ritmos cardiacos irregulares para las personas que estaba usando para entrenar a su IA. De esta forma, el número de variables era relativamente pequeño.

Para hacer una buena predicción, la máquina debía tener suficientes individuos —o unidades de análisis— en los datos de entrenamiento. El número de individuos requerido depende de dos factores: primero, en qué medida es fiable la «señal» respecto al «ruido»; y, segundo, en qué medida debe ser precisa la predicción para que resulte útil. En otras palabras, el número requerido de personas depende de si esperamos que la frecuencia cardiaca sea un indicador relevante o poco relevante de los ritmos cardiacos irregulares y de lo costoso que resulte un error. Si la frecuencia cardiaca es un indicador relevante y los errores no suponen grandes pérdidas, entonces solo necesitamos a unas cuantas personas. Si la frecuencia cardiaca es un indicador poco relevante o si cada error pone vidas en riesgo, necesitamos a miles o millones de personas. Cardiogram, en su estudio preliminar, usó a seis mil personas, incluidas doscientas con un ritmo cardiaco irregular. Con el tiempo, una manera de recopilar más datos está siendo a través de la retroalimentación sobre si los usuarios de las aplicaciones presentan, o desarrollan, ritmos cardiacos irregulares.

¿De dónde salieron esas seis mil personas? Los científicos de datos disponen de excelentes herramientas para evaluar la cantidad de datos requeridos dada la fiabilidad esperada de la predicción y la necesidad de precisión. Estas herramientas se denominan «cálculos de la potencia», e informan de cuántas unidades se deben analizar para generar una predicción útil.[5] El punto principal de gestión es que debemos crear un compromiso: unas predicciones más precisas requieren más unidades de estudio; y adquirir estas unidades adicionales puede resultar costoso.

Cardiogram requiere una continua recopilación de datos. Su tecnología usa el reloj Apple para reunir datos cada segundo. Se precisa esta frecuencia porque los ritmos cardiacos varían durante el día, y las mediciones correctas requieren una evaluación repetida de si la frecuencia medida es un valor verdadero de la persona que está siendo examinada. Para que funcione, el algoritmo de Cardiogram usa la corriente continua de mediciones que proporciona el aparato portátil en lugar de una sola medición cuando el paciente está en la consulta del médico.

Recopilar esos datos es una costosa inversión. Los pacientes deben llevar el aparato en todo momento, y este pasa a formar parte de sus rutinas diarias —particularmente, para los que no llevan un reloj Apple—. Como se trata de datos de salud, hubo problemas sobre la privacidad, así que Cardiogram desarrolló un sistema para mejorar tal aspecto, con lo que se incrementaron los costes de desarrollo y se redujo la capacidad de la máquina para mejorar sus predicciones con la retroalimentación. Este aparato recopilaba los datos que usaba en sus predicciones a través de la aplicación, y los datos permanecían en el reloj.

A continuación, reflexionaremos sobre la diferencia entre el pensamiento estadístico y el pensamiento económico respecto a la cantidad de datos que se deben recopilar —consideraremos aspectos relativos a la privacidad cuando analicemos la estrategia, en el capítulo cuatro—.

Economías de escala

Una mayor cantidad de datos mejora una predicción. Pero ¿cuántos datos necesitamos? El beneficio de la información adicional —ya sea en términos de número de unidades, tipos de variables o frecuencia— puede aumentar o disminuir con la cantidad de datos existente. En el lenguaje de los economistas, los datos pueden presentar rendimientos crecientes o decrecientes a escala.

Desde un punto de vista puramente estadístico, los datos presentan rendimientos decrecientes a escala. Se consigue más información útil en la tercera observación que en la número cien, y se aprende mucho más de la observación número cien que de la número un millón. A medida que se van añadiendo observaciones a los datos de entrenamiento, el proceso es cada vez menos útil en cuanto a la mejora de su predicción.

Cada observación es un dato adicional que contribuye a fundamentar una predicción. En el caso de Cardiogram, una observación es el momento entre cada latido registrado. Cuando decimos que «los datos presentan rendimientos decrecientes» queremos decir que los primeros cien latidos dan una buena idea de si esa persona presenta un ritmo cardiaco irregular o no. Cada latido adicional es menos importante que los precedentes, en lo que concierne a la mejora de la predicción.

Consideremos, por ejemplo, el momento en que debemos salir de casa para llegar al aeropuerto. Si nunca hemos estado en el aeropuerto, la primera vez que lo hagamos obtendremos mucha información útil. La segunda y la tercera vez también nos ofrecerán una buena idea de cuánto tiempo se suele tardar. No obstante, la vez número cien que vayamos al aeropuerto es improbable que nos dé mucha información sobre cuánto tiempo se tarda en llegar. Por eso decimos que los datos presentan un rendimiento decreciente a escala: a medida que obtenemos más datos, cada dato adicional es menos valioso.

Quizá esto no sea cierto desde un punto de vista económico, que no va sobre cómo los datos mejoran la predicción, sino sobre cómo los datos mejoran el valor que obtenemos de la misma. En ocasiones, la predicción y el resultado van de la mano, por lo que el rendimiento decreciente de las observaciones en estadística implica un rendimiento decreciente en términos de los resultados que a nos interesan. Sin embargo, en ocasiones la predicción y el resultado son diferentes.

Por ejemplo, los consumidores pueden elegir usar nuestro producto o el de la competencia. Es posible que solo usen nuestro producto si es tan bueno o mejor que el de la competencia. En muchos casos, todos los competidores son igualmente buenos en situaciones para las que haya datos disponibles. Por ejemplo, la mayoría de los dispositivos de búsqueda proporcionan resultados similares en búsquedas comunes. Tanto si se usa Google como Bing, los resultados de una búsqueda de Justin Bieber son similares. El valor de los dispositivos de búsqueda aumenta en función de la capacidad de dar mejores resultados en búsquedas inusuales. Intenta introducir «disrupción» en Google o Bing. En el momento de escribir estas líneas, Google mostró tanto la definición del diccionario como los resultados relacionados con las ideas de Clay Christensen sobre el concepto de «innovación disruptiva». Los primeros nueve resultados de Bing suministraron definiciones de diccionario. La razón principal por la que los resultados de Google eran mejores es que imaginarse lo que el buscador necesita cuando hace una búsqueda poco habitual requiere datos de tales búsquedas. La mayoría de las personas usa Google para hacer búsquedas usuales e inusuales. Ser un poco mejor en búsquedas puede conllevar una gran diferencia en la cuota de mercado y en los ingresos.

Por tanto, mientras los datos presenten técnicamente rendimiento decreciente a escala —la búsqueda número mil millones es menos útil para mejorar los dispositivos de búsqueda que la primera desde un punto de vista comercial—, los datos pueden ser muy valiosos si poseemos más y mejores datos que nuestros competidores. Algunos han argumentado que poseer más datos sobre factores únicos aporta recompensas desproporcionadas en el mercado.[6] Aumentar los datos aporta recompensas desproporcionadas en el mercado. Por consiguiente, desde un punto de vista económico, en tales casos los datos pueden presentar un rendimiento creciente a escala.

PUNTOS CLAVE

- Las máquinas predictivas utilizan tres tipos de datos: (1) los datos de entrenamiento para entrenar la IA; (2) los datos de alimentación para predecir, y (3) los datos de retroalimentación para mejorar la precisión de la predicción.

- La recopilación de datos es costosa; es una inversión. El coste de la recopilación de datos depende de cuántos datos necesitemos y de lo intrusivo que sea el proceso de recopilación. Es básico equilibrar el coste de adquisición de datos con el beneficio de la mejora de la precisión en la predicción. Determinar el mejor enfoque requiere estimar el retorno sobre la inversión (ROI, por su sigla en inglés) de cada tipo de datos: cuánto costará adquirir y en qué medida será valioso el aumento asociado a la precisión de la predicción.

- Las razones estadísticas y económicas determinan si el hecho de poseer más datos genera más valor. Desde el punto de vista estadístico, los datos presentan un rendimiento decreciente. Cada unidad adicional de datos mejora menos la predicción que los datos precedentes; la observación número diez mejora más la predicción que la número mil. En términos de economía, la relación es ambigua. Añadir más datos a un gran conjunto de datos existente puede ser mejor que añadirlo a un conjunto pequeño. Por ejemplo, si los datos adicionales permiten que el rendimiento de la máquina predictiva cruce un umbral de lo inutilizable a lo útil, o pasar de rendir por debajo de un umbral de rendimiento a rendir por encima, o de ser peor que un competidor a ser mejor. Por tanto, las organizaciones necesitan comprender la relación entre añadir más datos, mejorando la precisión de la predicción, y aumentar la creación de valor.

6

La nueva división del trabajo

Cada vez que modificamos un documento electrónico, tales cambios pueden ser grabados. Para la mayoría de las personas, solo hay un modo útil de realizar un seguimiento de las revisiones, pero para Ron Glozman fue una oportunidad para usar una IA y predecir los cambios. En 2015, Glozman lanzó una empresa emergente denominada Chisel, cuyo primer producto tomaba documentos legales y predecía qué información era confidencial. Este producto es valioso para las empresas de abogados porque, cuando a estas se les pide que revelen documentos, deben censurar, o redactar, la información confidencial. Históricamente, la redacción se hacía a mano, con personas que leían los documentos y ocultaban la información confidencial. El enfoque de Glozman permitió ahorrar tiempo y esfuerzo.

La redacción artificial funcionó, pero de forma imperfecta. En una ocasión, la máquina redactó erróneamente la información que se debía divulgar. O falló en captar lo que era confidencial. Para activar los estándares legales, personas expertas en el tema debían ayudarle. En su fase de pruebas, la máquina de Chisel sugirió qué redactar, y las personas rechazaban o aceptaban tal sugerencia. En efecto, colaborar significaba ahorrar mucho tiempo, a la vez que se obtenía un índice de error inferior al que las personas obtenían por sí mismas. Esta división «humano-máquina» del trabajo funcionó, porque superó tanto la debilidad humana en velocidad y atención como la desventaja artificial en interpretar un texto.

Tanto las personas como las máquinas tienen fallos. Sin saber cuáles son, no podemos evaluar cómo las máquinas y las personas deben trabajar juntas para generar predicciones. ¿Por qué? Porque es una idea que data de las teorías económicas de Adam Smith —surgidas en el siglo XVIII— sobre la división del trabajo, que implica asignar funciones basándose en las habilidades relativas. En este caso, la división del trabajo que se da entre las personas y las máquinas sirve para generar predicciones. Comprender la división del trabajo significa determinar qué aspectos de la predicción se realizan mejor por parte de las personas o de las máquinas, lo cual nos permite identificar sus distintos roles.

Donde las personas flojean en predicción

Un viejo experimento de psicología da a los sujetos una serie aleatoria de X y O y les pide que predigan cuál será la siguiente. Por ejemplo, a los sujetos que participan en el estudio se les puede mostrar la siguiente serie:

OXXOXOXOXOXXOOXXOXOXXXOXX

Ante una serie como ésta, la mayoría de la gente se da cuenta de que hay unas cuantas X más que O. Si las cuentan, se percatan de que hay un 60% de X y un 40% de O; así que suelen decir X la mayor parte de las veces, pero ponen alguna O para reflejar ese equilibrio. No obstante, si deseamos maximizar las opciones de una predicción correcta, siempre escogeremos X, ya que acertaremos el 60% de las veces. Si elegimos aleatoriamente 60/40, como hacen la mayoría de los participantes, nuestra predicción acabará siendo correcta el 52% de las veces, solo ligeramente mejor que si no nos hubiéramos tomado la molestia de evaluar las frecuencias relativas de las X y las O, y simplemente hubiéramos adivinado una o la otra (50/50).[1]

Lo que nos dicen tales experimentos es que las personas flojean en estadística, incluso en aquellas situaciones en las que les resulta fácil evaluar probabilidades. Ninguna máquina predictiva cometería un error como este, pero tal vez las personas no se tomen tales tareas en serio, puesto que creen que se trata de un juego. ¿Cometerían errores similares si las consecuencias no fueran similares a las de un juego?

La respuesta —demostrada a través de muchos experimentos por los psicólogos Daniel Kahneman y Amos Tversky— es decididamente sí.[2] Cuando pidieron a los sujetos que pensaran en dos hospitales —uno con cuarenta y cinco nacimientos al día y otro con quince al día— y se les preguntó qué hospital tendrá más días si el 60% de los niños nacidos o más son chicos, muy pocos dieron la respuesta correcta: el hospital pequeño. El hospital pequeño es la respuesta correcta, porque cuanto mayor es el número de eventos —en este caso, los nacimientos— más probable es que el resultado diario esté cercano a la media —en este caso, el 50%—. Para ver cómo funciona esto, imagina que estás lanzando monedas al aire. Es más probable que te salga cara cada vez que lances cinco monedas que si lanzas cincuenta. De ahí que es más probable que el hospital pequeño —precisamente porque tiene menos nacimientos— arroje resultados extremos alejados de la media.

Se han escrito muchos libros sobre la heurística y los sesgos estadísticos.[3] Mucha gente considera un reto el hacer predicciones basadas en firmes principios estadísticos, lo cual es precisamente la razón por la que contratan a expertos. Por desgracia, tales expertos pueden mostrar los mismos sesgos y dificultades con las estadísticas a la hora de tomar decisiones. Estos sesgos invaden campos tan diversos como la medicina, las leyes, el deporte y los negocios. Tversky, junto a investigadores de la Harvard Medical School, presentó a los médicos dos tratamientos para el cáncer de pulmón: la radiación y la cirugía. El índice de supervivencia de cinco años recomendaba la cirugía. Dos grupos de participantes recibieron distintas formas de presentar la información sobre el índice de supervivencia a corto plazo de la cirugía, que es más arriesgada que la radiación. Cuando se les dijo que «el índice de supervivencia de un mes era del 90%», el 84% de los médicos escogió la cirugía, pero ese índice cayó al 50% cuando se les dijo que «había un 10% de mortalidad durante el primer mes». Ambas frases dicen lo mismo, pero la forma en que los investigadores encuadraron la información derivó en cambios importantes en la decisión. Una máquina no obtendría este resultado.

Kahneman identifica muchas otras situaciones en las que los expertos no predijeron bien al ser confrontados con información compleja. Los radiólogos experimentados se contradijeron una de cada cinco veces al evaluar los rayos X. Auditores, patólogos, psicólogos y directores mostraron inconsistencias similares. Kahneman concluye que, si existe un modo de predecir usando una fórmula en lugar de a una persona, la opción de la fórmula debe ser seriamente considerada.

La mala predicción de los expertos fue el tema central del libro *Moneyball: el arte de ganar un juego injusto* de Michael Lewis.[4] El equipo de béisbol de Oakland Athletics se enfrentaba a un problema cuando, después de que tres de sus mejores jugadores dejaran el equipo, no poseían los recursos financieros para fichar a sus sustitutos. El director general de los Oakland Athletics, Billy Beane —interpretado por Brad Pitt en el film— usó un sistema estadístico desarrollado por Bill James para predecir el rendimiento de los jugadores. Con ese sistema de «sabermetría», Beane y sus analistas invalidaron las recomendaciones de sus *scouters* (ojeadores) y formaron su propio equipo. A pesar del modesto presupuesto, el equipo superó a sus rivales hasta llegar a la Serie Mundial en 2002. El punto clave del nuevo enfoque fue apartarse de aquellos indicadores que previamente habían considerado que eran importantes —tales como el robo de bases y el promedio de bateos— y adaptar otros —como el rendimiento en la base y la productividad de bateo—. Ello también significó el apartarse de la heurística, en ocasiones extraña, de los ojeadores. Como un ojeador señala en la película: «Tiene una novia fea. Novias feas significa falta de confianza». A la luz de tales algoritmos de toma de decisiones, no es de extrañar que las predicciones generadas por datos suelan ser capaces de superar a las de los seres humanos en el béisbol.

La nueva métrica enfatizada justifica la contribución de un jugador al rendimiento del equipo como un todo. La nueva máquina predictiva permitió a los Oakland Athletics identificar a jugadores que eran menos conocidos comparados con los evaluados tradicionalmente, y de ahí que poseyeran un mejor valor en términos de precios inferiores respecto a su impacto en el rendimiento del equipo. A falta de predicción, estas indagaciones habían sido infravaloradas por otros equipos, por lo que los Athletics capitalizaron estos sesgos.[5]

Tal vez la indicación más clara de las dificultades de la predicción humana, incluso en caso de especialistas experimentados y consolidados, provenga de un estudio de los fallos de los jueces de Estados Unidos que conllevan establecer una fianza.[6] En Estados Unidos, se emiten 10 millones de tales fallos al año, y el hecho de que alguien reciba una fianza o no tiene mucho que ver con la familia, con el empleo y con otros aspectos personales, por no mencionar el coste de la prisión para el Gobierno. Los jueces deben basar sus decisiones en si el acusado huirá o cometerá otros delitos, si es liberado bajo fianza, y no en si una eventual condena es probable. Los criterios de estos fallos son claros y están bien definidos.

El estudio usó el aprendizaje de máquinas para desarrollar un algoritmo que predijera la probabilidad de que un acusado concreto volviera a reincidir o se fugara estando bajo fianza. Los datos de entrenamiento eran extensos: tres cuartas partes de un millón de personas a quienes se concedió fianza en la ciudad de Nueva York entre 2008 y 2013. La información incluía los antecedentes penales, los delitos de los que se acusaba a las personas y la información de tipo demográfico.

La máquina hizo mejores predicciones que los jueces humanos. Por ejemplo, para el 1% de los acusados que la máquina clasificó como los de mayor riesgo, la máquina predijo que el 62% cometería delitos cuando estuvieran libres bajo fianza. No obstante, los jueces —que no tenían acceso a las predicciones de la máquina— optaron por poner en libertad a casi la mitad de los acusados. Las predicciones de la máquina fueron razonablemente precisas, dándose que el 63% de los delincuentes calificados como de alto riesgo por la máquina cometieron un delito estando libres bajo fianza y más de la mitad no aparecieron por el tribunal al día siguiente. El 5% de los acusados que la máquina había identificado como de alto riesgo cometieron una violación o un asesinato estando bajo fianza.

Siguiendo las recomendaciones de la máquina, los jueces podrían haber puesto en libertad al mismo número de acusados y reducido el índice de delitos de aquellos liberados bajo fianza en tres cuartas partes. O bien podrían haber mantenido el índice de criminalidad igual y encarcelado a la mitad de acusados adicionales.[7]

¿Qué sucede aquí? ¿Por qué los jueces evalúan de forma tan diferente a las máquinas predictivas? Una posibilidad es que los jueces usen informaciones no disponibles en el algoritmo, tales como la apariencia del acusado y su comportamiento ante el tribunal. Esa información puede ser útil o engañosa. Dado el elevado índice de criminalidad de los acusados puestos en libertad, no sería disparatado concluir que lo último es lo más probable: las predicciones de los jueces son bastante nefastas. El estudio proporciona mucha evidencia adicional que apoya esta desafortunada conclusión.

En esta situación, las predicciones se revelan complicadas para las personas a causa de la complejidad de aquellos factores que pueden explicar los índices de criminalidad. Las máquinas predictivas son mucho mejores que los seres humanos cuando se trata de interacciones complejas entre distintos indicadores. Así pues, aunque pensemos que un registro de antecedentes penales puede significar que un acusado presenta mayor riesgo de fuga, la máquina puede descubrir que solo se dará ese caso si el acusado ha estado desempleado durante un cierto periodo de tiempo. En otras palabras, el efecto de interacción puede ser lo más importante, y a medida que el número de dimensiones de tales interacciones crezca, la capacidad de las personas para generar predicciones precisas disminuirá.

Estos sesgos no solo se perciben en la medicina, el béisbol o el derecho, sino que son un rasgo constante en las actividades laborales profesionales. Los economistas han descubierto que los directores y empleados suelen hacer predicciones —y con confianza— sin ser conscientes de que no están haciendo un buen trabajo. En un estudio de las contrataciones realizado en quince empresas de servicios de baja cualificación, Mitchell Hoffman, Lisa Kahn y Danielle Li descubrieron que, cuando las empresas usaban un test objetivo y verificable, además de las entrevistas habituales, se producía un aumento del 15% en los índices de permanencia en el cargo si se comparaba con el número de empleados contratados basándose únicamente en las entrevistas.[8] Respecto a esos empleos, a los directores se les instruyó que maximizaran la permanencia.

El propio test era extenso e incluía habilidades cognitivas e indicadores aptos para el puesto. Así, cuando se restringió el criterio de los directores contratantes —evitando que estos invalidaran las puntuaciones de los test si estas eran desfavorables— se produjo una mayor estabilidad de los empleos y se redujo el índice de abandonos. Por consiguiente, a pesar de que se les había instruido para que maximizaran la permanencia en el empleo, y aun teniendo experiencia en la contratación y dándoseles predicciones de máquinas bastante precisas, los directores seguían haciendo malas predicciones.

Donde las máquinas flojean en predicción

El exsecretario de Defensa, Donald Rumsfeld, dijo en cierta ocasión:

Existen conocimientos que conocemos: es decir, hay cosas que sabemos que sabemos. También existen conocimientos que no conocemos; esto es, sabemos que hay cosas que no sabemos. Pero también existen «desconocimientos desconocidos»; esto es, hay cosas que ni siquiera sabemos que desconocemos. Y si uno mira a la historia de nuestro país y de otros países libres, esta última categoría es la que suele plantear dificultades.[9]

Esta frase proporciona una útil estructura para entender las condiciones bajo la cuales flaquean las máquinas predictivas. El primer término, los «conocimientos conocidos», se da cuando tenemos abundantes datos, de forma que podemos hacer buenas predicciones. El segundo término, los «desconocimientos conocidos», se produce cuando tenemos pocos datos, así que sabemos que la predicción será complicada. El tercero, los «desconocimientos desconocidos», alude a aquellos eventos que no han sido registrados por la pasada experiencia ni están contenidos en los datos, pero no obstante son posibles, por lo que la predicción es difícil, aunque tal vez no nos demos cuenta. Finalmente, una categoría que Rumsfeld no menciona, los «conocimientos desconocidos», se da cuando una asociación que parecía ser sólida en el pasado es el resultado de algún factor desconocido o no observado que cambia con el tiempo y que hace que unas predicciones que creíamos que eran fiables se vuelvan poco fiables. Las máquinas predictivas fallan precisamente cuando la tarea de predecir basándose en límites estadísticos bien comprendidos es difícil.

Conocimientos conocidos

Con abundantes datos, las máquinas predictivas pueden funcionar bien. La máquina conoce la situación, en el sentido de que suministra una buena predicción. Y nosotros sabemos que la predicción es buena. Este es el punto óptimo para la generación actual de inteligencia artificial. La detección del fraude, los diagnósticos médicos, los jugadores de béisbol y los fallos judiciales sobre fianzas entran en esta categoría.

Desconocimientos conocidos

Hasta los mejores modelos de predicción actuales —y los de un futuro próximo— requieren grandes cantidades de datos; lo cual significa que sabemos que nuestras predicciones serán relativamente malas en aquellas situaciones sobre las que no tengamos muchos datos. Sabemos que no sabemos: desconocimientos conocidos.

Es posible que no tengamos muchos datos porque ciertos eventos son infrecuentes, por lo que predecirlos es una tarea complicada. Las elecciones presidenciales de Estados Unidos se celebran solo cada cuatro años, y tanto los candidatos como el entorno político cambian. Predecir el resultado de unas elecciones presidenciales a pocos años vista es casi imposible. Las elecciones de 2016 mostraron que incluso predecir el resultado a unos pocos días vista, o el mismo día de las elecciones, es harto complicado. Los grandes terremotos son lo bastante infrecuentes —¡menos mal!—, por lo que hasta la fecha se ha revelado casi imposible predecir con exactitud dónde y cuándo van a suceder y qué magnitud tendrán —sí, los sismólogos siguen trabajando en ello—.[10]

En contraste con las máquinas, en algunas ocasiones, los seres humanos somos sumamente buenos haciendo predicciones con pocos datos. Podemos reconocer una cara que solo hemos visto una o dos veces, aun viéndola desde un ángulo diferente. Podemos identificar a un compañero de cuarto curso cuarenta años después, a pesar de los numerosos cambios en su aspecto. Desde una edad muy temprana podemos adivinar la trayectoria de una pelota —aun sin que podamos siempre situarnos en la posición correcta para atraparla—. También somos buenos en las analogías, tomando nuevas situaciones e identificando otras circunstancias lo bastante similares para ser útiles en un nuevo entorno. Por ejemplo, los científicos imaginaron el átomo como una miniatura del sistema solar hace décadas, y ese modelo sigue enseñándose en muchas escuelas.[11]

A pesar de que los científicos expertos en informática están trabajando para reducir las necesidades de datos de las máquinas, desarrollando técnicas como el «aprendizaje con un solo intento», en el que las máquinas aprenden a predecir un objeto tras verlo solo una vez, las actuales máquinas predictivas todavía no son adecuadas para tal cometido.[12] A causa de la existencia de estos «desconocimientos conocidos» y dado que los seres humanos siguen siendo mejores en la toma de decisiones ante tales situaciones, las personas que gestionan las máquinas saben que tales situaciones pueden suceder y, por ende, pueden programar la máquina para que solicite la ayuda humana.

Desconocimientos desconocidos

Antes de poder predecir, es necesario decirle a una máquina qué vale la pena predecir. Si una cosa no ha sucedido nunca antes, una máquina no podrá predecirla —al menos si no cuenta con el meticuloso juicio humano que le suministre una analogía útil que permita a la máquina predecir usando información sobre alguna otra cosa—.

Nassim Nicholas Taleb enfatiza estos «desconocimientos desconocidos» en su libro *El cisne negro.*[13] El autor resalta el hecho de que no podemos predecir verdaderamente nuevos eventos a partir de datos pasados. El título del libro se refiere al descubrimiento europeo de un nuevo tipo de cisne en Australia. Para los europeos del siglo xviii, los cisnes eran blancos. Cuando llegaron a Australia, vieron algo totalmente novedoso e impredecible: cisnes negros. Nunca habían visto cisnes negros y, por tanto, no tenían información que pudiera predecir la existencia de tales cisnes.[14] Taleb argumenta que la ocurrencia de otros desconocimientos desconocidos tuvo importantes consecuencias, a diferencia de la aparición de los cisnes negros, que tuvo un impacto poco significativo en el rumbo de la sociedad europea o australiana.

Por ejemplo, la década de 1990 fue una buena época para la industria musical.[15] Las ventas de CD crecían, y los ingresos derivados ascendían continuamente. El futuro parecía brillante. Entonces, en 1999, una chica de 19 años, Shawn Fanning desarrolló Napster, un programa que permitía a los usuarios compartir archivos de música gratuitamente por internet. Muy pronto, la gente se descargó millones de archivos, y los ingresos de la industria musical empezaron a descender notablemente. A día de hoy, la industria sigue sin recuperarse.

Fanning era un «desconocimiento desconocido». La predicción de las máquinas no pudo predecir su llegada. Hay que admitir que, tal como Taleb y otros pusieron de relieve, las personas también son relativamente malas para predecir la aparición de desconocimientos desconocidos. Ante tales situaciones, tanto las personas como las máquinas claudican.

Conocimientos desconocidos

Quizá la mayor debilidad de las máquinas predictivas sea que, a veces, estas suministran respuestas erróneas que están seguras de que son ciertas. Tal como describimos anteriormente, en el caso de los desconocimientos conocidos, las personas comprenden la imprecisión de la predicción. La predicción va acompañada de un margen de fiabilidad que revela su imprecisión. En el caso de los desconocimientos desconocidos, las personas no creen tener respuestas. Por el contrario, en el caso de los conocimientos desconocidos, las máquinas predictivas pueden suministrar respuestas muy precisas, pero esas respuestas pueden ser equivocadas.

¿Por qué ocurre esto? Porque, si bien es cierto que los datos dan información para tomar decisiones, estos también pueden provenir de las decisiones. Si una máquina no entiende el proceso de decisión que generó los datos, sus predicciones pueden fallar. Por ejemplo, supongamos que estás interesado en predecir si vas a usar máquinas predictivas en tu organización. Este es un buen comienzo. Resulta que el hecho de leer este libro supone, casi con toda seguridad, un excelente indicador de que serás un director que va a usar máquinas predictivas.

¿Por qué? Al menos, por tres razones. Primera, y más directa, los conocimientos expuestos en este libro se revelarán útiles, así que el acto de leerlo hace que aprendas cosas sobre las máquinas predictivas y que, por tanto, apliques estas herramientas en tu negocio de forma efectiva.

Segunda, existe una razón llamada «causalidad inversa». Estás leyendo este libro porque ya usas máquinas predictivas o porque tienes planes definidos para hacerlo en un futuro cercano. El libro no ha provocado que adoptes tal tecnología, sino que la adopción de la tecnología ha hecho que leas este libro.

Tercera, existe otra razón llamada «variables omitidas». Eres una persona que se interesa por las nuevas tendencias y por la gestión tecnológica. Por tanto, has decidido leer este libro. También usa las nuevas tecnologías, como las máquinas predictivas, en tu trabajo. En este caso, tus preferencias subyacentes por la tecnología y la gestión han hecho que leas este libro y que uses máquinas predictivas.

A veces, esta distinción no es importante. Si lo que nos preocupa es saber si una persona que lea este libro va a utilizar máquinas predictivas, entonces no importa qué causa qué. Si ves algo leyendo este libro, podrás hacer una predicción justificada de que tal persona va a usar máquinas predictivas en su trabajo.

En ocasiones, esta distinción sí es importante. Si estás pensando en recomendar este libro a tus amigos, lo acabarás recomendando ha hecho que seas un mejor director gracias a las máquinas predictivas. ¿Qué te gustaría saber? Empezarías por leer este libro; después, te gustaría echar un vistazo al futuro y observar cómo te irá en la gestión de la IA. Supongamos que ves que tu futuro será perfecto. Has tenido un enorme éxito en la gestión de máquinas predictivas, que se han convertido en la base sobre la que se sustenta tu organización, y tanto tú como tu empresa habéis alcanzado cotas que han superado tus más atrevidos sueños. ¿Puedes entonces decir que leer este libro te llevo al éxito?

No.

Para que te imagines que leer este libro tuvo un impacto también necesitas saber qué habría sucedido si no lo hubieras leído. Y no posees esos datos. Necesitas observar lo que los economistas y los estadísticos denominan «situaciones contrafácticas»; qué habría sucedido si hubiera emprendido otra acción. Determinar si una acción causa un resultado requiere dos predicciones: primera, qué resultado se dará tras la acción emprendida; y, segunda, qué resultado se habría dado si hubieras emprendido otra acción. Pero eso es imposible. Nunca tendrás datos de una acción «no realizada».[16]

Este es un problema recurrente para las máquinas predictivas. En su libro *Deep Thinking*, el maestro del ajedrez Garry Kasparov expone un asunto relacionado con uno de los primeros algoritmos de aprendizaje de máquinas en el ajedrez:

> Cuando, a principios de los ochenta, Michie y algunos
> colegas escribieron un programa experimental basado en

datos para que las máquinas aprendieran ajedrez, se dio un resultado gracioso. Alimentaron a la máquina con cientos de miles de posiciones procedentes de partidas a nivel de gran maestro, esperando que esta sería capaz de imaginarse lo que funcionaba y lo que no. Al principio, la cosa parecía ir bien. Su evaluación de las posiciones era más precisa que la de los programas convencionales. El problema surgió la máquina comenzó a jugar una partida de ajedrez real. El programa desplegó sus piezas, lanzó un ataque ¡e inmediatamente sacrificó su reina! Perdió la partida tras unos pocos movimientos por haber sacrificado la reina a cambio de nada. ¿Por qué lo hizo? Bien, cuando un gran maestro sacrifica su reina es casi siempre un golpe decisivo y brillante contra el oponente. Para la máquina, educada a base de partidas de gran maestro, ¡sacrificar la reina era claramente la clave de la victoria! [17]

La máquina invirtió la secuencia causal. No había entendido que el sacrificio de la reina por parte de los grandes maestros solo se hace cuando ello crea un breve y expedito camino a la victoria. La máquina aprendió que ganar se produce poco después de sacrificar la reina, así que el hecho de sacrificarla le pareció erróneamente la forma de ganar. A pesar de que ese problema particular de la predicción artificial haya sido resuelto, la causalidad inversa sigue siendo un desafío para las máquinas predictivas.

Esta situación ocurre con frecuencia en el mundo de los negocios. En muchas industrias, los precios bajos se asocian con salarios bajos. Por ejemplo, en la industria hotelera, los precios bajan fuera de la temporada de turismo y suben cuando la demanda es mayor y los hoteles están llenos. Con esos datos, una predicción ingenua podría sugerir que aumentar los precios conllevaría más habitaciones vendidas. Una persona —con al menos cierta formación en economía— entendería que el alto nivel de demanda causa los cambios de precios, y no a la inversa. Así que es poco probable que aumentar el precio aumente las ventas. Esta persona podrá trabajar con la máquina e identificar los

datos correctos —tales como las elecciones por parte de los individuos de las habitaciones de hotel basadas en el precio— y los modelos
apropiados —que tienen en cuenta la estacionalidad y otros factores
de la oferta y la demanda— para predecir mejor las ventas a precios
distintos. Por ende, para la máquina, esto sería un «conocimiento desconocido», pero una persona, con una comprensión de cómo se determinan los precios, vería esto como un «desconocimiento conocido»,
o tal vez como un «conocimiento conocido», si este pudiera modelar
adecuadamente la decisión de fijación de precios.

El tema de los conocimientos desconocidos y de la inferencia
causal es incluso más importante en presencia de la conducta estratégica de los demás. Los resultados de la búsqueda de Google provienen de un algoritmo secreto. Ese algoritmo es determinado en
gran medida por máquinas predictivas que predicen qué vínculos
es probable que alguien clique. Para un director de página web, un
ranking más alto significa más visitantes en su página y más ventas.
La mayoría de los gestores de páginas web reconocen tal hecho y
llevan a cabo una optimización de los motores de búsqueda; adaptan
sus páginas web para intentar mejorar su clasificación en los resultados de búsqueda de Google. Estas adaptaciones suelen ser vías para
manipular los aspectos idiosincráticos del algoritmo; por lo que,
con el paso del tiempo, el motor de búsqueda se llena de *spam* y
de vínculos que no son lo que la persona realmente busca, sino los
resultados de los gestores de la página web que han manipulado las
anomalías del algoritmo.

Las máquinas predictivas hacen un gran trabajo a corto plazo en
términos de predecir lo que la gente va a clicar pero, pasadas algunas semanas, o meses, muchos gestores de páginas web encuentran
formas de manipular el sistema que Google necesita para cambiar
sustancialmente el modelo de predicción. Este tira y afloja entre el
motor de búsqueda y los *spammers* de tales motores ocurre porque es
posible manipular las máquinas predictivas. A pesar de que Google
ha intentado crear un sistema en el que tal juego del gato y el ratón
sea poco provechoso, también reconoce los inconvenientes de fiarse

totalmente de las predicciones de la máquina, y usa el juicio humano para reoptimizar la máquina ante tal *spam*[18]. Instagram libra también una continua batalla contra los creadores de *spam*, actualizando los algoritmos regularmente para capturar el *spam* y el material ofensivo. En líneas generales, una vez que las personas han identificado esos problemas, dejan de ser conocimientos desconocidos. O encuentran soluciones para generar buenas predicciones, de forma que los problemas se conviertan en conocimientos conocidos, que requieren colaboración entre las personas y las máquinas, o bien no pueden encontrar soluciones, y los problemas se convierten en desconocimientos conocidos.

La predicción de las máquinas es sumamente poderosa, pero tiene limitaciones, pues no tiene un buen rendimiento con datos limitados. Ciertas personas bien entrenadas pueden reconocer esas limitaciones —ya sea porque se trata de eventos infrecuentes o de problemas de inferencia causal— y mejorar las predicciones de las máquinas. Pero, para hacerlo, deben entender la máquina.

Predecir mejor juntos

En ocasiones, la combinación de personas y máquinas genera las mejores predicciones, pues cada parte complementa las debilidades de la otra. En 2016, un equipo de investigadores de IA de Harvard/MIT ganó el premio Camelyon Gran Challenge: un concurso que permite la detección de metástasis en el cáncer de pecho basándose en datos informáticos y a partir de muestras de biopsias. El algoritmo de aprendizaje profundo del equipo ganador hizo una predicción correcta el 92,5% de las veces comparado con el patólogo humano, cuyo registro de rendimiento fue del 96,6%. A pesar de que esta marca parecía una victoria para la humanidad, los investigadores fueron más allá y combinaron las predicciones de su algoritmo con las del patólogo. El resultado fue una precisión del 99,5%[20]. Es decir, el índice de error humano del 3,4% cayó a tan solo el 0,5%, y los errores bajaron un 85%.

Esta es la clásica división del trabajo, pero no físicamente, como había descrito Adam Smith. Se trata más bien de una división cognitiva del trabajo que el economista y pionero de la informática, Charles Babbage, ya había descrito en el silgo xix: «el efecto de la división del trabajo, tanto en procesos mecánicos como mentales, es que nos permite adquirir y aplicar exactamente la cantidad de capacidad y conocimiento que se requiere para ello».[21]

El ser humano y la máquina son buenos en diferentes aspectos de la predicción. El patólogo humano tenía razón cuando afirmaba que se trataba de un cáncer. No es frecuente una situación en la que un médico diga que es cáncer y esté equivocado. En cambio, la IA era mucho más precisa para decir que no era un cáncer. La persona y la máquina cometieron distintos tipos de errores. Reconociendo estas habilidades distintas, la combinación de capacidad humana y artificial superó estas debilidades, y tal conjunción redujo drásticamente el índice de error.

¿Cómo se traduce tal colaboración en el entorno de los negocios? La predicción de las máquinas puede mejorar la productividad de la predicción humana por medio de dos grandes vías. La primera consiste en suministrar una predicción inicial que las personas puedan usar para combinar sus propias evaluaciones. La segunda se basa en proporcionar una segunda opinión posterior al hecho, o un camino para la monitorización. De este modo, el jefe puede asegurar que una persona está trabajando duro y esforzándose por realizar la predicción. En ausencia de monitorización, es posible que una persona no trabaje lo bastante duro. La teoría es que las personas que deben responder a por qué su predicción difiere de un algoritmo objetivo solo pueden superar a las máquinas empleándose con un esfuerzo extra para asegurar que son lo suficientemente fiables y seguros.

Un ámbito excelente para examinar tales interacciones es la predicción relacionada con la capacidad crediticia de los solicitantes de préstamos. Daniel Paravisini y Antoniette Schoar examinaron la evaluación de un banco colombiano de los solicitantes de préstamos de pequeñas empresas tras la introducción de un nuevo sistema de puntuación crediticio.[22] El sistema de puntuación informatizado tomaba una serie de informaciones en torno a los solicitantes y la agregaba a una sola medida que predecía el riesgo. Después, un comité de empleados del banco responsables de los préstamos usaba la puntuación y sus propios procesos para aprobar, denegar o traspasar el préstamo a un director regional encargado de decidir.

Un ensayo aleatorio controlado, no un decreto directivo, determinaba si la puntuación se introducía antes o después de la decisión. Así, la puntuación ofrecía un buen contexto para evaluar científicamente el impacto en la toma de decisiones. A un grupo de empleados se les dio la puntuación justo antes de que se reunieran para deliberar, lo cual es algo análogo a la primera vez que se colabora con una máquina, donde la predicción de la misma fundamenta la decisión humana. A otro grupo de empleados se le privó de la puntuación hasta después de haber hecho una evaluación inicial: algo análogo a la segunda manera de colaborar con una máquina, donde la predicción de la máquina ayuda a monitorizar la calidad de la decisión humana. La diferencia entre el primer y el segundo tratamiento era si la puntuación estaba suministrando información, o no, a las personas encargadas de tomar decisiones.

En ambos casos, la puntuación ayudó, aunque la mejora fue mayor cuando la puntuación se presentó de antemano. En ese caso, el comité hizo mejores predicciones y solicitó ayuda al director con menos frecuencia. Las predicciones proporcionaron una información que dio mayor poder de decisión a los directores de jerarquía inferior. En el otro caso, en el que el comité recibió la puntuación *a posteriori*, la toma de decisiones mejoró porque las predicciones ayudaron a los directores de jerarquía superior a monitorizar a los comités. Ello aumentó los incentivos del comité para asegurar la calidad de sus decisiones.

Para que un dúo de persona y máquina predictiva genere una mejor predicción es necesario comprender los límites del ser humano y los de la máquina. En el caso de los comités de solicitud de préstamos, es posible que las personas hagan predicciones sesgadas o que eludan el esfuerzo. Y las máquinas pueden carecer de información importante. Si bien solemos poner énfasis en el trabajo en equipo y la camaradería cuando las personas colaboran, es posible que no pensemos en los dúos de personas y máquina como equipos. Para que las personas mejoren las predicciones de las máquinas, y viceversa, es importante entender las debilidades de ambas partes y combinarlas de un modo que permita superar estos fallos.

Predicciones por excepción

Una de las ventajas principales de las máquinas predictivas es que pueden adaptarse de un modo que las personas no pueden hacerlo. Un inconveniente es que las máquinas se esfuerzan por hacer predicciones para casos inusuales de los que no se poseen muchos datos históricos. Combinado, esto significa que muchas colaboraciones entre personas y máquina adoptarán la forma de «predicciones por excepción».

Como ya hemos expuesto, las máquinas predictivas aprenden cuando los datos son abundantes, lo cual sucede cuando están tratando con escenarios más bien rutinarios o frecuentes. En tales situaciones, las máquinas predictivas operan sin que el socio humano preste atención. Por el contrario, cuando se da una excepción —un escenario no rutinario—, se comunica esa circunstancia a la persona, tras lo cual este dedica mayor esfuerzo en mejorar y verificar la predicción. Esta «predicción por excepción» es precisamente lo que sucedió con el comité de préstamos bancarios colombiano.

La idea de la predicción por excepción tiene sus antecedentes en la técnica gerencial de «administración por excepción». En cuanto a las predicciones, una persona, en muchos aspectos, ejerce de supervisora de la máquina predictiva. Un director se enfrenta a muchas tareas difíciles; para economizar el tiempo de las personas, la relación de trabajo se debe basar en captar la atención humana solo cuando realmente sea necesario. Que solo sea necesario muy de vez en cuando significa que una persona puede aprovechar fácilmente las ventajas que suponen las predicciones de una máquina para hacer predicciones rutinarias.

La predicción por excepción es esencial para saber cómo funcionó el producto inicial de Chisel. El primer producto de dicha empresa, caso que se expone al inicio del capítulo, tomaba varios documentos e identificaba y redactaba información confidencial. Si se hiciera de otra forma, este sería un laborioso procedimiento que se da en muchas situaciones legales en las que se revelan documentos a otras partes o al público en general, pero solo si se oculta cierta información.

El redactor de Chisel se basó en la predicción por excepción dando un primer paso en ese ámbito.[22] En particular, un usuario podía efectivamente determinar que el redactor fuera agresivo o moderado. El listón del redactor agresivo respecto a lo que se ocultaría estaría más alto que el de una versión más moderada. Por ejemplo, si el redactor está preocupado por dejar información confidencial sin redactar, escogerá un estilo agresivo. Pero, si lo que le preocupa es ocultar demasiada información, optará por un estilo más moderado. Chisel suministró una interfaz de uso sencillo para que una persona revisara la redacción de los documentos y, acto seguido, los aceptara o rechazara. En otras palabras, cada texto redactado era más una recomendación que una decisión final. Quién tenía la última palabra seguía siendo una persona.

El producto de Chisel combina personas y máquinas intentando superar las debilidades de cada uno. La máquina trabaja más rápido que una persona y proporciona una medida coherente en todos los documentos. Y el ser humano puede intervenir cuando la máquina no tiene suficientes datos para hacer una buena predicción.

PUNTOS CLAVE

- Las personas, incluidos los profesionales expertos, hacen malas predicciones bajo ciertas condiciones. Las personas suelen dar preponderancia a la información importante y no tienen en cuenta las propiedades estadísticas. Muchos estudios científicos documentan estas carencias en una amplia variedad de profesiones. El fenómeno se ilustra perfectamente en la película *Moneyball: rompiendo las reglas*.

- Las máquinas y las personas tienen habilidades y debilidades distintas en el contexto de la predicción. A medida que las máquinas predictivas mejoran, los negocios deben ajustarse a la división del trabajo entre personas y máquinas. Las máquinas predictivas son mejores que las personas factorizando las complejas interacciones entre los distintos indicadores, especialmente en escenarios con datos abundantes. A medida que crece el número de dimensiones de tales interacciones, la capacidad de las personas para conformar predicciones precisas decrece, especialmente en relación con las máquinas. Sin embargo, las personas suelen ser mejores que las máquinas cuando la comprensión de los procesos de generación de datos confiere una ventaja en la predicción, especialmente en contextos con pocos datos. Describimos la taxonomía de escenarios de predicción —es decir, conocimientos conocidos, desconocimientos conocidos, conocimientos desconocidos y desconocimientos desconocidos—que es útil para anticipar la apropiada división del trabajo.

- Las máquinas predictivas son adaptables. El coste por unidad por cada predicción baja a medida que la frecuencia aumenta. La predicción humana no se adapta de la misma forma. Sin embargo, las personas poseen modelos cognitivos de cómo funciona el mundo y, por tanto, pueden hacer predicciones basadas en pequeñas cantidades de datos. Así, podemos anticipar un aumento de la «predicción humana por excepción», mientras que las máquinas generan la mayoría de las predicciones porque se basan en la rutina, en datos regulares. Pero, cuando suceden eventos extraños, la máquina reconoce que no es capaz de producir una predicción fiable, y solicita la asistencia humana. Una persona proporciona predicciones por excepción.

PARTE DOS

Toma de decisiones

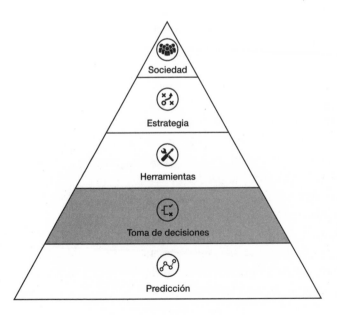

Sociedad

Estrategia

Herramientas

Toma de decisiones

Predicción

7

Descifrando decisiones

Solemos asociar la toma de decisiones con las grandes decisiones. ¿Debo comprar esta casa? ¿Debo asistir a esta escuela? ¿Debo casarme con esta persona? No cabe la menor duda de que son decisiones que nos cambian la vida y que, aunque infrecuentes, son importantes.

Pero también tomamos pequeñas decisiones continuamente: ¿Debo seguir sentado en esta silla? ¿Debo seguir caminando por esta calle? ¿Debo seguir pagando esta factura mensual? Y, como proclama la gran banda de rock canadiense Rush en su himno a la libertad individual: «Si eliges no decidir, ya has tomado una decisión». Afrontamos muchas de nuestras pequeñas decisiones con el piloto automático, tal vez aceptando su falibilidad, y escogemos centrar toda nuestra atención en las grandes decisiones. Sin embargo, el hecho de decidir no decidir ya es tomar una decisión.

La toma de decisiones es la base de muchas actividades laborales. Los maestros, que tienen diferentes personalidades y estilos de aprendizaje, deciden cómo educar a sus alumnos. Los directores de una empresa deciden cómo reclutar a sus equipos y a quién van a ascender. Los conserjes y bedeles deciden cómo tratar con eventos inesperados como fugas o riesgos de seguridad. Los conductores de camiones deciden cómo reaccionar a los cierres de carreteras o accidentes de tráfico. Los agentes de policía deciden cómo tratar con un individuo sospechoso y cómo abordar situaciones potencialmente peligrosas. Los médicos deciden qué medicamento recetar y cuándo hacer costosos análisis. Los padres deciden cuántas horas de televisión son las adecuadas para sus hijos.

Decisiones como estas suelen ocurrir bajo condiciones de incertidumbre. El maestro no está seguro de si un niño determinado aprenderá mejor con un enfoque de aprendizaje o con otro. El director no sabe a ciencia cierta si una persona que se presenta a una entrevista de trabajo ofrecerá un buen rendimiento o no. El médico no sabe con toda seguridad si será necesario hacer un costoso análisis. Todos ellos deben predecir lo correcto.

Pero una predicción no es una decisión. Tomar una decisión requiere aplicar el juicio y la razón a una predicción, y actuar en consecuencia. Antes de los recientes avances en inteligencia artificial, la distinción era solo de interés académico, ya que las personas siempre realizaban el juicio y la predicción juntos. Pero en la actualidad, los avances en predicción artificial implican que tenemos que examinar la anatomía de una decisión.

La anatomía de una decisión

Las máquinas predictivas tendrán su impacto más inmediato en el ámbito de las decisiones. Pero las decisiones poseen otros seis elementos clave (véase gráfico 7-1). Cuando alguien —o algo— toma una decisión, toma «datos de entrada» del mundo, lo que le permite conformar una predicción. Esa predicción es posible porque se posee un «entrenamiento» en torno a las relaciones entre los distintos tipos de datos y sobre qué datos están más asociados a una situación. Combinando la predicción con el *juicio* sobre lo que importa, el responsable de tomar una decisión puede escoger una «acción». Dicha acción llevará a un «resultado» —que conlleva una recompensa o una compensación—. Este resultado es una consecuencia de la decisión

GRÁFICO 7-1

Anatomía de una tarea

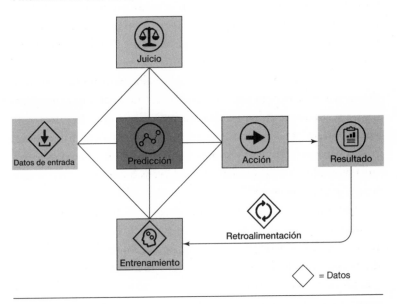

tomada. Pero se precisa suministrar un escenario completo. El resultado también puede producir una «retroalimentación», que ayudará a mejorar la siguiente predicción.

Imagina que te duele una pierna y vas al médico. El galeno te examina, te hace una radiografía y un análisis de sangre y te formula algunas preguntas, lo cual genera datos de entrada. Usando tales datos, y basándose en años de formación médica y en los casos de muchos otros pacientes, que son más o menos como tú, el doctor hace una predicción: «Lo más probable es que tenga calambres musculares, aunque hay una pequeña posibilidad de que tenga un coágulo de sangre».

Además de esta evaluación, se produce un juicio. El juicio del doctor toma en cuenta otros datos —como su intuición y su experiencia—. Supongamos que, si es un calambre muscular, el tratamiento será reposo. Si es un coágulo de sangre, el tratamiento será un medicamento sin efectos secundarios a largo plazo, pero que causa leves molestias a muchas personas. Si el médico trata erróneamente tu calambre muscular, aplicando el tratamiento para el coágulo, te encontrarás incómodo durante un tiempo. Y, si el doctor trata erróneamente un coágulo recomendándote reposo, existe la posibilidad de serias complicaciones o incluso la muerte. El juicio implica determinar el beneficio relativo asociado a cada resultado posible, incluidos los asociados a las decisiones «correctas» y los asociados a los errores —en este caso, los beneficios asociados a la curación, la leve incomodidad o las complicaciones serias—. Determinar los beneficios de todos los resultados posibles es un paso necesario para decidir cuándo escoger un tratamiento con medicamentos, optando por una leve incomodidad y reduciendo el riesgo de complicaciones serias, frente a la opción de recomendar reposo. De forma que, aplicando el juicio a la predicción, quizá el médico, teniendo en cuenta tu edad y tus propensiones, tome la decisión de que debes someterse al tratamiento prescrito para el calambre muscular, aunque exista una pequeña posibilidad de que tengas un coágulo de sangre.

Finalmente, la acción es administrar el tratamiento y observar el resultado: ¿Se te fue el dolor de la pierna? ¿Han surgido otras complicaciones? El médico podrá usar este resultado como retroalimentación para fundamentar mejor su próxima predicción.

Si dividimos una decisión en elementos podemos pensar claramente en qué actividades humanas disminuirán en valor y cuáles aumentarán como resultado de una mejor predicción artificial. Más claramente, en cuanto a la propia predicción, una máquina predictiva es en general el mejor sustituto de la predicción humana. A medida que las máquinas predictivas reemplazan las predicciones humanas, el valor de estas disminuirá. Pero un punto clave es que, si bien la predicción es un componente clave de cualquier decisión, no es el único componente. Otros elementos de una decisión —el juicio, los datos y la acción— siguen estando hasta la fecha claramente dentro del ámbito humano. Estos elementos son complementos de la decisión, lo cual significa que aumentan de valor a medida que la predicción se abarata. Por ejemplo, es posible que estemos más dispuestos a esforzarnos por aplicar el juicio a decisiones sobre las que previamente habíamos decidido no decidir —esto es, hemos aceptado la falibilidad—, ya que las máquinas predictivas ofrecen ahora predicciones mejores, más rápidas y más baratas. En ese caso, la demanda del juicio humano va a aumentar.

Perdiendo el conocimiento

El «conocimiento» es el tema de una prueba que los taxistas de Londres deben pasan para conducir los célebres taxis negros londinenses. Dicha prueba implica conocer la ubicación de miles de puntos y calles de toda la ciudad y —esta es la parte más complicada— predecir la ruta más corta y rápida entre dos puntos cualesquiera en cualquier momento del día. La cantidad de información de una ciudad de tamaño ordinario es asombrosa, pero Londres no es una ciudad ordinaria. La capital británica es un conglomerado de antiguas villas independientes y pequeñas ciudades que han ido creciendo juntas durante los últimos dos mil años hasta conformar una metrópolis global. Para pasar la prueba, los aspirantes a taxistas deben obtener una puntuación casi perfecta. No es de extrañar que para superar esta prueba se necesiten, de media, ¡tres años!, si se cuenta, a parte del tiempo que se pasa mirando mapas, también conduciendo por la ciudad en ciclomotores, memorizando y visualizando cada lugar y cada ubicación. Pero, una vez que lo han conseguido, los honrosos receptores de la insignia verde son una fuente de conocimientos.[1]

Ya sabemos cómo va a acabar esta historia. Hace una década, el conocimiento de los taxistas de Londres era su ventaja competitiva. Nadie podía proporcionar el mismo grado de servicio. Algunas personas que podrían haber ido caminando llamaban a un taxi solo porque los taxistas conocían la mejor ruta. Pero solo cinco años después, un simple GPS móvil o un sistema de navegación por satélite dio a los conductores acceso a una serie de datos y predicciones que antaño habían sido patrimonio exclusivo de los taxistas. Actualmente, estos mismos «superpoderes» están disponibles gratuitamente en la mayoría de los teléfonos móviles. La gente no se pierde y conoce la ruta más rápida. Y ahora la información que proporciona un móvil es mejor, porque se va actualizando con la información de tráfico a tiempo real.

Los taxistas que invirtieron tres años de su vida estudiando para aprender «el conocimiento» no sabían que un día tendrían que competir con las máquinas predictivas. Con el paso de los años, los taxistas han cargado mapas en su memoria, han probado las rutas y han llenado los huecos con su sentido común. Ahora, las apps de navegación tienen acceso a los mismos datos de mapas y son capaces de encontrar la mejor ruta siempre que se les solicite mediante una combinación de algoritmos y entrenamiento predictivo, y usando unos datos a tiempo real sobre el tráfico que el taxista no puede esperar saber.

Pero el destino de los taxistas de Londres no solo se sustentaba en la habilidad de las apps de navegación para predecir «el conocimiento», sino también en otros elementos cruciales para tomar la mejor ruta del punto A al punto B. Primero, los taxistas pueden controlar un vehículo a motor; segundo, tienen sensores incorporados en su cuerpo —sobre todo, sus ojos y oídos— que alimentan a sus cerebros con datos contextuales para asegurar que aplican su conocimiento correctamente. Pero eso también lo hacían otras personas. Ningún taxista de Londres se volvió peor en su trabajo a causa de las apps de navegación. Lo que sucedió es que millones de conductores se volvieron mucho mejores. El conocimiento de los taxistas ya no era un bien escaso, y los taxis se expusieron a la competencia de plataformas de uso compartido de vehículos, como Uber.

El hecho de que otros conductores pudieran acceder a «el conocimiento» desde sus móviles y las predicciones de las rutas más rápidas significaba que podían suministrar un servicio equivalente. Cuando la predicción de máquinas de alta calidad se abarató, el valor de la predicción humana disminuyó, así que los taxistas quedaron en peor situación. El número de viajes de los taxis londinenses cayó, pero en lugar de ello otros conductores ofrecieron el mismo servicio. Estos otros también tienen habilidades conductoras y sensores humanos, activos complementarios que subieron en valor a medida que la predicción se abarataba.

Obviamente, puede ocurrir que los coches sin conductor acaben sustituyendo esas habilidades y sentidos, pero volveremos a esta historia más adelante. El punto que deseamos recalcar es la comprensión de los distintos aspectos de las decisiones, tal como describimos en el apartado anterior relativo a la anatomía de las decisiones.

¿Debes llevar un paraguas?

Hasta ahora, hemos sido un tanto imprecisos sobre qué es en realidad el juicio. Para explicarlo, introduciremos una herramienta de toma de decisiones: el árbol de decisiones.[2] Esta herramienta resulta especialmente útil para decisiones marcadas por la incertidumbre; es decir, cuando no estás seguro de qué sucederá si eliges una determina opción.

Consideremos una elección familiar que tengas que hacer. ¿Deberías llevar un paraguas al salir a pasear? Quizá pienses que un paraguas es algo que sostienes sobre tu cabeza para no mojarte cuando llueve, y estás en lo cierto. Pero un paraguas es también una especie de seguro, en este caso, contra la posibilidad de lluvia. Así pues, el siguiente marco se aplica a cualquier decisión que implique cualquier seguro que reduzca un riesgo concreto.

Claramente, si supieras que no va a llover, dejarías el paraguas en casa. Por otro lado, si supieras que va a llover, seguramente lo llevarías. En el gráfico 7-2 representamos tal situación usando un diagrama en forma de árbol. En la zona de las raíces del árbol hay dos ramas que representan las opciones que puedes tener: «dejar el paraguas» o «llevar el paraguas». Extendiéndose de estas dos opciones, hay otras dos ramas que representan tu incertidumbre: «lluvia» frente a «sol». Como no dispones de buen pronóstico meteorológico, no sabes qué tiempo hará. Es posible que sepas que, durante esta época del año, el sol es tres veces más probable que la lluvia. Y esto te dará

GRÁFICO 7-2

¿Debería llevar paraguas?

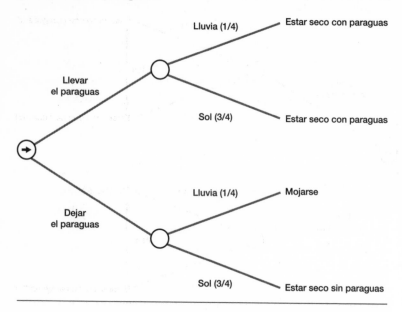

una opción de un 75% de que haga sol y un 25% de que llueva. Esa es tu predicción. Finalmente, en las puntas de las ramas vemos las consecuencias. Si no llevas el paraguas y llueve, te mojarás, etc.

¿Qué decisión has de tomar? Aquí es donde entra el juicio. El juicio es el proceso de determinar la recompensa a una acción particular en un entorno determinado. Se trata de dilucidar el objetivo que estás persiguiendo realmente. El juicio implica determinar lo que denominamos la «función de recompensa», la recompensa y la penalización relativas asociadas a emprender determinadas acciones que producen resultados determinados. ¿Seco o mojado? ¿Cargar con el paraguas o ir sin cargas?

Asumamos que prefieres estar seco sin llevar paraguas (lo calificas con un 10 sobre 10) antes que estar seco pero llevando el paraguas (8 sobre 10) y antes que mojarte (un gran 0) (ver el gráfico 7-3). Esto te

GRÁFICO 7-3

Beneficio medio de llevar el paraguas frente no llevarlo

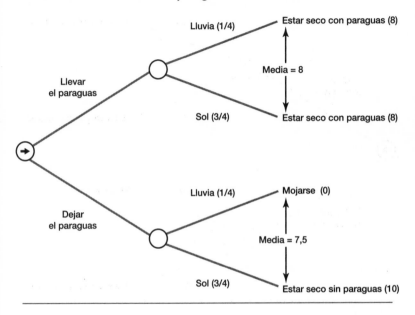

da suficientes datos como para actuar. Con una predicción de lluvia del 25% y el juicio de las recompensas respecto a mojarte o llevar paraguas, puedes dilucidar tu recompensa media por llevar el paraguas frente a dejar el paraguas.

Según en este principio, es mejor llevar el paraguas (un beneficio medio de 8) que dejarlo (un beneficio medio de 7,5).[3]

Si realmente odias cargar con el paraguas (un 6 sobre 10), también puedes adaptar tu juicio sobre las preferencias. En este caso, el beneficio medio por dejar el paraguas en casa no cambia (7,5), mientras que la recompensa por llevarlo ahora está en 6. Así que, si eres de los que odian el paraguas, te lo dejarás en casa.

Este ejemplo es trivial: obviamente, quienes odien más los paraguas que mojarse se lo dejarán en casa. Pero el árbol de decisiones es una herramienta útil para imaginar las recompensas que conllevan también las decisiones no triviales, y esa es la base de un juicio. En este caso, la acción es llevar el paraguas, la predicción es lluvia o sol, el resultado es mojarse o no y el juicio es anticipar la felicidad que se va a sentir (recompensa o beneficio) por estar seco o mojado, con o sin paraguas. A medida que la predicción sea mejor, más rápida y más barata, más la usaremos para tomar más decisiones, así que también precisaremos de más juicio humano y, por tanto, el valor del juicio humano aumentará.

PUNTOS CLAVE

- Las máquinas predictivas son tan valiosas porque (1) pueden a menudo producir mejores predicciones, más rápidas y más baratas que las personas; (2) la predicción es el ingrediente clave para la toma de decisiones bajo condiciones de incertidumbre; y (3) la toma de decisiones está omnipresente en todos los aspectos de nuestra vida social y económica. No obstante, una predicción no es una decisión, sino solo un componente de una decisión. Los otros componentes son el juicio, la acción, el resultado y los tres tipos de datos (de entrada, de entrenamiento y de retroalimentación).

- Si dividimos una decisión en sus componentes, podemos comprender el impacto de las máquinas predictivas en el valor de las personas, así como el de otros activos o bienes. El valor de los sustitutos de las máquinas predictivas —de las predicciones humanas— descenderá. Pero, el valor de los complementos, como las capacidades humanas asociadas a la recopilación de datos, al juicio y a las acciones, será mayor. En el caso de los taxistas de Londres, quienes invirtieron tres años en aprender «el conocimiento» —cómo predecir la ruta más rápida de una ubicación a otra en un momento determinado del día—, su situación laboral no empeoró a causa de las máquinas predictivas. Más bien, lo que sucedió es que muchos conductores adquirieron mayor capacidad para escoger la mejor ruta usando las máquinas predictivas. Las habilidades de predicción de los taxistas ya no eran un bien escaso. Los conductores que no eran taxistas tenían unas capacidades para conducir y unos sensores humanos —ojos y oídos— que habían sido mejorados por las máquinas predictivas, y ello les permitía competir.

- El juicio implica determinar el beneficio relativo asociado a cada posible resultado de una decisión, incluidos los asociados a las decisiones «correctas», así como los asociados a los errores. El juicio requiere especificar el objetivo estés persiguiendo realmente, y por ello resulta ser un paso necesario para tomar decisiones. A medida que las máquinas predictivas hagan predicciones cada vez mejores, más rápidas y más baratas, el valor del juicio humano aumentará, porque lo necesitaremos más. Es posible que estemos más dispuestos a hacer un esfuerzo en aplicar el juicio a las decisiones sobre las que previamente habíamos elegido no decidir —aceptando la falibilidad—.

8

El valor del juicio

Tener mejores predicciones aumenta el valor del juicio. Después de todo, conocer la probabilidad de lluvia no te ayudará si no sabes hasta qué punto te gusta estar seco o hasta qué punto le disgusta cargar con un paraguas.

Las máquinas predictivas no proporcionan juicios. Solo las personas lo hacen, porque solo las personas pueden expresar las recompensas relativas de emprender determinadas acciones. A medida que las IA se encarguen de las predicciones, las personas practicarán menos la rutina combinada de predicción y juicio para tomar decisiones y se centrarán más en el juicio; lo cual permitirá una interacción entre las predicciones de la máquina y el juicio humano, algo muy similar a la forma en que realizamos consultas alternativas cuando interactuamos con una base de datos o una hoja de cálculo.

Con mejores predicciones habrá más oportunidades de considerar las recompensas de varias acciones; en otras palabras, más oportunidades de juicio. Y eso significa que unas mejores predicciones, más rápidas y más baratas nos darán más decisiones que tomar.

Juzgando el fraude

Las redes de tarjetas de crédito como Mastercard, Visa y American Express predicen y juzgan durante todo el tiempo. Tienen que predecir si los solicitantes de tarjetas cumplen sus normas respecto a la capacidad crediticia. Si un individuo no las cumple, la empresa le negará la tarjeta. Es posible que creas que eso es pura predicción, pero también hay un significativo elemento de juicio implicado. Ser solvente es una escala variable, y la empresa emisora de tarjetas de crédito debe decidir cuánto riesgo está dispuesta a asumir a diferentes tasas de interés y morosidad. Estas decisiones conllevan modelos de negocios significativamente distintos; es decir, la diferencia entre la tarjeta Platinum de American Express y una tarjeta básica destinada a estudiantes de universidad.

La empresa también necesita predecir si una determinada transacción es legítima. Igual que sucedía con tu decisión sobre llevar un paraguas o no llevarlo, la empresa debe sopesar cuatro resultados distintos (ver el gráfico 8-1). La empresa debe predecir si el cargo es fraudulento o legítimo, si autoriza o rechaza la transacción, y después evaluar cada resultado —negar un cargo fraudulento es bueno, pero irritar a un cliente con el rechazo de una transacción legítima es malo—. Si las empresas de tarjetas de crédito fueran perfectas al predecir el fraude, no habría problema alguno. Pero no lo son.

Y, para muestra, un botón: a Joshua —uno de los autores— la empresa emisora de su tarjeta le denegaba las transacciones cuando compraba zapatillas deportivas, algo que hace una vez al año, normalmente en un centro comercial cuando está de vacaciones. Cada año, Joshua tenía que llamar a la empresa emisora de su tarjeta para anular esa restricción. Los robos de tarjetas de crédito suelen suceder en centros comerciales, y las primeras compras fraudulentas pueden ser cosas como zapatos y ropa —fáciles de convertir en efectivo como devoluciones en una sucursal distinta de la misma cadena—. Y, dado que Joshua no tiene la costumbre de comprar ropa y zapatos y raramente va a un centro comercial, la empresa de tarjetas de crédito

GRÁFICO 8-1

Cuatro resultados de empresas emisoras de tarjetas de crédito

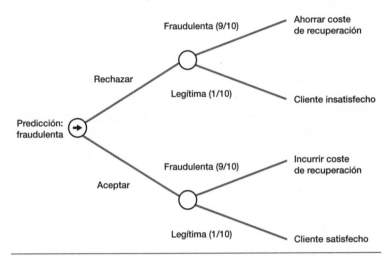

predice que probablemente la tarjeta haya sido robada. Es una presunción aceptable.

Algunos factores que influyen en la predicción de si la tarjeta ha sido robada son genéricos —el tipo de la transacción, como una compra de zapatillas deportivas—, mientras que otros son específicos de algunos individuos —en este caso, la edad y la frecuencia—. Esa combinación de factores significa que el algoritmo eventual que representa la transacción será complejo.

La promesa de la IA es que puede predecir de forma mucho más precisa, especialmente en situaciones con una mezcla de información genérica y personalizada. Por ejemplo, según los datos de los años que lleva Joshua haciendo transacciones, una máquina predictiva podría aprender el patrón de tales transacciones, incluyendo el hecho de que Joshua compra zapatos alrededor de la misma época de cada año. En vez de clasificar tal compra como un evento inusual, podría clasificarla como un evento usual para esa persona particular. Una máquina predictiva se percataría de otras correlaciones, tales como el tiempo se invierte en comprar, calculando si las transacciones en dos tiendas distintas se han realizado demasiado juntas. A medida que las máquinas predictivas se vuelven más precisas en delimitar las transacciones, la red de tarjetas puede ir adquiriendo más confianza a la hora de imponer una restricción, e incluso decidir si contacta o no con un consumidor. Esto ya está pasando. La última compra de zapatillas deportivas por parte de Joshua en un centro comercial se desarrolló sin problemas.

Pero, hasta que las máquinas predictivas sean perfectas para predecir el fraude, las empresas emisoras de tarjetas de crédito tendrán que calcular los costes de los errores, lo cual requiere juicio. Supongamos que la predicción es imperfecta y que posee un 10% de posibilidades de ser incorrecta. En tal caso, si las empresas rechazan la transacción, harán lo correcto con una probabilidad del 90% y ahorrarán a la red los costes de recuperación del pago asociado a la transacción no autorizada. Pero también rechazarán una transacción legítima con una probabilidad del 10%, dejando a la red con un cliente insatisfecho. Para trazar el curso de acción correcto, estas empresas deben ser capaces de equilibrar los costes asociados al descubrimiento del fraude con los costes asociados a la insatisfacción del cliente. Estas empresas no saben automáticamente la respuesta correcta a este compromiso, por lo que precisan dilucidarla, y el juicio es el proceso adecuado para ello.

Una vez más, se da el caso del paraguas, pero en lugar de las dualidades —llevarlo o no llevarlo; ir cargado o ir descargado, y estar seco o estar mojado— se producen cargos fraudulentos, y entra en juego la satisfacción del cliente. En este caso, como la transacción es nueve veces más probable que sea fraudulenta que legítima, la empresa denegará el cargo, a menos que la satisfacción del cliente sea nueve veces más importante que la posible pérdida.

En cuanto a los fraudes con tarjetas de crédito, muchas de estas recompensas pueden ser sencillas de evaluar. Es altamente probable que el coste de la recuperación posea un valor monetario distinto y que una red pueda identificarlo. Supongamos que, en una transacción de 100 dólares, el coste de recuperación es de 20 dólares.

Si el coste de la insatisfacción del cliente es inferior a 180 dólares, tiene sentido rechazar la transacción (el 10% de 180 es 18, lo mismo que el 90% de 20 dólares). Para muchos clientes, el hecho de que se les rechace una simple transacción no conduce al equivalente de 180 dólares de insatisfacción.

Una red de tarjetas de crédito debe, por ende, evaluar si es probable que ese sea el caso para un cliente particular. Por ejemplo, el titular de una tarjeta Platinum de altos ingresos puede tener otras opciones de tarjetas de crédito y es posible que deje de usar esa tarjeta particular si se le rechazan las transacciones. Y, si esa persona está pasando unas costosas vacaciones, la empresa podría perder todos los gastos asociados a ese viaje.

El fraude con tarjetas de crédito es un proceso de decisión bien definido, razón por la que seguimos volviendo al mismo tema, si bien es complicado. Por el contrario, para muchas otras decisiones, las acciones potenciales no solo son más complejas —no se trata simplemente de aceptar o rechazar—, sino de que las situaciones —o estados— potenciales varían. El juicio requiere que se entienda cuál es la recompensa para cada par de acciones y situaciones. Nuestro ejemplo de tarjetas de crédito tenía solo cuatro resultados —u ocho si se distingue entre clientes de altos ingresos y las demás personas—. Pero si tuviera, pongamos por caso, diez acciones y veinte posibles situaciones, entonces estaría juzgando doscientos resultados. A medida que las cosas se complican, el número de recompensas puede volverse abrumador.

Los costes cognitivos del juicio

En general, las personas que han estudiado las decisiones en el pasado han asumido las recompensas como obviedades, para ellos simplemente existen. Es posible que te guste el helado de chocolate, mientras que tu amigo prefiere el helado de mango. Cómo cada uno llegó a esas elecciones diferentes es poco relevante. Del mismo modo, asumimos que la mayoría de los negocios están maximizando sus beneficios o su valor accionarial. Los economistas que examinan por qué razón las empresas han escogido ciertos precios para sus productos han descubierto que es útil aceptar esos objetivos por simple fe.

Las recompensas raramente son obvias, y el proceso de comprensión de estas puede ser costoso en tiempo y dinero. Sin embargo, el surgimiento de las máquinas predictivas aumenta los beneficios de comprender la lógica y la motivación de los valores de las recompensas.

En términos económicos, el coste de descifrar las recompensas será casi siempre en tiempo. Consideremos una vía particular a través de la cual podamos determinar las recompensas: deliberación y reflexión. Reflexionar sobre lo que realmente deseamos conseguir o cuáles serán los costes de insatisfacción de nuestros clientes nos llevará tiempo, pues deberemos pensar, reflexionar y tal vez pedir consejos a otras personas. O bien deberemos dedicar tiempo a investigar para entender mejor las recompensas.

En lo referente a la detección del fraude de las tarjetas de crédito, reflexionar sobre las recompensas de los clientes satisfechos e insatisfechos y sobre el coste de permitir una transacción fraudulenta son los primeros pasos necesarios. Proporcionar diferentes recompensas para clientes de altos ingresos requiere más reflexión. Y evaluar si estas recompensas cambian cuando los clientes están de vacaciones requiere todavía más consideraciones. ¿Y qué hay de los clientes habituales que están de vacaciones? ¿Son las recompensas diferentes en esa situación? ¿Y vale la pena separar los viajes de negocios de los viajes vacacionales? ¿O los viajes a Roma de los viajes al Gran Cañón?

En cada caso, evaluar las recompensas requiere tiempo y esfuerzo: más resultados significan más juicio, lo cual significa más tiempo y más esfuerzo. Las personas experimentan los costes cognitivos del juicio como una ralentización del proceso de toma de decisiones. Todos debemos decidir hasta qué punto deseamos precisar las recompensas frente a los costes que supone demorar la decisión. Algunos escogerán no investigar las recompensas en escenarios que parecen remotos o improbables. La red de tarjetas de crédito puede pensar que merece la pena separar los viajes de trabajo de los vacacionales, pero no los viajes a Roma de los viajes al Gran Cañón.

En tales improbables situaciones, la red de tarjetas puede adivinar la decisión correcta, agrupar las cosas o, simplemente, elegir un impago más seguro. Pero en lo que respecta a las decisiones más frecuentes —como viajes en general— o a las que parecen más importantes —como las de clientes de altos ingresos—, muchas empresas se tomarán un tiempo para deliberar e identificar las recompensas más detenidamente. Pero, cuanto más tiempo les lleve experimentar, más tiempo se necesitará para que su proceso de toma de decisiones funcione tan bien como desearían.

Descifrar las recompensas también puede ser como probar un nuevo alimento: pruébalo y comprueba qué sucede. O, más bien, usando el lenguaje vernáculo de los negocios modernos: experimenta. Los individuos pueden emprender acciones diferentes en las mismas circunstancias y aprender qué recompensa se consigue en realidad; esto es, aprenden cuáles son las recompensas en la práctica en lugar de meditar sobre ellas de antemano. Obviamente, dado que la experimentación necesariamente significa hacer lo que más adelante consideraremos como un error, los experimentos también tienen un coste. Probarás alimentos nuevos que te gustan. Si sigues probando nuevos alimentos hasta encontrar algo ideal, te perderás muchos buenos ágapes. El juicio, ya sea mediante deliberación o experimentación, es costoso.

Saber por qué se hace algo

La predicción es el núcleo fundamental del avance hacia los coches sin conductor y el surgimiento de las plataformas como Uber y Lyft: elegir la ruta entre el punto de origen y el de destino. Los aparatos de navegación para automóviles llevan pocas décadas en el mercado, integrados en los propios vehículos o como aparatos autónomos, pero la proliferación de aparatos móviles conectados a internet ha cambiado los datos que reciben los proveedores del software de navegación. Por ejemplo, antes de que Google lo adquiriera, la empresa emergente israelí Waze generó mapas de tráfico precisos rastreando las rutas que elegían los conductores. Y después usaban esa información para suministrar una eficiente optimización de la ruta más rápida entre dos puntos, teniendo en cuenta la información que poseían sobre conductores, así como la monitorización continua del tráfico. También podían pronosticar cómo iban a evolucionar las condiciones del tráfico si el conductor viajaba más lejos de lo habitual y podían ofrecer nuevos trayectos más eficientes en ruta si las condiciones cambiaban.

Los usuarios de las apps como Waze no siempre siguen las direcciones marcadas. No es que estén en desacuerdo con la predicción *per se*, sino que su objetivo último puede ser incluir más elementos que solo la velocidad. Por ejemplo, la app no sabe si alguien se está quedando sin gasolina y necesita una gasolinera, pero los conductores humanos, sabiendo que necesitan combustible, pueden ignorar la sugerencia de la app y tomar otra ruta.

Obviamente, las apps como Waze pueden mejorar, y lo harán. Por ejemplo, en el caso de los coches Tesla, que circulan con electricidad, la navegación tiene en cuenta la necesidad de recargar y la ubicación de las estaciones de recarga. Una app podría simplemente preguntarnos si es probable que necesitemos gasolina o, en el futuro, incluso obtener los datos directamente de nuestro vehículo. Esto parece un problema solucionable, de la misma forma que podemos corregir los ajustes de las apps de navegación para evitar las autopistas de peaje.

No obstante, otros aspectos de sus preferencias son más complicados de programar. Por ejemplo, en un viaje largo quizá deseemos asegurarnos de que vamos a pasar por ciertas áreas de servicio para descansar y comer. O podría suceder que la ruta más rápida supusiera dar un rodeo por carreteras secundarias para ahorrarnos solo un minuto o dos y requiriera un gran esfuerzo. O es posible que no nos guste conducir por carreteras sinuosas… Una vez más, las apps pueden aprender de estos comportamientos; pero, en un momento determinado, puede que algunos factores no formen parte forzosamente de una predicción codificada destinada a automatizar una acción. Una máquina tiene limitaciones fundamentales sobre cuánto puede aprender para predecir sus preferencias.

La cuestión de mayor calado en las decisiones es que los objetivos raramente tienen una sola dimensión. Las personas poseen, implícita y explícitamente, su propio conocimiento de por qué están haciendo algo; lo cual les da motivos y fundamentos que son tanto idiosincráticos como subjetivos.

Mientras que una máquina predice lo que es probable que pase, los humanos decidirán siempre qué acción emprender basándose en su comprensión del objetivo. En muchas situaciones, como sucede con Waze, la máquina le dará a un individuo una predicción que implica cierto resultado de una dimensión —como la velocidad—; esa persona decidirá entonces si ignora la acción sugerida. En función de la sofisticación de la máquina predictiva, una persona puede solicitar otra predicción basándose en una nueva restricción («Waze, llévame a una gasolinera»).

Juicio precodificado

Ada Support, una empresa emergente, está usando las predicciones de las IA para discernir lo sencillo de lo complicado en las cuestiones de asistencia técnica. La IA responde a las preguntas sencillas y envía las difíciles al usuario. En el caso de los proveedores de servicios de telefonía móvil típicos, cuando los consumidores llaman pidiendo asistencia, la gran mayoría de las preguntas que se formulan ya han sido planteadas antes por otras personas. La acción de teclear la respuesta es sencilla, los retos residen en predecir lo que el consumidor desea y en evaluar qué respuesta se debe suministrar.

En lugar de direccionar a los usuarios al área de «preguntas más comunes» (FAQs) de una página web, Ada identifica y responde a estas preguntas habituales de inmediato. Ada puede emparejar las características individuales de un usuario —como el conocimiento pasado de la competencia técnica, el tipo de teléfono desde el que llama o sus llamadas anteriores— para mejorar su evaluación de la pregunta, y disminuir así la frustración en el proceso; y lo más importante, puede gestionar más interacciones rápidamente sin necesidad de gastar dinero en costosos operadores humanos de centralita. Las personas se especializan así en las cuestiones más inusuales y difíciles, mientras que la máquina gestiona las sencillas.

Por consiguiente, a medida que la predicción mejore, valdrá cada vez más la pena especificar de antemano el juicio en muchas situaciones. De la misma forma que explicamos nuestras ideas a otras personas, podemos explicar nuestras ideas a las máquinas, en forma de código de software. Cuando anticipamos la recepción de una predicción precisa, podemos precodificar el juicio antes de que la máquina haga su predicción. Eso es precisamente lo que hace Ada ante preguntas sencillas, pues de otro modo se consumiría demasiado tiempo, dado que existen demasiadas situaciones posibles como para especificar de antemano qué se debe hacer en cada una de ellas.

En ocasiones, la experiencia puede hacer que el juicio sea codificable. Gran parte de la experiencia es intangible, por lo que no se puede escribir o expresar fácilmente. Como Andrew McAfee y Erik Brynjolfoson escribieron: «La sustitución —de los ordenadores por personas— está limitada, porque hay muchas tareas que la gente entiende tácitamente y realiza sin esfuerzo, pero para las cuales ni los programadores de ordenadores ni ninguna otra persona pueden enunciar las «normas» o los «procedimientos» explícitos.[1] No obstante, tal afirmación no es cierta para todas las tareas. En ciertas decisiones, sí que podemos articular el juicio requerido y expresarlo en forma de código. Después de todo, solemos explicar nuestras ideas a otras personas. En efecto, el juicio codificable permite llenar la parte que sigue al «entonces» de las secuencias «si… entonces». Cuando esto sucede, el juicio se puede plasmar y programar.

El reto reside en que, incluso aunque se pueda programar el juicio que asume una persona, la predicción que la máquina reciba deberá ser muy precisa. Cuando hay demasiadas situaciones posibles, resulta demasiado costoso en tiempo especificar de antemano qué se debe hacer en cada situación. Se puede programar fácilmente una máquina para que emprenda una acción determinada cuando está claro que lo más probable es que sea cierta; pero cuando sigue habiendo incertidumbre, decirle a una máquina lo que debe hacer requiere una ponderación más detenida de los costes de los errores. La incertidumbre significa que necesitamos un juicio cuando una predicción resulte ser errónea, no solo cuando esta sea correcta. En otras palabras, la incertidumbre aumenta el coste del juicio de las recompensas para una decisión determinada.

Las redes de tarjetas de crédito han adaptado nuevas técnicas de aprendizaje de máquina para detectar el fraude. Las máquinas predictivas permiten tener más confianza a la hora de codificar la decisión sobre si bloquear una transacción de una tarjeta. A medida que las predicciones de fraude se vuelven más precisas, la probabilidad de calificar erróneamente las transacciones legítimas como fraudulentas se reduce. Si las empresas emisoras de tarjetas no temen cometer errores en la predicción, podrán codificar la decisión de la máquina sin necesidad de juzgar el coste que tendrá ofender a clientes particulares rechazando sus transacciones. Tomar una decisión es más fácil: si existe fraude, rechaza la transacción; de lo contrario, acéptala.

Ingeniería de función de recompensas

A medida que las máquinas predictivas proporcionan decisiones mejores y más baratas, necesitamos dilucidar qué uso le damos a estas predicciones. Tanto si podemos como si no podemos especificar un juicio de antemano, alguien necesita determinar tal juicio. Y aquí es donde entra la ingeniería de función de recompensas; es decir, la tarea de determinar las recompensas de varias acciones, usando las predicciones que hace la IA. Hacer bien este trabajo requiere una comprensión de las necesidades de la organización y de las capacidades de la máquina.

En ocasiones, la ingeniería de función de recompensas implica precodificar el juicio: programar de antemano las necesidades de las predicciones a fin de automatizar las acciones. Los vehículos autopilotados son un ejemplo de tales recompensas precodificadas. Una vez que se hace la predicción, la acción es instantánea. Pero obtener la recompensa correcta no es un asunto trivial. La ingeniería de función de recompensas debe considerar la posibilidad de que la IA optimice en exceso la métrica del éxito y, al hacerlo, actúe de forma inconsistente con los objetivos más amplios de la organización. Comités enteros están trabajando en este asunto en los coches sin conductor, pero tales análisis se requerirán en multitud de nuevas decisiones.

En otros casos, el número de posibles predicciones puede que sea demasiado costoso para cualquiera que juzgue de antemano todas las posibles recompensas. En lugar de ello, una persona necesita esperar a que llegue la predicción y después evaluar la recompensa, lo cual se parece a la forma de funcionar de la mayoría de los procesos de toma de decisiones habituales, incluyan o no predicciones generadas por máquinas. Como veremos en el siguiente capítulo, las máquinas también están usurpando este ámbito. Una máquina predictiva puede, en ciertas circunstancias, aprender a predecir el juicio humano observando las decisiones pasadas.

Agrupándolo todo

La mayoría de nosotros, hasta cierto punto, ya aplicamos la ingeniería de función de las recompensas, pero para nosotros, no para las máquinas. Los padres enseñan a sus hijos ciertos valores. Los mentores enseñan a sus nuevos empleados cómo funciona el sistema. Los directores de empresa suministran objetivos a su personal y después los corrigen para conseguir un mejor rendimiento. Cada día, tomamos decisiones y juzgamos las recompensas. Pero, cuando lo hacemos respecto a las personas, tendemos a agrupar la predicción y el juicio, y el papel de la ingeniería de función de recompensas no es muy distinto. A medida que las máquinas mejoran sus predicciones, el papel de la ingeniería de función de recompensas se vuelve más y más importante.

Para ilustrar esta ingeniería en la práctica, consideremos las decisiones sobre precios que se toman en ZipRecruiter, un portal de empleo en línea. Las empresas pagan a ZipRecruiter para que encuentre a candidatos cualificados cuando sea preciso cubrir algunas vacantes. El producto principal de ZipRecruiter es un algoritmo de asociación que hace dicha tarea de manera eficiente y a escala, una versión del tradicional cazatalentos que empareja a los solicitantes de empleo con las empresas.[2]

ZipRecruiter no tenía claro qué precio debía cargar a las empresas por sus servicios. Si cargaba demasiado poco, iban a perder dinero, y si cargaban demasiado, los clientes se pasarían a la competencia. Para determinar los precios, ZipRecruiter contrató a dos expertos, J. P. Dubé y Sanjog Misra, economistas de la Escuela de Negocios Booth de la Universidad de Chicago, quienes diseñaron experimentos para fijar los mejores precios. Estos expertos asignaron aleatoriamente diferentes precios a diferentes clientes potenciales y determinaron la probabilidad de que cada grupo invirtiera, lo que permitió determinar cómo respondían los distintos clientes a los distintos niveles de precios.

El desafío residía en averiguar qué significaba «lo mejor». ¿Debía la empresa simplemente maximizar los ingresos a corto plazo? Para hacerlo, podría marcar un precio alto, pero un precio alto significa menos clientes —aunque cada cliente sea más rentable—. Eso también significaría menos boca a boca. Además, si existían menos anuncios de empleo, el número de personas que iban a usar ZipRecruiter para encontrar trabajo podría ser menor. Finalmente, los clientes que vieran precios tan altos podrían empezar a buscar otras alternativas. Si bien es cierto que podrían pagar el elevado precio a corto plazo, es posible que acabaran pasándose a la competencia a largo plazo. ¿Cómo debía ZipRecruiter ponderar esas diversas consideraciones? ¿Qué recompensa debía maximizarse?

Medir las consecuencias a corto plazo del aumento de precios era relativamente sencillo. Los expertos descubrieron que aumentar los precios para algunos tipos de clientes nuevos aumentaría los beneficios en una base diaria en más de un 50%. No obstante, ZipRecruiter no actuó de inmediato. Reconoció el riesgo a largo plazo y esperó a ver si los clientes que pagaban más se iban o se quedaban. Tras cuatro meses, estos descubrieron que el aumento de precio seguía siendo muy rentable. No querían seguir renunciando a los beneficios, y juzgaron que cuatro meses era tiempo suficiente para implementar los cambios en los precios.

Averiguar las recompensas aparejadas a todas estas acciones —la clave del juicio— es la tarea esencial de la ingeniería de función de recompensas: una parte fundamental de lo que hacen las personas en el proceso de toma de decisiones. Las máquinas predictivas son una herramienta para las personas. Siempre que se necesiten personas para sopesar los resultados e imponer el juicio, estas desempeñarán un papel clave a medida que vayan mejorando las máquinas predictivas.

PUNTOS CLAVE

- Las máquinas predictivas aumentan los beneficios que se obtienen del juicio, porque al reducirse el coste de la predicción, estas aumentan el valor de la comprensión de las recompensas asociadas a las acciones. Sin embargo, el juicio es costoso. Averiguar las recompensas relativas para las diferentes acciones en diferentes situaciones lleva tiempo, esfuerzo y experimentación.

- Muchas decisiones se producen bajo condiciones de incertidumbre. Decidimos llevar un paraguas porque pensamos que podría llover, pero podríamos estar equivocados. Decidimos autorizar una transacción porque creemos que es legítima, pero podríamos estar equivocados. Ante tales condiciones de incertidumbre, necesitamos determinar la recompensa de actuar cuando se producen decisiones equivocadas, no solo cuando estas son correctas. Así pues, la incertidumbre aumenta el coste de evaluar las recompensas de una determinada decisión.

- Si se da un número manejable de combinaciones acción-situación asociadas a una decisión, podemos transferir nuestro juicio a una máquina predictiva —esto es lo que hace la «ingeniería de función de recompensas»—, de forma que la máquina pueda tomar la decisión por sí misma una vez generada la predicción. Esto permitirá automatizar la decisión. A menudo, no obstante, existen demasiadas combinaciones acción-situación, por lo que es demasiado costoso codificar de antemano todas las recompensas asociadas a cada combinación, especialmente las más infrecuentes. En estos casos, es más eficiente que sea una persona quien aplique el juicio tras la predicción de la máquina.

9

Prediciendo el juicio

Las empresas como Waymo, subsidiaria de Google, han estado probando con éxito formas de transportar a las personas entre dos puntos. Pero eso es solo una parte de la fabricación de vehículos autónomos. Conducir tiene un impacto en los pasajeros de un coche que es mucho más difícil de observar. Si embargo, los conductores humanos sí tienen en cuenta a las demás personas de un coche. Una de las primeras cosas que aprende un nuevo conductor es frenar de una manera que sea confortable para los pasajeros del vehículo. A los coches de Waymo se les tuvo que enseñar a evitar paradas bruscas y a frenar suavemente y sin brusquedad.

Existen miles de decisiones relacionadas que están implicadas en la conducción.[1] Es impracticable para los humanos codificar su juicio sobre cómo manejar cada posible situación. En lugar de ello, entrenamos sistemas autónomos de conducción mostrándoles muchos ejemplos para que aprendan a predecir el juicio humano: «¿Qué haría una persona en esta situación?». Pero la conducción no es un caso único. En cada entorno en el que las personas tomen decisiones una y otra vez y donde podamos recopilar datos sobre los datos que reciben y las decisiones que toman como respuesta, seguramente podremos automatizar esas decisiones recompensando a la máquina predictiva por predecir «qué haría un humano».

Una cuestión fundamental, al menos para los humanos, es si una IA puede convertir sus poderes de predicción en un juicio humano y, en el proceso, eludir la necesidad de personas.

Pirateando a las personas

Muchas decisiones son complejas y se basan en un juicio que no se puede codificar fácilmente. No obstante, esto no garantiza que las personas sigan siendo una parte esencial de estas decisiones. En lugar de ello, como sucede con los coches autopilotados, la máquina puede aprender a predecir el juicio humano observando muchos ejemplos. El problema de predicción se convierte en el siguiente: «Teniendo estos datos de entrada, ¿qué haría un humano?».

La empresa Grammarly ofrece un ejemplo. Fundada en 2009 por Alex Shevchenko y Max Lytvyn, Grammarly fue pionera en el uso del aprendizaje de las máquinas para mejorar la composición formal de materiales escritos. Sus principal foco de atención era mejorar la gramética y la ortografía de las frases. Por ejemplo, pon la frase anterior en Grammarly y te dirá que la palabra «Sus» debería ser en realidad «su» y que «gramética» está mal escrito y debería poner «gramática». También te dirá que la palabra «principal» se usa a menudo en exceso.

Grammarly consiguió estas correcciones examinando tanto el corpus de documentos que expertos editores habían corregido como aprendiendo de la información proporcionada por los usuarios que aceptaban o rechazaban las sugerencias. En ambos casos, Grammarly predijo lo que un editor humano haría. Este hecho va más allá de la aplicación mecánica de las normas gramaticales, incluso llega a evaluar si los lectores humanos prefieren estas desviaciones de la perfecta gramática.

La idea de que las personas puedan entrenar a una IA se extiende a una amplia variedad de situaciones. La IA de Lola, una empresa emergente dedicada a automatizar el proceso de la reserva de viajes, empezó encontrando buenas opciones de hoteles, pero tal como informó en un artículo el periódico New York Times:

> No pudo igualar los conocimientos prácticos de un experto; por ejemplo, un agente con años de experiencia en la reserva de vacaciones familiares a Disney World. Una persona puede ser más hábil, por ejemplo, sabiendo asesorar a una familia que espera hacerse una bonita fotografía con los niños frente al castillo de Cenicienta, o para que puedan reservar un desayuno en el parque antes de que se abran las puertas.[2]

Este ejemplo muestra que a una máquina le parece fácil aplicar el juicio allá donde sea describirlo —por ejemplo, en la disponibilidad y el precio—, pero no entiende las sutiles preferencias humanas. No obstante, Lola puede aprender a predecir lo que harían las personas con un alto nivel de experiencia y reflexión. La cuestión para Lola es: ¿Cuántas observaciones de las personas reservando las vacaciones en Orlando necesita la máquina predictiva para tener suficiente información de entrada para aprender otros criterios relevantes? Como Lola descubrió, a pesar de que la IA era cuestionada por ciertos criterios, esta era capaz de descubrir decisiones que los agentes humanos habían tomado y que estos eran incapaces de describir de antemano, tales como las preferencias de hoteles modernos u hoteles situados en la esquina de una calle.

Los entrenadores humanos ayudan a las IA a ser lo bastante buenas, de forma que las personas no sean imprescindibles para llevar a cabo muchos aspectos de una tarea. Esto es particularmente importante cuando la IA está automatizando un proceso con muy poca tolerancia al error. Una persona puede supervisar la IA y corregir los errores. Con el tiempo, la IA aprenderá de sus errores hasta el punto de que no sea necesarias correcciones realizadas por personas.

X.ai, una empresa de nueva creación centrada en suministrar un asistente para organizar reuniones y anotarlas en la agenda de cada usuario, es otro ejemplo.[3] Esta IA interacciona con el usuario y con las personas con las que el usuario desea reunirse a través del envío de un correo electrónico a un asistente personal digital (Amy o Andrew, dependiendo de sus preferencias). Por ejemplo, puedes enviar un correo electrónico a Andrew para que le organice una reunión entre tu y el Sr. H el próximo jueves. X.ai accede a tu agenda y envía correos electrónicos al Sr. H para programar la reunión. Quizá el Sr. H no sepa que Andrew no es una persona. Lo bueno es que ya no necesitas comunicarte con el Sr. H o con su asistente —quien idealmente será otro Amy o Andrew—.

Obviamente, el desastre puede sobrevenir si se cometen errores en la programación o si el asistente automatizado ofende al potencial invitado. Durante varios años, X.ai empleó a formadores humanos, quienes revisaban la precisión de las respuestas de la IA y las validaban. Cada vez que un formador hacia algún cambio, la IA aprendía una respuesta mejor.[4] El rol de los formadores humanos era algo más que simplemente garantizar la cortesía, puesto que también se ocupaban del mal comportamiento de algunas personas que intentaban que el asistente se equivocara.[5] En el momento de escribir este libro, la cuestión de qué grado de automatización puede conseguir este enfoque de predicción del juicio sigue abierta.

¿Quedarán fuera de juego las personas?

Si las máquinas pueden aprender a predecir el comportamiento humano, ¿nos dejarán totalmente fuera de juego? Dada la trayectoria actual de las máquinas de predicción, pensamos que no. Las personas son un recurso, por lo que la economía simple sugiere que seguirán haciendo algo. Más bien, la cuestión si ese «algo» será de gran valor o de poco valor, atrayente o poco atrayente. ¿Qué harían las personas en tu organización? ¿Qué buscarías en las nuevas contrataciones?

La predicción se basa en los datos. Eso significa que las personas tienen dos ventajas sobre las máquinas. Sabemos algunas cosas que las máquinas no saben —todavía— y, lo más importante, somos mejores en decidir qué se debe hacer cuando no hay muchos datos.

Las personas poseen tres tipos de datos que las máquinas no tienen. En primer lugar, los sentidos humanos son poderosos. En muchos casos, la vista, el oído, el olfato y el tacto humanos siguen sobrepasando las capacidades de las máquinas. En segundo lugar, los humanos somos los jueces últimos de nuestras propias preferencias. Los datos de los consumidores son sumamente valiosos, porque aportan datos a las máquinas predictivas sobre tales preferencias. Los supermercados suministran descuentos a los consumidores que usan tarjetas de fidelización a fin de obtener datos sobre su conducta de compras. Las tiendas pagan a los consumidores para que estos les revelen sus preferencias. Google, Facebook y otras empresas proporcionan servicios gratuitos a cambio de datos que pueden usar en otros contextos con el objeto de segmentar la publicidad. En tercer lugar, las inquietudes sobre la privacidad restringen los datos que están disponibles para las máquinas. Siempre que haya suficientes personas que mantengan confidencialidad sobre, por ejemplo, su actividad sexual, su situación financiera, su estado mental, su salud y su forma de pensar, las máquinas predictivas no tendrán los datos suficientes para predecir muchos tipos de comportamiento. A falta de buenos datos, nuestra comprensión de las otras personas otorgará una función a nuestras capacidades de evaluación que las máquinas no podrán aprender a predecir.

Predicción con pocos datos

Las máquinas predictivas también pueden carecer da datos porque algunos eventos son infrecuentes. Si una máquina no puede observar suficientes decisiones humanas, no podrá predecir el juicio subyacente a tales decisiones.

En el capítulo 6, expusimos los «desconocimientos conocidos», eventos infrecuentes que son difíciles de predecir debido a la falta de datos, como el resultado de las elecciones presidenciales y los terremotos. En algunos casos, los humanos son buenos prediciendo con pocos datos; podemos reconocer caras, por ejemplo, incluso a medida que las personas envejecen. También analizamos la razón por la que los «desconocimientos desconocidos» son, por definición, difíciles de predecir o responder. Una IA no puede predecir lo que una persona haría si esa persona jamás se ha enfrentado a una situación similar. De esta forma, la IA no puede predecir la dirección estratégica de una empresa que se enfrenta a una nueva tecnología, como internet, la bioingeniería o incluso las propias IA. Las personas pueden hacer analogías o reconocer útiles similitudes en diferentes contextos.

Eventualmente, las máquinas predictivas podrán mejorar en cuanto a las analogías. Pero, aun así, nuestro punto de vista de que a las máquinas predictivas se les dará mal predecir eventos infrecuentes sigue siendo válido. En un futuro cercano, los humanos intervendrán en la predicción y el juicio siempre que se den situaciones inusuales.

En el capítulo 6, también pusimos de relieve los «conocimientos desconocidos». Por ejemplo, expusimos los retos que entraña decidir si recomendar este libro a tu amigo si, en el futuro, has tenido un éxito total en la gestión de la IA. El desafío reside en que tú no posees los datos sobre qué habría sucedido si no hubieras leído este libro. Si deseas comprender qué causa qué, necesitas observar lo que habría sucedido en la situación contrafactual.

Las personas pueden aportar básicamente dos soluciones principales a este problema: los experimentos y la modelización. Si esta situación surge con la suficiente frecuencia, podrás realizar un ensayo controlado aleatorizado. Asignar el tratamiento a algunas personas —obligarles a leer el libro, o al menos darles el libro y tal vez hacer algún examen subsiguiente sobre el mismo—, y a otras personas el control —obligarlas a no leer el libro, o al menos no publicitárselo—; a continuación, esperar y recopilar algunas medidas sobre cómo aplican la IA en su trabajo; y, finalmente, comparar los dos grupos. La diferencia entre los grupos de tratamiento y de control es el efecto de leer el libro.

Tales experimentos son muy poderosos. Sin ellos, los nuevos tratamientos médicos no se aprobarían. Estos experimentos impulsan muchas de las decisiones que se toman en las empresas basadas en datos, como Google o Capital One. Las máquinas también pueden dirigir experimentos. Siempre que la situación se dé con la suficiente frecuencia, la capacidad de experimentar no es exclusiva de los seres humanos. Las máquinas pueden experimentar y aprender a predecir qué causa qué, exactamente igual que lo hacen las personas. Este ha sido un aspecto clave en la forma en que actualmente las máquinas superan en rendimiento a las personas en varios videojuegos.

La modelización, una alternativa a los experimentos, implica poseer un profundo conocimiento de la situación y del proceso que genera los datos observados. Resulta particularmente útil cuando los experimentos son imposibles, porque la situación no se produce lo bastante a menudo o porque el coste de un experimento es demasiado elevado.

La decisión de ZipRecruiter, un portal de empleo en línea, de fijar el mejor precio, que describimos en el capítulo anterior, se componía de dos partes. Primera, era preciso descifrar qué significaba «lo mejor»: ¿ingresos a corto plazo o alguna otra cosa a más largo plazo? ¿Más buscadores de empleo y más anunciantes o precios más elevados? Segunda, era necesario elegir un precio específico. Para resolver el segundo problema, los expertos humanos diseñaron un experimento, pero en principio, a medida que la IA mejoraba, con suficientes anunciantes y suficiente tiempo, tales experimentos podían automatizarse.

Sin embargo, determinar qué es «lo mejor» es más complicado de automatizar. Como el número de buscadores de empleo depende del número de anuncios de trabajo y viceversa, el mercado general solo tiene un punto de observación. Si este se interpreta mal, ZipRecruiter podría quedar fuera del negocio y no tener una segunda oportunidad. Así pues, esta empresa hizo una modelización de su negocio. Exploró las consecuencias de maximizar sus beneficios a corto plazo y los comparó con los modelos alternativos en los que el objetivo era maximizar el beneficio a más largo plazo. Sin datos, modelizar los resultados y aplicar la ingeniería de función de recompensas siguen siendo capacidades humanas, aunque reservadas para personas altamente cualificadas.

La modelización también ayudó a los bombardeos aliados durante la Segunda Guerra Mundial. Los ingenieros reconocieron que podían blindar mejor sus bombarderos; en particular, podían añadir algún peso a los aviones sin comprometer el rendimiento de los mismos. La cuestión era qué zonas o puntos exactos del avión se tenían que proteger. La experimentación era posible, pero costosa. Algunos pilotos perderían sus vidas en el proceso.

Con cada bombardero que volvía de sus misiones sobre Alemania, los ingenieros podían apreciar dónde habían sido tocados por el fuego antiaéreo. Los agujeros de las balas en los aviones eran sus datos. Pero ¿eran estos los mejores lugares para proteger los aviones?

Le pidieron al estadístico Abraham Wald que evaluara el problema. Tras algunas reflexiones y la aplicación de ciertos principios matemáticos, Wald les dijo que protegieran aquellos lugares que *no tenían* agujeros de balas. ¿Se había confundido? Eso era algo que parecía contrario a la intuición. ¿No quería decir que protegieran las áreas del avión que tenían agujeros de balas? Pues no. Wald tenía un modelo del proceso que generaba los datos y se dio cuenta de que algunos bombarderos no volvían de sus incursiones, conjeturando que estos aviones habían sido tocados en lugares que eran fatales. En cambio, los bombarderos que volvían a casa habían sido tocados en lugares que no eran graves. Con este conocimiento, los ingenieros de las fuerzas aéreas aumentaron el blindaje en aquellos puntos en los que no había agujeros de balas, y así quedaron los aviones mejor protegidos.[6]

La percepción de Wald sobre los datos faltantes requería una comprensión de cuál era la procedencia de los datos. Dado que este problema no se había producido antes, los ingenieros no disponían de ejemplos anteriores sobre los que basarse. En el futuro inmediato, tales cálculos estarán más allá de las capacidades de las máquinas predictivas.

Este problema era complicado de resolver, y la solución vino de una persona, no de una máquina predictiva. A pesar de todo, conviene señalar que aquella persona era uno de los mejores estadísticos de la historia y de mente lo bastante flexible como para entender el proceso que generaban los datos.

Las personas pueden aprender tales habilidades modeladoras con entrenamiento. Este es un aspecto fundamental de la mayor parte de programas económicos de doctorado y parte del plan de estudios de MBA (Máster de Administración de Empresas) en muchas escuelas —incluidos los cursos que impartimos en la Universidad de Toronto—. Tales habilidades son importantes cuando se trabaja con máquinas predictivas. De otro modo, es sencillo caer en la trampa de los conocimientos desconocidos. Pensarás que tus predicciones te dirán qué hacer, pero también pueden hacer que te equivoques si mezclas causa y efecto.

De la misma forma que Wald poseía un buen modelo del proceso que genera los datos respecto a los agujeros de balas, un buen modelo del comportamiento humano puede ayudar a hacer mejores predicciones cuando las decisiones humanas generan datos. En un futuro cercano, las personas tendrán que ayudar a desarrollar tales modelos e identificar los factores de predicción relevantes del comportamiento. Una máquina predictiva se esforzará en extrapolar una situación de la que no posee datos, porque es probable que el comportamiento cambie. Necesita entender a los seres humanos.[7]

Cuestiones similares surgen en muchas decisiones que implican la pregunta «¿qué sucederá si hago esto?», teniendo en cuenta que tal cosa no se ha hecho nunca antes. ¿Deberíamos añadir un nuevo producto a la línea de productos? ¿Deberíamos fusionarnos con nuestro mayor competidor? ¿Deberíamos adquirir una empresa emergente innovadora o un socio de canal?[8] Si las personas se comportan de manera diferente tras el cambio, el comportamiento pasado no es una guía útil para el comportamiento futuro. La máquina predictiva no poseerá datos relevantes. En el caso de eventos extraños, las máquinas predictivas tienen un uso limitado. Por tanto, los eventos infrecuentes suponen un límite importante a la capacidad de las máquinas de predecir el juicio humano.

PUNTOS CLAVE

- Las máquinas pueden aprender a predecir el juicio humano. Un ejemplo es la conducción. Es inviable para las personas codificar su juicio sobre cómo gestionar cada situación posible. No obstante, entrenamos a los sistemas de conducción autónomos mostrándoles muchos ejemplos y recompensándolos por predecir el juicio humano. «¿Qué haría un humano en esta situación?».

- Existen límites a la capacidad de las máquinas para predecir el juicio humano. Los límites se relacionan con la falta de datos. Existen ciertos datos que las personas poseen y las máquinas no, como las preferencias individuales. Tales datos tienen un valor, y las empresas actualmente pagan para acceder a ellos a través de descuentos usando tarjetas de fidelización y servicios en línea gratuitos, como Google o Facebook.

- A las máquinas se les da mal hacer predicciones de eventos infrecuentes. Los directores toman decisiones sobre fusiones, innovación y asociaciones sin datos de eventos pasados similares para sus empresas. Los humanos usan analogías y modelos para tomar decisiones en tales situaciones inusuales. Las máquinas no pueden predecir el juicio si una determinada situación no ha ocurrido muchas veces en el pasado.

10

Dominar la complejidad

La serie de televisión *The Americans*, un drama ambientado en Washington DC en la década de los ochenta, durante la época de la Guerra Fría, presenta un robot que entrega correo y documentos clasificados en la oficina del FBI. Que existiera un vehículo autónomo en los años ochenta puede parecer chocante. Comercializado como Mailmobile, este robot había aparecido por primera vez una década antes.[1]

Para guiar al Mailmobile, un técnico disponía un rastro químico que emitía luz ultravioleta desde la sala del correo y a lo largo de los suelos enmoquetados y los pasillos que conducían a las diversas oficinas. El robot usaba un sensor para seguir lentamente el rastro —a menos de un kilómetro por hora— hasta que las marcas químicas le señalaban que se detuviera. El coste del Mailmobile se elevaba entre 10.000 y 12.000 dólares —alrededor de 50.000 dólares actuales— y por un cargo extra, la empresa podía montar un sensor para detectar obstáculos en su camino. De otro modo, el robot se limitaba a emitir un pitido para advertir a las personas de que se acercaba. En una oficina en la que una persona tardaba dos horas en repartir el correo, el Mailmobile completaba su tarea en veinte minutos, sin detenerse a bromear con los empleados.

El robot cartero requería una cuidadosa planificación. Incluso fue necesario hacer algunas costosas redistribuciones para acomodar las operaciones del robot, pues esa máquina solo podía hacer frente a pequeñas variaciones en su entorno.

También hoy en día, muchos sistemas de raíles automatizados de todo el mundo exigen extensos requisitos de instalación. Por ejemplo, el metro de Copenhague no usa conductores, pero funciona porque los trenes operan en un entorno meticulosamente planeado con antelación; solo un número limitado de sensores informan al robot sobre su entorno.

Estas limitaciones son un rasgo común en la mayoría de las máquinas y los equipos que están diseñados para operar en entornos rígidos. Comparados con la mayoría de los equipos de las plantas de producción, el robot cartero era conocido, porque muchas oficinas podían instalarlo de forma relativamente sencilla. Pero, en general, los robots necesitan un entorno estrictamente controlado y estandarizado en el que operar, ya que el equipo no tolera la incertidumbre.

Más «síes»

Todas las máquinas —tanto las duras como las blandas— están esencialmente programadas usando la clásica lógica del «si… entonces». La parte del «si» especifica el escenario, la condición del entorno o el dato de información. Y la parte del «entonces» le dice a la máquina qué hacer por cada «si» —y por cada «si no» o «en otro caso»—: «Si el rastro químico deja de detectarse, párate». El robot cartero no poseía la capacidad para ver lo que le rodeaba y podía operar únicamente en un entorno que redujera artificialmente los «síes» a los que podía enfrentarse.

Si hubiera podido distinguir entre más situaciones —más «síes»— aunque no cambiara lo que hizo, esencialmente parar o ir a algún sitio, el robot se podría haber usado en muchos más lugares. Un Roomba actual —el robot aspirador automático de iRobot— es capaz de hacerlo y deambular libremente por las salas y las habitaciones con sensores que evitan que se caiga por las escaleras o que se quede atascado en las esquinas, además de poseer una memoria que garantiza que hará todo el ciclo de limpieza a su debido tiempo.

Cuando el robot opera en el exterior, necesita moverse más lentamente para evitar resbalar cuando el suelo está mojado. Aquí se dan dos posibles situaciones —o estados—: seco y mojado. Si el movimiento del robot se ve influido por el tiempo, si hay luz o está oscuro, si un humano se mueve en las cercanías o no, si los artículos urgentes están en ese lote de correo, si es correcto pasar por encima de las ardillas, pero no por encima de los gatos, y muchas otros factores o situaciones. Y, si estas normas son sensibles a las interacciones —es correcto pasar por encima de las ardillas si está oscuro, pero no si hay luz—, entonces el número de situaciones —es decir, el número de «síes»— aumenta radicalmente.

Unas mejores predicciones identifican más «síes». Con más «síes», un robot cartero puede reaccionar en más situaciones. Una máquina predictiva permite al robot identificar que en entornos húmedos y oscuros y con un ser humano corriendo a seis metros por detrás y un gato por delante pueden requerir que ralentice la marcha, pero los entornos húmedos y oscuros con un ser humano parado a seis metros por detrás y una ardilla por delante quizá no sea necesario. Las máquinas predictivas permiten que el robot se mueva sin un rastro o una guía planificados de antemano. Nuestro nuevo Mailmobile puede operar en más entornos sin un coste adicional excesivo.

Los robots de reparto son abundantes. Los almacenes disponen de sistemas de distribución autónomos que pueden predecir su entorno y ajustarse en consonancia. Las flotas de robots Kiva transportan productos dentro de los vastos centros logísticos de Amazon. Las empresas emergentes están experimentando con robots de reparto que llevan los paquetes —o las pizzas— a las aceras y las calles, y desde los negocios a las casas y de vuelta a estos.

Los robots pueden hoy hacer tales cosas, porque pueden usar datos procedentes de sofisticados sensores para predecir su entorno y después recibir instrucciones de cómo afrontar los retos que este plantea. No solemos conceptualizar esta actividad como predicción, pero fundamentalmente lo es. Y, a medida que se siga abaratando, los robots serán cada vez mejores.

Más «entonces»

Se afirma que George Stigler, economista ganador del Premio Nobel, señaló lo siguiente: «La gente que nunca ha perdido un vuelo ha pasado demasiado tiempo en los aeropuertos».[2] Si bien es cierto que aquí se establece una lógica peculiar, el contraargumento es sólido: tú no puedes trabajar o relajarte tan fácilmente en un aeropuerto como en otro lugar, y te daría cierta tranquilidad de espíritu llegar allí pronto para evitarte los inconvenientes de perder un vuelo. Así es cómo nació la sala de espera de los aeropuertos. Las aerolíneas inventaron dicha sala para proporcionar a los pasajeros —o al menos a los más frecuentes y adinerados— un espacio cómodo y tranquilo donde esperar sus vuelos. La sala de espera existe porque es probable que tú llegues pronto a para subir al avión. Alguien que llega siempre tarde solo lo usaría en tránsito o cuando el vuelo se demorara o para lamentarse amargamente por haber perdido el vuelo a Bali. La sala de espera está allí para proporcionar espacio de maniobra, una especie de solución reguladora cuando tu hora de llegada no sea tan precisa —lo cual es probable que suceda a menudo—.

Supongamos que tienes un vuelo con salida a las 10:00 h. Las normas de la aerolínea dicen que debes llegar con unos sesenta minutos de antelación. Puedes llegar a las 9:00 h y coger el vuelo. En tal caso, ¿a qué hora debes salir de casa hacia el aeropuerto?

Sueles llegar al aeropuerto en treinta minutos, y en este caso podrías salir de casa a las 8:30 h, pero ese intervalo no tiene en cuenta los posibles atascos de tráfico. Al ir a coger un vuelo de vuelta a Toronto desde Nueva York, donde asistimos a una reunión sobre este libro, los tres experimentamos tales atascos en dirección al aeropuerto de La Guardia durante el último kilómetro y medio por carretera. Eso pudo añadir perfectamente otros treinta minutos —más si eres adverso al riesgo—.

Así que acabas saliendo a las 8:00 h: la hora a la que sales cada vez que no sabes cómo estará el tráfico. Como resultado de ello, sueles acabar pasando treinta minutos o más en la sala de espera.

Las apps como Waze proporcionan tiempos de viaje muy precisos a partir de su ubicación respecto al aeropuerto. Tales apps monitorizan tanto el tiempo real como los patrones históricos del tráfico para pronosticar y actualizar las rutas más rápidas. Si lo combinas con Google Now, podrás calcular cualquier demora que se produzca en tus vuelos con otras apps que monitorizan el historial de retrasos o la ubicación de un avión de conexión. Combinar esas apps significa que puedes confiar en la predicción, lo que te abre nuevas opciones, tales como «a menos que haya un problema de tráfico, sal más tarde y ve directamente a la puerta de embarque» o «si hay un retraso en el vuelo, sal más tarde».

Una mejor predicción, reduciendo o eliminando el origen clave de la incertidumbre, elimina tu necesidad de tener que esperar en el aeropuerto. Y lo más importante es que una mejor predicción te permitirá emprender nuevas acciones. En vez de tener una norma estricta, como salir dos horas antes del vuelo, podrás tener una norma de contingencia que recaba información y después te dice a qué hora deberías salir de casa. Estas normas de contingencia son expresiones «si… entonces» que permiten más «entonces» —sal pronto, a la hora o más tarde—, dependiendo de las predicciones más fiables. Así pues, además de producir más «síes», la predicción expande las oportunidades porque el número de «entonces» factibles.

Los robots cartero y las salas de espera de los aeropuertos tienen algo en común: ambos son soluciones imperfectas a la incertidumbre, y ambos se verán minimizadas por una mejor predicción.

Más «síes» y «entonces»

Una mejor predicción nos permitirá predecir más cosas con más frecuencia, por lo que se reducirá la incertidumbre. Cada nueva predicción posee un efecto indirecto: hace que opciones que no habíamos considerado antes sean ahora factibles. Y no tenemos que codificar explícitamente los «síes» y los «entonces», simplemente hemos de entrenar a la máquina predictiva con ejemplos. ¡Voilà! Los problemas que previamente no se consideraban problemas de predicción son ahora abordables como tales. Estábamos alcanzando compromisos sin darnos cuenta.

Tales compromisos son el aspecto clave de cómo las personas tomamos decisiones. El ganador del Premio Nobel de Economía, Herbert Simon, denominó a esto «satisfacción». Mientras que la economía clásica toma como modelo a seres superinteligentes que toman decisiones perfectamente racionales, Simon reconoce y enfatiza en su obra que las personas no pueden hacer frente a la complejidad; en lugar de ello, se satisfacen haciendo lo mejor que pueden para cumplir sus objetivos. Pensar es complicado, así que la gente toma atajos.

Simon era un erudito. Además del Premio Nobel, también ganó el Premio Turing, a menudo llamado el Nobel de la Informática, por sus «contribuciones a la inteligencia artificial». Sus contribuciones a la economía y la informática estaban correlacionadas. Haciéndose eco de sus pensamientos sobre los seres humanos, su conferencia con motivo del Premio Turing en 1976 enfatizaba que los ordenadores «tienen unos recursos de procesamiento limitados; dado un número finito de pasos y un intervalo de tiempo finito solo pueden ejecutar un número finito de procesos». Simon reconoció que los ordenadores —como las personas— también se satisfacen.[3]

Los robots cartero y las salas de espera de aeropuertos son ejemplos de satisfacción en ausencia de una buena predicción. Y tales ejemplos están en todas partes. Se necesitaría práctica y tiempo para imaginar las posibilidades que abre una mejor predicción. No es algo intuitivo para la mayoría de las personas pensar en salas de aeropuerto como una solución a una mala predicción y que ellos serán menos valiosos en una era en la que imperen las potentes máquinas predictivas. Estamos tan acostumbrados a satisfacernos que ni siquiera pensamos que algunas decisiones implican predicciones.

En el ejemplo de traducción expuesto anteriormente en este libro, los especialistas no veían la traducción automática como un problema de predicción, sino como un problema lingüístico. El enfoque lingüístico tradicional usaba un diccionario para traducir palabra por palabra, además de tener en cuenta algunas reglas gramaticales. Esto también era satisfacción. Pero tal planteamiento llevaba a malos resultados, porque había demasiados «síes». La traducción se convirtió en un problema de predicción cuando los investigadores reconocieron que tal actividad podía realizarse frase a frase o, incluso, párrafo a párrafo.

La traducción con máquinas predictivas implica predecir la frase equivalente más probable en otro idioma. Los estadísticos permitieron que un ordenador eligiera la mejor traducción prediciendo los «síes», qué frase es más probable que use un traductor profesional basándose en una traducción que establece equivalencias entre datos. Increíblemente, tal proceso no se basa en normas lingüísticas. Un pionero en este ámbito, Frederick Jelinek, señaló al respecto: «Cada vez que despido a un lingüista, el rendimiento del reconocedor de voz mejora».[4] Claramente, este es un desarrollo amenazante para lingüistas y traductores. Todos los demás tipos de tareas —incluyendo el reconocimiento de imágenes, las compras y las conversaciones— se están identificando como problemas de predicción complejos, que son responsables de la aplicación del aprendizaje de máquinas.

Permitiendo decisiones más complejas, una mejor predicción puede disminuir el riesgo. Por ejemplo, una de las aplicaciones prácticas recientes de la IA se da en el campo de la radiología. Gran parte de lo que los radiólogos hacen actualmente implica tomar imágenes y después identificar las cuestiones problemáticas. Predicen anomalías en las imágenes.

Las IA son cada vez más capaces de realizar tal función de predicción a niveles humanos de precisión, o incluso mejores; lo cual puede ayudar a los radiólogos y a otros especialistas médicos en la toma de decisiones que tienen un impacto en los pacientes. En este caso, la medición del rendimiento más relevante es la precisión del diagnóstico:

si la máquina predice una enfermedad cuando un paciente está enfermo y que no hay enfermedad cuando el paciente está sano.

Pero debemos considerar lo que tales decisiones implican. Supongamos que los médicos sospechan que hay un bulto y deben decidir cómo determinar si es canceroso. Una opción es un diagnóstico por imágenes. Otra es algo más invasivo, como una biopsia. Una biopsia tiene la ventaja de que normalmente permite un diagnóstico más preciso. El problema, obviamente, es que la biopsia es invasiva; de ahí que tanto los doctores como los pacientes prefieran evitarla si la probabilidad de que el asunto sea serio es baja. Una de las tareas de un radiólogo es realizar un procedimiento solo para confirmar un diagnóstico serio. La biopsia ofrece un seguro contra el riesgo de no tratar una enfermedad mortal, pero tiene un coste. La decisión de realizar una biopsia depende de cuán costosa e invasiva sea la propia biopsia y de qué consecuencias traería ignorar la enfermedad. Los doctores usan estos factores para decidir si la biopsia vale los costes monetarios y físicos del procedimiento invasivo.

Con un diagnóstico fiable de una imagen, los pacientes pueden evitar la invasiva biopsia y que se emprenda una acción que, a falta de predicción, sería demasiado arriesgada. Ya no tienen que comprometerse. Los avances en IA significan que hay una menor necesidad de satisfacer, además de más «síes» y más «entonces». Más complejidad con menos riesgo. Esto transforma la toma de decisiones expandiendo las opciones.

PUNTOS CLAVE

- Unas mejores predicciones permiten a los encargados de tomar decisiones —tanto a las personas como a las máquinas— gestionar más «síes» y más «entonces»; lo cual conlleva unos mejores resultados. Por ejemplo, en el caso de la navegación, ilustrado en este capítulo con el robot cartero, las máquinas predictivas liberan a los vehículos autónomos de sus previas limitaciones de operar solo en entornos controlados. Estos escenarios se caracterizan por su número limitado de «síes» (o estados). Las máquinas predictivas permiten a los vehículos autónomos operar en entornos no controlados, como una calle de una ciudad porque, en lugar de tener que codificar todos los «síes» potenciales de antemano, la máquina puede aprender a predecir lo que haría un controlador humano en una situación concreta. Asimismo, el ejemplo de las salas de espera de los aeropuertos ilustra cómo las mejores predicciones facilitan que haya más «entonces» —es decir, «salga a la hora X, Y o Z»— dependiendo del tiempo que nos lleve llegar al aeropuerto a una hora concreta de un día concreto), en lugar de tener que salir siempre pronto «por si acaso» y después pasar un tiempo extra esperando en la sala de espera.

- A falta de una buena predicción, solemos «satisfacernos», tomando decisiones que son lo «bastante buenas» dada la información disponible. Salimos siempre pronto hacia el aeropuerto y solemos tener que esperar cuando hemos llegado, porque llegar pronto es un ejemplo de satisfacción. Esa solución no es óptima, pero es lo bastante buena dada la información disponible. El robot cartero y la sala de espera de los aeropuertos son invenciones diseñadas en respuesta a la satisfacción. Las máquinas predictivas reducirán la necesidad de satisfacernos y también los beneficios de invertir en soluciones como los sistemas robóticos de correo y las salas de espera.

- Estamos tan acostumbrados a satisfacernos en nuestros negocios y en nuestras vidas sociales que se necesita práctica para imaginar la vasta cantidad de transformaciones posibles que conllevarán las máquinas predictivas que pueden gestionar más «síes» y «entonces» y, por ende, más decisiones complejas en entornos complejos. No es algo intuitivo para la mayoría de las personas pensar en las salas de espera de los aeropuertos como una solución a las malas predicciones y en que estas serán menos valiosas en una era de potentes máquinas predictivas. Otro ejemplo es la realización de biopsias, que existe en gran medida en respuesta a la falibilidad de la predicción de las imágenes de diagnóstico médico. A medida que crezca la confianza en las máquinas predictivas, el impacto de las IA de imagen médica será mucho mayor en las tareas asociadas a la realización de biopsias, dado que, como sucede con las salas de espera, este costoso e invasivo procedimiento fue inventado como respuesta a una mala predicción. Tanto las salas de espera como las biopsias son soluciones de gestión de riesgos. Las máquinas predictivas proporcionarán nuevos y mejores métodos para gestionar los riesgos.

11

Toma de decisiones totalmente automatizada

El 12 de diciembre de 2016, un miembro del Tesla Motors Club denominado «jmdavis» intervino en un fórum sobre vehículos eléctricos informando de una experiencia que tuvo con su Tesla. Mientras iba a su trabajo por una autopista de Florida a unos 95 km/h, el tablero de mandos de su Tesla indicó que había un coche delante que no podía ver, porque un camión justo delante de él le bloqueaba la visión. De repente, sus frenos de emergencia se activaron, a pesar de que el camión no había reducido la velocidad. Un segundo después, el camión se desvió hacia el arcén para evitar chocar con el coche que circulaba delante suyo; el cual, de hecho, se había detenido bruscamente a causa de unos escombros en la carretera. El Tesla había decidido frenar antes de que el camión que iba delante de él lo hiciera, permitiendo al coche de jmdavis pararse con suficiente margen de maniobra. Este usuario escribió lo siguiente:

> Si hubiera ido conducido manualmente, es improbable que hubiera podido parar a tiempo, dado que no podía ver el

coche que se había detenido delante de mí. Mi coche reaccionó mucho antes de que el coche que iba delante de mí reaccionara, y eso supuso la diferencia entre un choque y una frenada brusca. Buen trabajo, Tesla, gracias por salvarme.[1]

Tesla acababa de enviar una actualización de software a sus vehículos; lo que permitió que a la función *autopilot* integrada en su vehículo usara la información de un radar para disponer de una imagen más clara del entorno delante del coche.[2] Del mismo modo que la función del Tesla se activó cuando el coche estaba en modo de piloto automático, es fácil de imaginar una situación en la que un coche asuma el control de una persona en el caso de un accidente inminente. Los fabricantes de coches de Estados Unidos han alcanzado un acuerdo con el Departamento de Transporte para integrar frenos de emergencia automáticos en vehículos para el 2022.[3]

A menudo, la distinción entre una IA y una automatización es confusa. La automatización se produce cuando una máquina realiza una tarea por completo, no solo una predicción. En el momento en el que estamos escribiendo este libro, sigue siendo necesario que una persona intervenga periódicamente en la conducción. ¿Para cuándo esperamos la automatización completa?

Las IA, en su estado actual, implican una máquina que realiza una actividad: la predicción. Cada una de las demás actividades representa un complemento a la predicción, algo que se vuelve más valioso a medida que la predicción se abarata. Que la automatización completa tenga sentido dependerá de los beneficios relativos a que las máquinas también efectúen las demás actividades.

Las personas y las máquinas pueden acumular datos, ya sean estos de alimentación, entrenamiento o retroalimentación. Una persona deberá emitir un juicio en última instancia, pero esta persona podrá codificar el juicio y programarlo en una máquina antes de hacer la predicción. O bien una máquina podrá aprender a predecir el juicio humano mediante la retroalimentación, lo cual nos lleva a la acción. ¿Cuándo es mejor que las máquinas emprendan acciones en lugar de hacerlo las personas? O si la cuestión se plantea más sutilmente, ¿cuándo el hecho de que una máquina esté gestionando una predicción aumenta los beneficios para la máquina en lugar de que lo haga una persona? Debemos determinar los beneficios para las máquinas que realicen otras actividades —la recopilación de datos, el juicio o las acciones— para decidir si una tarea debería automatizarse o si se automatizará por completo.

Gafas de sol de noche

La remota región australiana de Pilbara alberga grandes cantidades de mineral de hierro. La mayoría de los emplazamientos mineros están a más de mil kilómetros de la ciudad más cercana, Perth. Todos los empleados de la mina son transportados allí para hacer turnos de trabajo intensivos que se pueden prolongar durante semanas. En consonancia, esos trabajadores reclaman una bonificación en términos salariales, como compensación de los costes de mantenimiento en el lugar de trabajo. No es de extrañar que las empresas mineras deseen sacar lo máximo de ellos mientras están contratados.

Asimismo, las grandes minas de mineral de hierro que explota la gran multinacional minera Río Tinto poseen un alto coeficiente de capital, no solo en coste sino en dimensiones. Esta empresa extrae mineral de hierro desde la cima hasta el fondo de enormes pozos, equiparables al tamaño que dejaría el impacto de un meteorito. En consecuencia, la principal labor es el transporte de este mineral usando camiones del tamaño de casas de dos plantas, que no solo deben ascender hasta la cima del foso, sino también ir hasta las líneas de ferrocarril cercanas construidas para transportar el mineral a miles de kilómetros al norte hasta los puertos de embarque. Por tanto, el coste real de las empresas mineras no se mide en personal, sino en tiempos de inactividad.

Las empresas mineras, obviamente, han intentado optimizar estos tiempos haciendo los transportes de mineral de noche. No obstante, incluso los trabajadores humanos más activos no son tan productivos en horas nocturnas. Inicialmente, Río Tinto solucionó algunos de estos problemas de despliegue humano empleando camiones que podían controlar remotamente desde Perth.[4] Pero en 2016, la empresa fue un paso más allá, con setenta y tres camiones sin conductor que podían operar autónomamente.[5] Esta automatización ya ha ahorrado a Río Tinto un 15% de costes operativos. La mina hace funcionar a sus camiones las 24 horas del día, sin pausas para ir al baño y sin aire acondicionado para las cabinas cuando las temperaturas superan los 50 °C durante el día. Finalmente, sin conductores humanos, los camiones no necesitan tener una referencia delantera o trasera; es decir, no tienen que dar la vuelta, y así se ahorra en seguridad, espacio, mantenimiento y velocidad.

Las IA han hecho esto posible prediciendo los riesgos que pueden surgir en la ruta de los camiones y coordinando su travesía hacia los pozos de extracción. No es necesario que ningún conductor humano vigile la seguridad del camión *in situ*, ni siquiera de forma remota. Y hay pocas personas en el entorno que generen riesgos de seguridad. Yendo todavía un poco más lejos, los mineros de Canadá están sopesando utilizar robots impulsados por IA para que caven bajo el subsuelo, mientras que los mineros australianos están intentando automatizar toda la cadena desde la mina hasta el puerto de embarque —incluidos excavadoras, buldóceres y trenes—.

El campo de la minería ofrece la oportunidad perfecta para la automatización completa precisamente porque ya ha eliminado a las personas de muchas actividades. En nuestros días, las personas realizan funciones dirigidas pero claves. Antes de los avances recientes en IA, todas las tareas excepto la predicción ya podían ser automatizadas. Las máquinas predictivas representan el último paso en la eliminación de personas en muchas de las tareas implicadas. Previamente, una persona escaneaba el entorno circundante y le decía al equipo precisamente qué debía hacer. Ahora, las IA que captan información de los sensores aprenden cómo predecir los obstáculos y despejar el camino. Como las máquinas predictivas pueden pronosticar si el camino está despejado, las empresas mineras ya no necesitan a las personas para ello.

Si el elemento final humano de una tarea es la predicción, una vez que las máquinas predictivas puedan hacerlo tan bien como aquel, el responsable de tomar decisiones podrá eliminar a las personas de la ecuación. Sin embargo, como veremos en este capítulo, hay pocas tareas tan inequívocas como el caso de la minería. En la mayoría de las decisiones de automatización, la provisión de una máquina predictiva no significa necesariamente que prescindir del juicio humano y sustituirlo por un responsable artificial sea algo recomendable o valioso, ni tampoco prescindir de la acción humana y sustituirla por un robot.

Sin tiempo ni necesidad de pensar

Las máquinas predictivas hacen que coches autopilotados, como el Tesla, sean posibles. Pero usar las máquinas predictivas para impulsar una subversión automática de las personas para el control artificial de un vehículo es un asunto totalmente distinto. El razonamiento es sencillo de comprender. Entre el momento en el que se predice un accidente y la reacción requerida, una persona no tiene tiempo de pensar ni de actuar —«sin tiempo para pensar»—. Por el contrario, la respuesta de un vehículo ante tal evento es relativamente sencilla de programar. Cuando se precisa velocidad, el beneficio de ceder el control a la máquina es elevado.

Cuando empleamos una máquina predictiva, la predicción realizada se debe comunicar al responsable de tomar decisiones. Pero, si la predicción lleva directamente a un curso de acción obvio —«no hay necesidad de pensar»—, entonces la postura que defiende la necesidad de mantener el juicio humano en el proceso pierde fuerza. Si una máquina puede codificarse para que evalúe una situación y gestione la acción consiguiente con relativa facilidad, entonces tiene sentido dejar toda la tarea en manos de la máquina.

Esta circunstancia ha llevado a todo tipo de invenciones. En los Juegos Olímpicos de Río de 2016, una nueva cámara robótica grabó en video bajo el agua siguiendo la acción y moviéndose para conseguir la toma correcta desde el fondo de la piscina.[6] Antes, los operadores controlaban remotamente las cámaras, pero tenían que pronosticar la ubicación del nadador. Ahora, la máquina predictiva puede hacer lo mismo. Y la natación es solo el principio. Los investigadores están trabajando actualmente en adaptar tal automatización de las cámaras a deportes más complejos como el baloncesto.[7] Una vez más, la necesidad de velocidad y juicio codificable nos está llevando a una total automatización.

¿Qué tienen en común la prevención de accidentes con las cámaras automatizadas en los eventos deportivos? En ambos casos, las respuestas de acción rápidas a las predicciones procuran altos beneficios, y el juicio es codificable o predecible. La automatización se produce cuando los beneficios de que las máquinas gestionen todas las funciones son mayores que los beneficios de incluir a personas en el proceso.

La automatización también puede aplicarse cuando los costes de la comunicación sean elevados. Veamos el caso de la exploración del espacio. Es mucho más sencillo enviar robots al espacio que a personas. Muchas empresas están explorando formas de explotar minas de valiosos minerales en la Luna, pero necesitan superar muchos retos técnicos. El que nos atañe es cómo navegarán y actuarán los robots con base lunar. Una señal de radio necesita al menos dos segundos para llegar a la Luna y regresar, por lo que una persona desde la Tierra operando con un robot que está en la Luna será un proceso lento y costoso. Tal robot no podrá reaccionar rápidamente a nuevas situaciones. Si un robot que esté moviéndose por la superficie lunar de repente se topa con un precipicio o un barranco, cualquier demora en la comunicación significa que las instrucciones desde Tierra puedan llegar demasiado tarde. Pero las máquinas predictivas aportan una solución. Con buenas predicciones, las acciones del robot en la superficie lunar podrían automatizarse, sin la necesidad de que una persona guíe cada paso desde la Tierra. Sin una IA, tales aventuras comerciales serían prácticamente imposibles.

Cuando las leyes requieren que actúe una persona

La noción de que la total automatización pueda resultar dañina para los seres humanos ha sido un tema habitual en el género de la ciencia ficción. Aunque veamos con buenos ojos la autonomía total de las máquinas, las leyes podrían no permitir tal situación. El archiconocido escritor del género Isaac Asimov anticipó los aspectos regulatorios optando por describir robots preprogramados con tres leyes, inteligentemente diseñadas para excluir la posibilidad de que los robots dañen a los seres humanos.[8]

De forma similar, los modernos filósofos suelen plantear dilemas éticos que parecen ser abstractos. Consideremos el dilema del tranvía. Imagínate a ti mismo frente a un interruptor que te permite cambiar un tranvía de una vía a otra. Te das cuenta de que hay cinco personas en el camino del tranvía. Puedes cambiarlo a otra vía, pero en ese camino hay otra persona. No tienes más opciones ni tiempo para pensar. ¿Qué harías? Esa cuestión confunde a muchas personas, por lo que tienden a evitar pensar en tal rompecabezas. Sin embargo, con coches sin conductor esa situación es probable que ocurra. Alguien tendrá que resolver el dilema y programar la apropiada respuesta en el vehículo. El problema no se puede evitar. Alguien —lo más probable es que sean las autoridades legales— tendrá que determinar quién vive y quién muere.

En el momento actual, en vez de codificar opciones éticas en las máquinas autónomas, hemos optado por mantener a un individuo informado. Por ejemplo, imaginemos un arma dron que pudiera operar de forma completamente autónoma, identificando, poniendo en el punto de mira y asesinando a enemigos por sí misma. Y aunque un general del Ejército pudiera hacerse con una máquina predictiva que distinguiera a los civiles de los combatientes, ¿cuánto tiempo tardarían los combatientes en averiguar cómo confundir a la máquina? El nivel requerido de precisión podría no estar disponible en un futuro próximo. Así, en 2012, el departamento de Defensa de Estados Unidos presentó una directiva que muchos interpretaron como un requisito para mantener a una persona informada respecto a la decisión de si atacar o no.[9] A pesar de que no queda claro si este requisito se debe cumplir siempre, la necesidad de la intervención humana, por la razón que sea, limitará la autonomía de las máquinas predictivas, aun cuando estas puedan operar por su cuenta.[10] Incluso el software Autopilot de Tesla —capaz de conducir un coche— incluye términos y condiciones legales relativos a que los conductores deben mantener las manos en el volante todo el tiempo. Desde un punto de vista económico, el hecho de que esta situación tenga sentido, o no, depende del contexto de daño potencial. Por ejemplo, que un vehículo autónomo opere en una mina remota o en una planta de una fábrica es algo muy distinto de que se mueva por las vías públicas. Lo que diferencia el «entorno interno de una fábrica» de una «vía pública» es la posibilidad de lo que los economistas denominan «externalidades»: los costes que afectan a otros que no son los responsables de tomar decisiones.

Los economistas disponen de varias soluciones para el problema de las externalidades. Una solución es asignar responsabilidades, de forma que el responsable principal de tomar decisiones internalice esos costes externos. Por ejemplo, un impuesto sobre el carbón ejerce tal función en el contexto de internalizar las externalidades asociadas al cambio climático. Pero, cuando se trata de máquinas autónomas, la identificación de la parte responsable es más compleja. Cuanto más cerca está la máquina de hacer un daño potencial a aquellos que se hallan fuera de la organización —y por supuesto de dañar físicamente a las personas dentro de la misma—, más probable es que se requiera legalmente y por prudencia mantener a una persona informada.

Cuando las personas son mejores en la acción

Pregunta: ¿Qué es de color naranja y suena como un loro?

Respuesta: Una zanahoria*.

¿Les parece gracioso este chiste? Y qué me dicen de este. Una niña le pregunta a su padre: «Papá, ¿Todos los cuentos de hadas empiezan con

---

* N. del T.: Chiste intraducible, puesto que en inglés *parrot* (loro) es un término con una fonética muy similar a *carrot* (zanahoria).

la frase "Érase una vez"? A lo que su padre le contesta: «No, hay algunos cuentos de hadas que empiezan con "Si salgo elegido, prometo..."».

De acuerdo, admito que los economistas no son demasiado buenos contando chistes, pero en eso somos mejores que las máquinas. Ahondando en este tema, el investigador Mike Yeomans y sus coautores descubrieron que, si alguien pensaba que había sido una máquina quien había propuesto un chiste, lo encontraba menos gracioso que si creía que había sido una persona quien lo había sugerido. Los investigadores descubrieron que las máquinas hacen un mejor trabajo recomendando chistes, pero la gente prefiere creer que tales recomendaciones provienen de otros individuos. A las personas que leían los chistes les hacían más gracia si se les decía que los había buscado otra persona, a pesar de que en realidad habían sido seleccionados por una máquina.

Esto es también cierto en el ámbito de la creación artística y de la competición atlética. El poder de las artes suele derivar del conocimiento que posee el mecenas de la experiencia humana del artista. Y, análogamente, parte de la emoción de observar un evento deportivo depende de que haya personas compitiendo. Aunque una máquina pudiera correr más rápido que una persona, el resultado de la carrera sería menos emocionante.

Probablemente, jugar con niños, atender a las personas mayores y muchas otras acciones que implican interacción social también son inherentemente mejores cuando son personas quienes actúan. Aunque una máquina sepa qué información debe presentar a un niño con fines educativos, en muchas ocasiones es mejor que sea una persona quien le explique dicha información. Quizá con el tiempo las personas aceptemos de buen grado que sean robots quienes cuiden de nosotros y de nuestros hijos, e incluso disfrutemos mirando un evento deportivo en el que compitan robots, pero de momento los seres humanos prefieren que otros seres humanos realicen determinadas acciones.

Siempre que una persona sea más apta para emprender una acción concreta, tales decisiones no se automatizarán por completo.

En otras ocasiones, la predicción será la limitación clave para la automatización. Cuando una predicción sea lo bastante buena y se pueda especificar previamente evaluando las recompensas —ya sea una persona quien se encargue de la precodificación o lo aprenda a hacer una máquina tras haber observado a un humano—, la decisión se automatizará.

PUNTOS CLAVE

- La intervención de una IA en una tarea no implica forzosamente la total automatización de esa tarea. La predicción es solo un componente. En muchos casos, las personas seguirán siendo necesarias para aplicar el juicio y emprender una acción. Sin embargo, en ocasiones el juicio podrá ser precodificado o, si hay suficientes ejemplos disponibles, las máquinas podrán aprender a predecir el juicio. Asimismo, las máquinas podrán realizar la acción. Cuando las máquinas realicen todos los elementos de una tarea, dicha tarea se podrá automatizar completamente y la intervención humana serán eliminada de la misma.

- Las tareas que tienen más probabilidades de automatizarse completamente son aquellas en las que la automatización total procura los máximos beneficios. Estas incluyen tareas donde: (1) los demás elementos, excepto la predicción, ya se han automatizado —por ejemplo, la minería—; (2) los beneficios de la velocidad de acción en respuesta a la predicción son elevados —coches sin conductores—; y (3) los beneficios de reducir el tiempo de espera de las predicciones son elevados —por ejemplo, la exploración espacial—.

- Una distinción importante entre los vehículos autónomos que operan en las calles de una ciudad y los que lo hacen en enclaves mineros es que en el primer caso se generan externalidades significativas, mientras que en el segundo no se generan. Los vehículos autónomos que operan en las calles de una ciudad pueden causar un accidente que genere costes asumidos por individuos externos a la entidad responsable de las decisiones. Por el contrario, los accidentes causados por vehículos autónomos que operan en minas solo incurren en gastos que afectan a bienes o personas asociadas a la misma. Los gobiernos regulan las actividades que generan las externalidades. Por ende, la regulación es una barrera potencial a la automatización completa en aplicaciones que generan externalidades significativas. La asignación de responsabilidades es una herramienta habitual usada por los economistas para abordar este problema, internalizando las externalidades. Anticipamos que se producirá una importante oleada de políticas relativas a la asignación de responsabilidades impulsada por una creciente demanda en numerosas nuevas áreas de automatización.

PARTE TRES

Herramientas

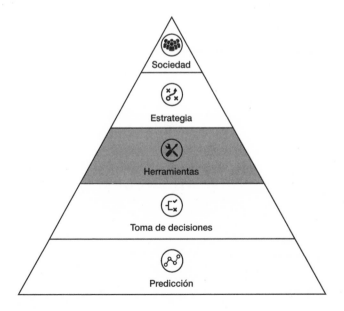

12

Deconstruir los flujos de trabajo

En plena la revolución de las IA, los responsables de los negocios se preguntaron cómo implantar los ordenadores en sus negocios. Para algunos, la respuesta fue sencilla: «Localiza en qué áreas se hacen muchos cálculos y sustituye a tus empleados por ordenadores, ya que estos son mejores, más rápidos y más baratos». En otros negocios, tal dilema era menos obvio. No obstante, las empresas se entregaron a la experimentación. Pero los frutos de tales experimentos necesitaron tiempo para materializarse. Robert Solow, un economista laureado con el Premio Nobel, se lamentaba en estos términos: «Se puede ver la era de los ordenadores en todas partes, excepto en las estadísticas de productividad».[1]

Como fruto de este desafío, surgió un interesante movimiento comercial denominado «reingeniería». En 1993, Michael Hammer y James Champy, en su libro *Reingeniería de la empresa*, argumentaban que para usar de la nueva tecnología de propósito general —los ordenadores— era necesario que los negocios dieran un paso atrás en sus procesos y que definieran qué objetivo deseaban alcanzar. Era necesario que las empresas analizaran su flujo de trabajo y que identificaran que tareas se requerían para conseguir su objetivo, y solo entonces podrían considerar si los ordenadores desempeñaban un papel en tales tareas.

Uno de los ejemplos favoritos de Hammer y Champy era el dilema que Ford tuvo que afrontar en la década de los ochenta, no con la fabricación de coches sino con las pagas de todos sus emplea-dos.[2] En Estados Unidos, su departamento de contabilidad empleaba a quinientas personas, y Ford esperaba que invirtiendo mucho dinero en ordenadores podría reducir ese número en un 20%. El objetivo de tener a cuatrocientos empleados en ese departamento no era impracticable; después de todo, su competidor, Mazda, solo tenía a cinco personas en su departamento de contabilidad. Mientras que en los años ochenta, muchos se maravillaban de la productividad de los trabajadores japoneses, no hacía falta consultar a un gurú de la administración para darse cuenta de que algo más se estaba gestando.

Para conseguir un mejor rendimiento, los directores de Ford debían dar un paso atrás y observar el proceso a través del cual se realizaba una compra. Entre el momento en el que se redactaba la orden de la compra y el momento en que realmente se expedía para comprar algo, la orden pasaba por muchas manos. Bastaba con que a una de las personas que participaban le llevara mucho tiempo hacer su trabajo para que todo el sistema se ralentizara. No es de extrañar que algunas compras fueran difíciles, como cuando alguien tenía que cuadrar el pedido. Una persona que intervenía en ese proceso debía hacer tal tarea. De modo que, aunque solo una pequeña fracción de las órdenes comportase problemas, esa persona invertía mucho tiempo en resolverlos; eso hacía que cada orden se moviera al ritmo que la más compleja. Y ahí radicaba el potencial de usar un ordenador para obtener un gran resultado. Un ordenador no solo podía reducir los desajustes que lastraban el sistema, sino que podía clasificar la dificultad de los casos sencillos y garantizar que se realizaran a una velocidad razonable. Una vez que se implantó el nuevo sistema, el departamento de contabilidad de Ford devino un 75% más pequeño, y todo el proceso fue significativamente más rápido y preciso.

Pero no todos los casos de reingeniería pretendían reducir el número de empleados, aun cuando, por desgracia, al principio muchos pensaran eso.[2] A una escala más general, la reingeniería podía mejorar la calidad de los servicios. En otro ejemplo, la Mutual Benefit Life, una gran empresa de seguros de vida, descubrió que, en el procesamiento de aplicaciones, diecinueve personas de cinco departamentos daban treinta pasos distintos. De hecho, si se presentaba la típica solicitud en ese laberinto, se podía finalizar en un día. Pero, en lugar de ello, una solicitud se realizaba entre cinco y veinticinco días. ¿Por qué? Tiempo de tránsito; peor, se acumulaban una serie de ineficiencias, ya que podían mantenerse leales a un objetivo de movimiento lento. Una vez más, una base de datos compartida impulsada por un sistema informático de una empresa mejoraba la toma de decisiones, por lo que se reducía el grado de manipulación, al tiempo que mejoraba radicalmente la productividad. Al final, una persona tenía autoridad sobre una solicitud, y el intervalo de procesamiento se reducía a entre cuatro horas y unos pocos días.

Igual que la computación clásica, la IA es una tecnología de propósito general. Posee el potencial para afectar a cada decisión, porque la predicción es un factor clave en la toma de decisiones. De ahí que ningún director conseguirá grandes beneficios en la productividad si solo «introduce algunas IA» en un problema o en un proceso existente. En lugar de ello, la IA es el tipo de tecnología que requiere procesos de reflexión en la misma línea de los planteados por Hammer y Champy.

Los negocios ya están realizando análisis que descomponen los flujos de trabajo en tareas constituyentes. El director financiero de Goldman Sachs, R. Martín Chávez, señaló que muchas de las 146 tareas distintas del proceso de oferta pública inicial «estaban pidiendo a gritos ser automatizadas».[4] Muchas de estas 146 tareas se basan en decisiones que las herramientas de IA han mejorado significativamente. Cuando alguien escriba sobre la transformación de Goldman Sachs de aquí a una década, la mayor parte de la historia versará sobre cómo la aparición de las IA jugó un papel fundamental en esa transformación.

GRÁFICO 12-1

Reflexión sobre cómo rediseñar procesos totalmente automatizados

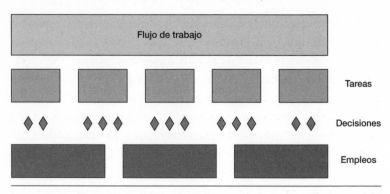

La implementación real de las IA se realiza mediante el desarrollo de herramientas. La unidad de diseño de herramientas IA no es el «trabajo» ni la «ocupación», ni la «estrategia», sino la «tarea». Las tareas son conjuntos de decisiones (como las representadas en el gráfico 7-1 y las que analizamos en la parte dos). Las decisiones se basan en la predicción y el juicio, y se fundamentan en los datos. Las decisiones implícitas dentro de una tarea suelen tener estos elementos en común, donde difieren es en la acción que sigue (ver el gráfico 12-1).

En ocasiones, podemos automatizar todas las decisiones que incluye una tarea. O bien podemos automatizar la última decisión restante que todavía no ha sido automatizada, a causa de una predicción mejorada. El advenimiento de las máquinas predictivas motiva la reflexión sobre cómo rediseñar y automatizar los procesos en su totalidad, o lo que aquí denominamos «flujos de trabajo», eliminando de forma efectiva a las personas de tales tareas. Pero, para que el objetivo de unas predicciones mejores y más baratas conduzca a una automatización pura, el empleo de máquinas predictivas también debe aumentar los beneficios de usar máquinas en otros aspectos de una tarea. Dicho de otro modo, desearemos emplear una máquina predictiva para que trabaje con los responsables humanos.

Impacto de las herramientas IA en los flujos de trabajo

Por nuestro laboratorio, que ayuda a crecer a las empresas basadas en la ciencia (el CDL), ya hemos visto pasar a más de 150 empresas de IA. Cada una de ellas se centraba en el desarrollo de una herramienta IA que abordaba una tarea específica en un flujo de trabajo concreto. Una empresa emergente predice los pasajes más importantes de un documento y los resalta; otra predice la fabricación de defectos y los señala; otra pronostica las respuestas de servicio al cliente apropiadas y responde a las consultas. Y la lista sigue. Las grandes empresas están implementando cientos, si no miles, de IA diferentes para mejorar sus tareas en sus propios flujos de trabajo. En efecto, Google está desarrollando más de mil herramientas IA distintas para ayudar en multitud de tareas, que abarcan desde el correo electrónico hasta la traducción y la conducción.[5]

Para muchos negocios, las herramientas IA tendrán un gran impacto, pero de una manera incremental, y en gran medida imperceptible, algo parecido a cómo las IA mejoran muchas de las apps de fotografía de tu teléfono móvil, que clasifica las imágenes asistiéndote en la tarea, pero no cambia sustancialmente la forma en que tú usas la app.

A pesar de todo, es probable que estés leyendo este libro porque estás interesado en cómo la IA puede comportar un cambio fundamental en tu negocio. Las herramientas IA pueden cambiar los flujos de trabajo de dos maneras: en primer lugar, pueden hacer que ciertas tareas queden obsoletas y, por tanto, eliminarlas de los flujos de trabajo; y, en segundo lugar, pueden añadir nuevas tareas, lo cual podría ser diferente según el negocio y el flujo de trabajo.

Consideremos el problema de reclutar a estudiantes para un programa del Máster de Administración de Empresas (MBA), un proceso con el que estás muy familiarizado. Es posible que hayas estado en un lado u otro de procesos de reclutamiento similares, tal vez para contratar a empleados o registrar a clientes. El flujo de trabajo para el reclutamiento del MBA empieza con un conjunto de solicitudes potenciales y desemboca en un grupo de personas que reciben y aceptan ofertas de ingreso. Dicho flujo posee tres partes principales: (1) un embudo de ventas que consiste en una serie de pasos diseñados para animar a los solicitantes; (2) un proceso que considera quién recibe las ofertas; y (3) otros pasos que incitan a aquellos a quienes se han hecho ofertas a que las acepten. Cada parte implica una significativa asignación de recursos.

Claramente, el objetivo de tales procesos de reclutamiento es conformar una clase con los mejores estudiantes. A pesar de todo, definir quiénes son «los mejores» es una cuestión compleja, y está también relacionada con las metas estratégicas de la escuela. Por el momento, dejaremos a un lado los aspectos de cómo las diferentes definiciones de «los mejores» tienen impacto sobre el diseño de las herramientas IA, así como sobre las tareas incluidas en los flujos de trabajo, y asumiremos simplemente que la escuela posee una clara definición de lo que significa «los mejores» para la organización. Esto es, dado un conjunto de solicitudes, la escuela podrá, con esfuerzo, clasificar a los estudiantes en términos de calidad. En la práctica, el paso intermedio del flujo de trabajo de reclutamiento —escoger a aquellos solicitantes a los que se les harán ofertas— implica importantes decisiones relativas a si las ofertas deberían realizase al principio o al final del proceso y si estas deberían ir acompañadas de incentivos financieros o ayudas. Estas decisiones van más allá de limitarse a identificar a los mejores, ya que también incluyen predecir el método más efectivo de conseguir que los mejores acepten las ofertas —algo que sucede en un momento posterior del flujo de trabajo—.

Los sistemas actuales de clasificación de solicitantes implican arduas evaluaciones. Se suele clasificar a los candidatos en categorías o apartados a, b, c: según a) puede aceptar la oferta claramente; b) aceptaría la oferta si la rechazan los que están en la categoría a); y c) no se realiza ninguna oferta. Esto, a su vez, conduce a la necesidad de gestión de riesgos para equilibrar los pros y los contras de las acciones que puedan aumentar la probabilidad de errores. Por ejemplo, no deseas colocar a alguien en el apartado c) cuando debería estar en el a), o incluso en el b), por motivos que no aparecen en la solicitud. Asimismo, no deseas asignar a alguien al apartado a) cuando debería estar encuadrado en una categoría más baja en la escala de priorides. Dado que las solicitudes son multidimensionales, las evaluaciones que hacen que algunos candidatos sean encuadrados en las diversas categorías son tanto objetivas como subjetivas.

Supongamos que un programa del MBA desarrolla una IA que pueda tomar las solicitudes y otra información —tal vez, las entrevistas de video que suelen enviar los solicitantes, junto con la información públicamente disponible colocada en las redes sociales— y, siendo informado de los datos pasados, que indican la forma en que tales solicitudes e información se traduce en las posteriores puntuaciones de los mejores, proporciona una clara clasificación de todos los solicitantes. Esta herramienta IA hará la tarea de decidir qué solicitantes deberán recibir las ofertas de forma más rápida, más barata y más precisa. La cuestión clave es saber cómo impactará esa mágica tecnología de predicción en el resto del flujo de trabajo del MBA.

Nuestra tecnología hipotética para clasificar a los solicitantes proporciona una predicción que nos dice qué solicitantes es más probable que sean los mejores. Y esto afectará a las decisiones que se tomen en todo el flujo de trabajo, que incluyen ofertas tempranas —tal vez, para adelantarse a las de otras escuelas—, incentivos financieros —becas— y atención especial —comidas con profesorado o alumnos destacados—. Estas son decisiones para las que existen compensaciones y recursos escasos. El hecho de disponer de una lista de candidatos más precisa en términos de deseabilidad modificará quiénes reciben estos recursos. En consecuencia, podemos estar dispuestos a gastar mucho más en incentivos financieros para aquellos candidatos en quienes más confiamos que serán los mejores.

El ranquin predictivo podrá tener un impacto incluso mayor en las decisiones tomadas antes de que la escuela reciba las solicitudes. Muchas escuelas saben que desean recibir más solicitudes pero, si reciben demasiadas, tendrán que enfrentarse al problema de evaluarlas y clasificarlas. Nuestra máquina predictiva reduce considerablemente el coste de hacer tales ránquines, y consiguientemente aumenta los beneficios de tener más solicitudes que clasificar. Esto es especialmente cierto si la tecnología también puede evaluar la fiabilidad de la solicitud —como es mágica, ¿por qué no?—. Por tanto, las escuelas pueden expandir el alcance de su conjunto de solicitantes, pudiendo reducir las tasas de solicitud a cero, ya que la tarea de clasificar solicitudes es tan sencilla que no se genera ningún coste real por recibir más solicitudes.

Finalmente, los cambios en el flujo de trabajo pueden ser más fundamentales. Con tal clasificación, la escuela podría reducir el tiempo entre la presentación de una solicitud y una oferta. Si la clasificación es lo bastante buena, podría ser casi instantánea, por lo que cambiaría de manera significativa el intervalo de tiempo de todo el flujo de trabajo y la dinámica de la competición por obtener los mejores candidatos MBA.

Esta clase de IA es hipotética, pero el ejemplo ilustra cómo colocar herramientas IA en las tareas de un flujo de trabajo puede hacer que estas sean eliminadas —por ejemplo, la clasificación manual de las solicitudes—, así como añadidas —por ejemplo, la publicidad de mayor alcance—. Cada negocio obtendrá, obviamente, resultados diferentes, pero descomponiendo los flujos de trabajo, los negocios podrán evaluar si las máquinas predictivas pueden ir mucho más allá de las decisiones individuales para las cuales han sido diseñadas.

Cómo una herramienta IA alimentó el teclado del teléfono inteligente

En cierto sentido, el teclado de tu teléfono móvil tiene más en común con las antiguas máquinas de escribir mecánicas que con el teclado de tu ordenador personal. Quizá tengas la suficiente edad como para haber usado una máquina de escribir mecánica y te acuerdes de que, si tecleabas demasiado rápido, el mecanismo se atascaba. Por esa razón, los teclados presentan la familiar disposición QWERTY. Este diseño estándar limitó la posibilidad de pulsar dos teclas adyacentes, que es lo que hacía que las antiguas máquinas de escribir se atascaran. Pero esa misma característica también provocaba que hasta los mecanógrafos más rápidos escribieran más lentamente.

El diseño QWERTY se sigue manteniendo, aunque el mecanismo que causaba todo el problema haya dejado de ser relevante. Cuando los ingenieros de Apple diseñaron el iPhone, debatieron sobre si incluir o no finalmente la secuencia de letras QWERTY. Lo que hizo que la mantuvieran fue la familiaridad. Después de todo, su mayor competencia en aquel momento, el BlackBerry, tenía un teclado duro tipo QWERTY que ofrecía tan buen rendimiento que el producto era conocido popularmente como «Crackberry» por su naturaleza adictiva.

«El mayor proyecto de ciencia» del iPhone fue el teclado blando.[6] Pero en el 2006 (el iPhone no fue lanzado hasta el 2007) el teclado seguía siendo horrible. No solo no podía competir con el del Blackberry, sino que era tan frustrante que nadie lo usaba para enviar un mensaje de texto, y mucho menos un correo electrónico. El problema era que, al tener que dejar espacio para la pantalla LCD de 4,7 pulgadas, hicieron unas teclas demasiado pequeñas, lo cual significaba que era fácil equivocarse al teclear. Muchos ingenieros de Apple presentaron diseños que se distanciaban de la secuencia QWERTY.

Con solo tres semanas para encontrar una solución —que en caso de no encontrarse podría echar al traste todo el proyecto— todos y cada uno de los desarrolladores de software para iPhone tenían vía libre para explorar otras opciones. Al cabo de esas tres semanas, los ingenieros idearon un teclado que parecía un teclado pequeño del tipo QWERTY, pero con un cambio sustancial: a pesar de que la imagen que veía el usuario no cambiaba, el área superficial alrededor de un conjunto de teclas concreto se expandía al pulsarlas. Si se escribe en inglés, cuando se teclea una «t», es altamente probable que la siguiente letra sea una «h», por lo que el área en torno a esa tecla se expandía; y, después, se expandía la «e», la «i», etc.

Este fue el resultado de una herramienta IA en la práctica. Adelantándose a prácticamente todo el mundo, los ingenieros de Apple usaron el aprendizaje de máquina disponible en el 2006 para construir un algoritmo predictivo, de forma que el tamaño de las teclas cambiaba en función de qué persona estuviera escribiendo. La tecnología heredada de aquella que ha evolucionado hasta nuestros días potencia el texto predictivo con autocorrección del que disponemos hoy en día. Pero, fundamentalmente, la razón por la que esta idea funcionó fue el viejo diseño QWERTY. El mismo teclado diseñado para garantizar que no se tuvieran que teclear teclas adyacentes permitía que las teclas de los teléfonos inteligentes se expandieran cuando se necesitara, dado que era altamente improbable que la siguiente tecla estuviera cerca de la que se acababa de teclear.

Lo que los ingenieros de Apple hicieron al desarrollar el iPhone fue comprender precisamente el flujo de trabajo que implicaba usar un teclado. Un usuario debe identificar una tecla, pulsarla y, después, seguir con la siguiente. Descomponiendo el flujo de trabajo, los ingenieros se percataron de que una tecla no tenía que ser la misma para ser identificada y pulsada. Y lo que es más importante, la predicción podía solucionar el problema de cómo saber el siguiente paso que iba a dar un usuario. Comprender el flujo de trabajo era crucial para determinar la mejor forma de utilizar la herramienta de IA. Y esto es cierto para todos los flujos de trabajo.

PUNTOS CLAVE

- Las herramientas de IA son soluciones específicas. Cada una de ellas genera una predicción específica, y la mayoría están diseñadas para realizar una tarea concreta. Muchas empresas emergentes basadas en IA se dedican a construir una sola herramienta de IA.

- Las grandes corporaciones están compuestas de flujos de trabajo que convierten los insumos en resultados. Los flujos de trabajo se componen de tareas —esto es, una OPI de Goldman Sachs es un flujo de trabajo compuesto de 146 tareas distintas—. Al decidir cómo implementar una IA, las empresas descomponen sus flujos de trabajo en tareas, calculan el retorno sobre la inversión por construir o comprar una IA para realizar cada tarea, clasifican por orden de importancia las IA en términos de retorno sobre la inversión, empezando por la más rentable de la lista y siguiendo en orden descendente. En ocasiones, una empresa puede simplemente integrar una IA en su flujo de trabajo y obtener un beneficio inmediato debido al aumento de la productividad de esa tarea. No obstante, a menudo no es tan sencillo. Derivar el beneficio real de implementar una herramienta de IA requiere reflexión, o «reingeniería», de todo el flujo de trabajo. Dadas estas circunstancias, igual que sucedió con la revolución de los ordenadores personales, llevará tiempo apreciar las mejoras de la productividad que genera una IA en muchos negocios convencionales.

- Para ilustrar el efecto potencial de una IA en un flujo de trabajo, describimos una IA ficticia que predice el ranquin de una solicitud del MBA. Para derivar el beneficio total de esta máquina predictiva, la escuela tendría que rediseñar su flujo de trabajo. Necesitaría eliminar la tarea de clasificar las solicitudes manualmente y expandir la tarea de comercializar el programa, dado que la IA aumentaría los beneficios de un conjunto de solicitantes más numeroso —mejores predicciones sobre quién tendrá éxito y menor coste en la evaluación de las solicitudes—. La escuela modificaría la tarea de ofrecer incentivos, como la becas, y ayudas financieras, debido a la mayor certeza sobre quién tendrá éxito. Finalmente, la escuela ajustaría otros elementos del flujo de trabajo para aprovechar el hecho de ser capaz de proporcionar decisiones sobre admisiones instantáneas a la escuela.

13

Descomponiendo las decisiones

Las herramientas de IA actuales están lejos de las máquinas con inteligencia similar a la humana que vemos en la ciencia ficción —a menudo, denominada «inteligencia artificial general» o IAG, o también «IA fuerte»—. La generación actual de IA suministra herramientas para la predicción y poco más.

Pero esta visión de la IA no la hace menos importante. Como Steve Jobs puso de relieve en cierta ocasión: «Una de las cosas que realmente nos separa de los primates superiores es que somos constructores de herramientas». Jobs solía usar el ejemplo de la bicicleta como herramienta que había dado a la gente «superpoderes» en el terreno de la locomoción por encima de cualquier otro animal. Y Jobs tenía la misma opinión de los ordenadores: «Para mí, un ordenador es la herramienta más excepcional que jamás hemos inventado, y es el equivalente a una bicicleta para nuestras mentes».[1]

Actualmente, las herramientas de IA predicen la intención del habla (el Echo de Amazon), el contexto de las órdenes (el Siri de Apple), qué deseas comprar (las recomendaciones de Amazon), qué vínculos te conectarán con la información que deseas encontrar (las búsquedas de Google), cuándo hay que pisar los frenos para evitar el peligro (el piloto automático de Tesla) y hasta las noticias que deseas leer (el servicio de envío de noticias de Facebook). Ninguna de estas IA realiza todo el flujo de trabajo, sino que cada una predice un componente predictivo para hacer más sencilla la decisión de alguien. La IA confiere poderes.

Pero ¿cómo decidir si debemos usar, o no, una herramienta de IA para una tarea particular en nuestro negocio? Cada tarea tiene un grupo de decisiones inherentemente asociadas, y tales decisiones poseen algún elemento predictivo.

En este libro, proporcionamos un método de evaluación de una IA dentro del contexto de una tarea. Del mismo modo que anteriormente sugerimos identificar las tareas descomponiendo los flujos de trabajo para averiguar si la IA tendrá alguna función, ahora proponemos tomar cada una de esas tareas y descomponerlas en sus elementos constituyentes.

El lienzo de IA

El CDL nos permitió conocer muchas empresas emergentes que sacaban partido de sus recientes tecnologías de aprendizaje de máquinas para construir nuevas herramientas de IA. Cada empresa del laboratorio se dedicaba a construir una herramienta específica, algunas de ellas destinadas a las experiencias del consumidor, pero la mayoría a clientes de empresa. El último tipo se centra en identificar las oportunidades de tareas dentro de los flujos de trabajo de la empresa a fin de enfocar y posicionar su oferta; deconstruyen los flujos de trabajo, identifican una tarea con un elemento predictivo y construyen su negocio basándose en la provisión de una herramienta que suministra tal predicción.

Al asesorar a esas empresas, descubrimos que resultaba útil separar las partes de una decisión en sus elementos constituyentes (ver el gráfico 7-1): predicción, datos de entrada, juicio, entrenamiento,

GRÁFICO 13-1

El lienzo de IA

Predicción	Juicio	Acción	Resultado

Datos de entrada	Entrenamiento	Retroalimentación

acción, resultado y retroalimentación. En el proceso, desarrollamos un «lienzo de IA» para ayudar a descomponer las tareas y a fin de comprender el papel potencial de una máquina predictiva (ver el gráfico 13-1). Dicho lienzo es una ayuda para contemplar, construir y evaluar las herramientas de IA, pues suministra una disciplina a la hora de identificar cada componente de una decisión sobre una tarea, amén de clarificar la descripción de cada componente.

Para ver cómo funciona lo expuesto, tomemos el ejemplo de la empresa emergente Atomwise, que ofrece una herramienta de predicción cuyo objetivo es acortar el tiempo necesario para descubrir las perspectivas prometedoras de nuevos fármacos. Millones de posibles moléculas candidatas a medicamentos pueden acabar convirtiéndose en tales, pero comprar y probar cada fármaco consume mucho tiempo y dinero. ¿Cómo determinan las empresas farmacéuticas qué moléculas han de analizar? Pues hacen suposiciones o predicciones más o menos fundamentadas, basándose en la investigación que sugiere qué moléculas tienen más probabilidad de convertirse en fármacos efectivos.

El director general de Atomwise, Abraham Heifets, nos ofreció una rápida explicación científica en la que nos comentó que «para que un fármaco funcione, tiene que unirse a las células de la enfermedad en cuestión, pero no a las proteínas del hígado, riñones, corazón o cerebro, y evitar cualquier otra acción que cause efectos secundarios tóxicos. Se trata de que ataque al elemento patológico que se desea y que se abstenga de atacar a los órganos que están sanos».

Por consiguiente, si las empresas farmacéuticas pueden predecir la afinidad de unión, podrán identificar qué moléculas tienen más probabilidad de funcionar. Atomwise proporciona esta predicción ofreciendo una herramienta de IA que hace más eficiente la tarea de identificar fármacos potenciales. La herramienta usa la IA para predecir la afinidad de unión de las moléculas, por lo que Atomwise puede aconsejar a las empresas qué moléculas, tipificadas en una lista, poseen la mejor afinidad de unión respecto a la proteína de una enfermedad. Por ejemplo, Atomwise podría proveer las veinte primeras moléculas que presentan la afinidad de unión más elevada para, pongamos por caso, el virus del Ébola. En lugar de simplemente poner a prueba una molécula cada vez, la máquina predictiva de Atomwise puede manejar millones de posibilidades. A pesar de que la empresa farmacéutica sigue necesitando probar y verificar las posibilidades a través de una combinación de juicios y acciones humanos y artificiales, la herramienta de IA de Atomwise reduce considerablemente el coste y acelera la velocidad de la primera tarea de encontrar a estas «candidatas».

Pero ¿en qué punto interviene el juicio? Pues en el reconocimiento del valor agregado de una molécula candidata particular para la industria farmacéutica. Este valor adopta dos formas: poner en el punto de mira la enfermedad y entender sus efectos secundarios potenciales. Al seleccionar las moléculas para el test, la empresa necesita determinar los beneficios de poner en el punto de mira a la enfermedad y los costes que conllevan los efectos secundarios. Tal como Heifets recalcó: «Se es más tolerante a los efectos secundarios de la quimioterapia que a los de una crema antiacné».

La máquina predictiva de Atomwise aprende de los datos que recibe sobre la afinidad de unión. En julio de 2017, esa máquina poseía 38 millones de puntos de datos públicos sobre afinidad de unión, además de muchos otros que compró o aprendió por sí misma. Cada punto de datos consiste en características de moléculas y proteínas, además de proporcionar una medida de la unión entre las moléculas y las proteínas. A medida que Atomwise hace más recomendaciones, la empresa obtiene más información de los clientes, de forma que la predicción continúa mejorando.

Usando esta máquina, con los datos sobre características de las proteínas, Atomwise puede predecir qué moléculas presentan la mejor afinidad de unión, y también puede tomar los datos sobre las características de las proteínas y predecir si las moléculas que nunca han sido producidas tienen posibilidades de poseer una elevada afinidad de unión.

La forma de descomponer la tarea de selección de moléculas de Atomwise consiste en rellenar un lienzo (ver el gráfico 13-2), lo cual significa identificar los siguientes elementos:

- ACCIÓN: ¿Qué está intentando hacer? En el caso de Atomwise, poner a prueba las moléculas para contribuir a la cura o la prevención de una enfermedad.

- PREDICCIÓN: ¿Qué necesita saber para tomar una decisión? Atomwise predice las afinidades de unión de las moléculas y las proteínas potenciales.

- JUICIO: ¿Cómo valora los diferentes resultados y errores? Atomwise y sus clientes establecen los criterios respecto a la importancia relativa de poner en el punto de mira la enfermedad y los costes relativos de los potenciales efectos secundarios.

- RESULTADO: ¿Cuáles son sus parámetros del éxito de la tarea? En el caso de Atomwise, los resultados del test. En última instancia, ¿permitió el test descubrir un nuevo fármaco?

GRÁFICO 13-2

El lienzo de IA en el caso de Atomwise

(AI) Predicción	(⚖) Juicio	(→) Acción	(📋) Resultado
Afinidad de unión	Equilibrar la afinidad de unión de las proteínas de la enfermedad con los efectos secundarios potenciales	Realizar un test (costoso)	Los resultados del test (pruebas exitosas que permiten un nuevo tratamiento farmacológico)

(⬇) Datos de entrada		(◎) Entrenamiento		(↻) Retroalimentación
Características de las proteínas		Afinidad de unión de las moléculas y proteínas a partir de estudios anteriores, además de las características de proteínas y moléculas		Nuevos datos sobre unión obtenidos a partir de las recomendaciones

- DATOS DE ENTRADA: ¿Qué datos necesita para aplicar el algoritmo predictivo? Atomwise usa datos sobre las características de las proteínas de la enfermedad para la predicción.

- ENTRENAMIENTO: ¿Qué datos necesita para entrenar al algoritmo predictivo? Atomwise utiliza datos sobre la afinidad de unión de las moléculas y las proteínas, además de las características de estas.

- RETROALIMENTACIÓN: ¿Cómo podemos usar los resultados para mejorar el algoritmo? Atomwise utiliza los resultados de los test para mejorar las futuras predicciones, con independencia de su éxito.

La proposición de valor de Atomwise reside en suministrar una herramienta de IA que da soporte a una tarea de predicción en el flujo de trabajo dedicado a la investigación de fármacos que llevan a cabo sus clientes. Esta herramienta evita que la tarea de predicción sea realizada por personas. Para proporcionar tal valor, la herramienta hace acopio de un conjunto de datos únicos a fin de predecir la afinidad de unión. El valor de la predicción reside en reducir el coste y aumentar la probabilidad de éxito en el área de desarrollo de fármacos.

Los clientes de Atomwise usan la predicción en combinación con su propio juicio experto respecto a los resultados que aportan las moléculas con afinidades de unión diferentes en distintos tipos de proteínas.

Un lienzo de IA en la captación para un MBA

El lienzo de la IA es también útil en el caso de las grandes organizaciones. Para aplicarlo, debemos descomponer el flujo de trabajo en tareas. En este caso, consideraremos el lienzo de IA centrado en la decisión de qué solicitantes de un Máster de Administración de Empresas (MBA) debemos aceptar en un programa. El gráfico 13-3 ilustra un posible lienzo de IA.

GRÁFICO 13-3

El lienzo de IA para una oferta de captación de un MBA

Predicción	Juicio	Acción	Resultado
Predecir si un solicitante estará entre los 50 alumnos más influyentes 10 años después de la graduación	Determinar el valor relativo de aceptar a un alumno que esté entre los 50 mejores frente al coste de un falso positivo (aceptar a un alumno que no esté entre los 50 mejores), frente al coste de un falso negativo (perder a un alumno que esté entre los 50 mejores) frente a no poner en el punto de mira a un alumno que no está entre los 50 mejores	Aceptar solicitantes en el programa	Alumnos de alta calidad calibrados según la influencia global que tendrán 10 años después de la graduación

Datos de entrada	Entrenamiento	Retroalimentación
– Formularios de solicitud – Currículos – Puntuaciones en el GMAT – Redes sociales – Resultado (medida del impacto)	– Formularios de solicitud – Currículos – Puntuaciones en el GMAT – Redes sociales	Actualizar los solicitantes y los resultados de la carrera anualmente

¿De dónde salió el lienzo? En primer lugar, captar a estudiantes requiere una predicción: ¿Quién será el mejor estudiante o el más valioso? Eso «parece» sencillo. Solo tenemos que definir qué entendemos por «el mejor». La estrategia de la escuela puede ayudar a identificarlo. Sin embargo, muchas organizaciones poseen declaraciones de objetivos vagas y multifacéticas que les sirven para hacer buenos folletos de publicidad, pero no para identificar los objetivos de predicción de una IA.

Les escuelas de negocios poseen muchas estrategias que definen, implícita o explícitamente, lo que quieren decir con «los mejores». Puede tratarse de simples indicadores como maximizar las puntuaciones de los exámenes estandarizados, como el GMAT, u objetivos más ambiciosos, como reclutar estudiantes que hagan escalar posiciones a la escuela en ranquin del *Financial Times* o el *US News & World Report*. Es posible también que estas escuelas deseen tener a estudiantes que posean una mezcla de capacidades cuantitativas y cualitativas. O que deseen captar a estudiantes internacionales. O que prefieran la diversidad. Ninguna escuela puede perseguir todos estos objetivos simultáneamente, por lo que debe acabar haciendo alguna elección, ya que, de otro modo, se comprometería en todas las dimensiones y no destacaría en ninguna.

En el gráfico 13-3, imaginamos que la estrategia de nuestra escuela es tener el mayor impacto posible en los negocios a nivel global. Esta noción subjetiva es estratégica en el sentido de que es global, en vez de local; y busca tener impacto en vez de, por ejemplo, maximizar los ingresos por estudiante o crear riqueza.

Para que la IA prediga el impacto global del negocio, necesitamos medirlo. En este caso, asumimos el rol de los ingenieros de función de recompensas. ¿Qué datos de entrenamiento poseemos que puedan ser un indicador del impacto global del negocio? Una opción podría ser identificar a los mejores alumnos de cada clase: los cincuenta alumnos de cada año que hayan tenido el mayor impacto. La selección de esos alumnos es, obviamente, subjetiva, pero no imposible.

Aunque establezcamos el impacto global del negocio como un objetivo para una máquina predictiva, el valor de aceptar a un estudiante particular es una cuestión de juicio. ¿Qué coste implica aceptar a un mal estudiante que predijimos erróneamente que estaría entre la élite? ¿Cuán costoso es rechazar a un buen estudiante que predijimos erróneamente que sería un mal estudiante? La evaluación del compromiso es el «juicio», un elemento explícito del lienzo de IA.

Une vez que hemos especificado el objetivo de la predicción, identificar los datos de entrada necesarios es sencillo. Precisamos información sobre las solicitudes de los estudiantes entrantes para predecir qué rendimiento alcanzarán. Y también podemos usar las redes sociales para ello. Con el paso del tiempo, observaremos más resultados de las carreras estudiantiles y podremos usar esos datos de retroalimentación para mejorar las predicciones. Las predicciones nos dirán a qué solicitantes debemos aceptar, pero solo después de determinar nuestro objetivo y de evaluar el coste de cometer un error.

PUNTOS CLAVE

- Es necesario descomponer las tareas, para que podamos observar dónde debemos insertar las máquinas predictivas, lo cual nos permite estimar el beneficio que obtenemos de una mejora en la predicción y el coste de generarla. Una vez que hayamos generado estimaciones razonables, deberemos establecer un ranquin de las IA en función del retorno de la inversión que aporten, empezando por la más rentable y siguiendo en orden descendente, implementando las herramientas de IA siempre que la rentabilidad merezca la pena.

- El lienzo de IA es una representación que ayuda al proceso de descomposición. Rellena el lienzo de IA para cada decisión o tarea, introduciendo así disciplina y estructura en el proceso. Este lienzo te obliga a tener claros los tres tipos de datos requeridos: entrada, entrenamiento y retroalimentación, además de obligarte a articular precisamente qué necesitas predecir, el juicio requerido para evaluar el valor relativo de las diferentes acciones y resultados y las posibilidades de acción y resultados.

- El núcleo esencial del lienzo IA es la predicción. Es necesario identificar la predicción esencial de una tarea concreta, y ello puede requerir un conocimiento de IA. El esfuerzo por responder a esta pregunta suele iniciar una discusión existencial entre el equipo de liderazgo: «¿Cuál es nuestro objetivo real?». La predicción requiere una especificidad que no suele tipificarse en las declaraciones de objetivos de las entidades. Para una escuela de negocios, por ejemplo, es sencillo afirmar que se centra en captar a los «mejores» estudiantes, pero para especificar la predicción es imprescindible especificar qué se entiende por «los mejores»: ¿Acaso aquellos que reciben la mejor oferta de salario tras su graduación? ¿Los que tienen más probabilidades de asumir un cargo de director general en un plazo de cinco años? ¿Los más diversos? ¿Los que tienen más probabilidades de hacer donaciones a la escuela tras la graduación? Como vemos, hasta los objetivos aparentemente más sencillos, como la maximización de beneficios, no son tan simples como parece. ¿Deberíamos predecir la acción que se ha de emprender para maximizar el beneficio de esta semana, este trimestre, este año o esta década? Las empresas suelen tener que volver a lo básico para redefinir sus objetivos y afinar su declaración de objetivos como primer paso en su trabajo en torno a su estrategia de IA.

14

Rediseño del trabajo

Antes del advenimiento de la IA e internet, la sociedad fue testigo de la revolución de los ordenadores. Los ordenadores hicieron que la aritmética —específicamente, sumar muchas cosas— se volviera barata. Una de las primeras aplicaciones revolucionarias fue facilitar las tareas de contabilidad.

El ingeniero informático Dan Bricklin tenía ese objetivo en mente cuando, siendo estudiante de un MBA, se frustraba por tener que hacer una y otra vez los mismos cálculos para evaluar diferentes escenarios de los casos planteados en la Harvard Business School. NI corto ni perezoso, Bricklin escribió un programa informático que hacía esos cálculos, y descubrió que era tan útil que, junto con Bob Frankston, desarrolló VisiCalc para el ordenador Apple II. Ese programa fue la primera aplicación revolucionaria de la era de los ordenadores personales, y la razón por la que muchos negocios incorporaron los ordenadores a sus oficinas por primera vez.[1] Y es que el programa no solo reducía cien veces el tiempo que se dedicaba a hacer cálculos, sino que además permitía analizar muchos más escenarios.

En esa época, los empleados encargados de las actividades de calcular eran los contables: a finales de la década de los setenta, había más de 400.000 contables trabajando en Estados Unidos. Las hojas de cálculo eliminaron la tarea que les llevaba más tiempo: la aritmética. Es posible que piense que los contables fueron despachados de sus empleos, pero los contables jamás se quejaron por perder sus empleos, ni hubo ninguna reacción violenta por parte de estos que creara barreras a la eventual propagación de las hojas de cálculo. ¿Por qué los contables no veían las hojas de cálculo como una amenaza? Pues porque VisiCalc, en realidad, los hacia más eficaces, ya que convertía la computación en algo simple. Se podía evaluar fácilmente la cantidad de beneficios esperados y, después, la forma en que tales beneficios podían cambiar si se alteraban varias asunciones. En lugar de tener una simple fotografía, el hecho de ser capaz de recalcular repetidamente proporcionaba una película entera de su negocio. En vez de ver si una inversión era rentable o no, se podían comparar múltiples inversiones bajo diferentes predicciones y elegir la mejor opción, aunque alguien siguiera teniendo que evaluar y juzgar qué inversiones se podían probar. La hoja de cálculo le daba las respuestas fácilmente y, en el proceso, aumentaba enormemente los beneficios de hacer preguntas.

Las mismas personas que habían computado laboriosamente las respuestas antes de la llegada de la hoja de cálculo eran las mejor posicionadas para formular las preguntas correctas a la hoja de cálculo informatizada; así que no solo no fueron reemplazadas, sino que en lugar de ello aumentaron sus «superpoderes».

Este tipo de escenario —un empleo aumenta cuando las máquinas asumen algunas tareas, pero no todas— es probable que se vuelva moneda común como consecuencia natural de la implementación de las herramientas de IA. Las tareas que conforman un trabajo cambiarán. Algunas serán eliminadas a medida que las máquinas predictivas las asuman, mientras que otras se añadirán a medida que la gente tenga más tiempo para ellas. Y algunas capacidades previamente esenciales para muchas tareas también cambiarán, y otras capacidades nuevas ocuparán. De igual modo que los contables se convirtieron en magos de la hoja de cálculo, el rediseño de un amplio espectro de trabajos a causa de las herramientas de IA también alcanzará holgadas dimensiones.

Nuestro proceso de implementación de herramientas de IA determinará qué resultado se debe enfatizar, puesto que implica evaluar todos los flujos de trabajo, si estos tienen un carácter interno o transversal —o si están dentro de los límites departamentales u organizacionales—, y después descomponer el flujo de trabajo en sus tareas constituyentes y ver si podemos emplear de manera fructífera una máquina predictiva en esas tareas. Finalmente, tendremos reconstituir las tareas en los trabajos.

Los eslabones perdidos de la automatización

En algunos casos, el objetivo es automatizar completamente cada tarea asociada a un trabajo. Es poco probable que las herramientas de IA sean un catalizador por sí mismas para tal propósito, porque los flujos de trabajo susceptibles de ser completamente automatizados se componen de una serie de tareas implícitas que no pueden ser (fácilmente) evitadas, ni siquiera aquellas tareas que inicialmente parecen poco cualificadas o poco importantes.

El desastre de la lanzadera espacial *Challenger*, acaecido en el 1986, se produjo a causa del fallo de una pieza del cohete acelerador: un anillo obturador de poco más de un centímetro de diámetro. Este fallo impidió que la lanzadera pudiera volar debidamente. El problema de automatizar una tarea completamente es que una pieza defectuosa puede echar al traste a todo el conjunto, por lo que es necesario considerar cada paso. Estas pequeñas tareas pueden ser eslabones perdidos muy complicados de la automatización y restringir de manera fundamental la forma en que deben reformularse los empleos. De ahí que las herramientas de IA que solucionan tales eslabones perdidos puedan tener efectos sustanciales.

Tomemos como ejemplo la industria de la logística, que ha crecido rápidamente en las dos últimas décadas debido al progresivo aumento de las compras en línea. La logística es una fase crucial del comercio minorista, en general, y del comercio electrónico, en particular, pues se define como el proceso de recibir un pedido y ejecutarlo preparándolo para su entrega al cliente destinatario. En el campo del comercio electrónico, la logística incluye un número de pasos tales como la localización de artículos en una gran instalación de almacenaje, seleccionar los artículos de las estanterías, escanearlos para llevar a cabo la gestión de inventarios, meterlos en una bolsa, empaquetarlos en una caja, etiquetar la caja y enviarlos para su entrega.

Muchas de las primeras aplicaciones del aprendizaje de máquinas en el campo de la logística estaban relacionadas con la gestión de inventarios: predecir qué productos se agotarían, cuáles no era necesario volver a pedir a causa de su baja demanda, etc. Estas tareas de predicción bien establecidas han sido una parte clave del comercio minorista y de la gestión de almacenes durante décadas. Las tecnologías de aprendizaje de máquinas hicieron que estas predicciones fueran cada vez mejores.

A lo largo de las dos últimas décadas, gran parte del proceso logístico restante ha sido automatizado. Por ejemplo, la investigación determinó que los trabajadores de los centros logísticos pasaban más de la mitad de su tiempo caminando alrededor del almacén para localizar artículos y colocarlos en sus respectivas bolsas. Como resultado de ello, muchas empresas desarrollaron y automatizaron un proceso para llevar las estanterías a los trabajadores a fin de reducir el tiempo dedicado a caminar. En 2012, Amazon adquirió la empresa líder en este mercado, Kiva, por 775 millones de dólares, y eventualmente dejó de prestar servicios a otros clientes de Kiva. Subsiguientemente, otros proveedores emergieron para satisfacer la demanda del creciente mercado de centros logísticos internos y terceras empresas logísticas.

A pesar del considerable grado de automatización, los centros logísticos siguen empleando a muchas personas. Básicamente, a pesar de que los robots pueden tomar un objeto y entregárselo a una persona, alguien sigue teniendo que hacer una «elección»; esto es, decidir dónde debe ponerse un objeto determinado y después levantarlo y moverlo. Este último paso supone un mayor desafío, dada la dificultad que entraña la captura de un objeto. Mientras los humanos ejerzan esta función, los almacenes no podrán sacar el máximo partido del potencial de la automatización, porque sigue siendo necesario que estas instalaciones sean siendo habitables para las personas, en cuanto a su temperatura ambiente, el espacio para desplazarse, las salas de descanso, los servicios, la vigilancia contra robos, etc.

El papel continuado de las personas en la logística de pedidos se debe a nuestro rendimiento relativo a la hora de asir y mover objetos: desplazarse, seleccionar un objeto y colocarlo en otro sitio, razón por la cual dichas tareas han eludido la automatización hasta la fecha.

En consecuencia, Amazon emplea únicamente a 40.000 empleados encargados de la selección a tiempo completo, y a otras decenas de miles a tiempo parcial durante la temporada alta vacacional. Las personas que se encargan de seleccionar productos realizan aproximadamente unas 120 selecciones por hora. Sin embargo, muchas empresas con una logística de elevado volumen pretenden automatizar ese proceso. Durante los últimos tres años, Amazon ha estado incentivando a los mejores equipos robóticos del mundo para que trabajen en este problema largamente estudiado de cómo seleccionar y asir objetos acogiendo el Amazon Picking Challenge, competición centrada en la selección automatizada en entornos de almacén desestructurados. A pesar de que los mejores equipos de instituciones, como el MIT, han estado trabajando en el problema, muchos de ellos usando equipos industriales avanzados procedentes de Baxter, Yaskawa Motoman, Universal Robots, ABB, PR2 y Barrett Arm, en el momento de escribir estas líneas todavía no se ha resuelto el problema de forma satisfactoria para un uso industrial.

Los robots son perfectamente capaces de montar un coche o pilotar un avión. Así que, ¿por qué no pueden seleccionar un objeto de un almacén de Amazon y colocarlo en una caja? Esta tarea parece muy simple en comparación con las antes citadas, ¿verdad? Los robots pueden montar un coche, porque los componentes están altamente estandarizados y el proceso es sumamente rutinario. No obstante, un almacén de Amazon presenta artículos con una casi infinita variedad de formas, tamaños, pesos y dureza que se colocan en estanterías con numerosas posiciones y orientaciones posibles, en el caso de objetos no rectangulares. En otras palabras, el problema de asir objetos en un almacén se caracteriza por un infinito número de «síes», mientras que el montaje de un coche se diseña para que presente muy pocos «síes». Así pues, para poder asir objetos en un entorno de almacén, los robots deben ser capaces de «ver» el objeto —analizar la imagen— y predecir el ángulo y la presión correctos para sostener el objeto y no dejar que se caiga ni se rompa. Expresado de otra manera, la predicción constituye la esencia de la actividad de manipular la amplia variedad de objetos existentes en un centro logístico.

La investigación de este problema usa el aprendizaje de refuerzo para entrenar a los robots a imitar a los humanos. Una empresa emergente radicada en Vancouver, Kindred, fundada por Suzanne Gilbert, Geordie Rose y un equipo que incluye a uno de nosotros (Ajay) está usando un robot llamado Kindred Sort: un brazo con una mezcla de software automatizado y controlador humano.[2] La automatización identifica el objeto y el lugar en el que se debe ubicar, mientras que una persona —que lleva unos auriculares de realidad virtual— guía el brazo robótico para que lo seleccione y lo mueva.

En su primera iteración, la persona puede estar situada en algún lugar alejado del almacén y reemplazar el eslabón perdido en el flujo de trabajo logístico, decidiendo el ángulo de aproximación y la presión de agarre mediante la teleoperación del brazo robótico. A largo plazo, sin embargo, Kindred usará una máquina predictiva entrenada a base de muchas observaciones de una persona asiendo objetos vía teleoperación para enseñar al robot a que haga esa tarea por sí mismo.

¿Debemos dejar de formar radiólogos?

En octubre de 2016, de pie en un estrado frente a una audiencia de unas seiscientas personas con motivo de nuestra conferencia CDL anual sobre el negocio de la inteligencia artificial, Geoffrey Hinton —un pionero en el ámbito de las redes neuronales de aprendizaje profundo— declaró lo siguiente: «Deberíamos dejar ya de formar radiólogos». Una parte fundamental del trabajo de un radiólogo es leer imágenes y detectar la presencia de irregularidades que sugieren problemas médicos. Según la opinión de Hinton, la IA será pronto más hábil a la hora de identificar elementos médicamente relevantes en una imagen que una persona. Desde principios de los años sesenta, los radiólogos han temido que las máquinas los reemplacen.[3] Pero ¿qué hace que la tecnología actual sea diferente?

Las técnicas de aprendizaje de máquinas son cada vez mejores para predecir la información faltante, incluidos la información y el reconocimiento de objetos presentes en las imágenes. Dada una serie de imágenes nuevas, dichas técnicas pueden comparar de manera eficiente millones de ejemplos anteriores con o sin enfermedades y predecir si la nueva imagen sugiere la presencia de una patología. Y este tipo de reconocimiento de patrones con objeto de predecir enfermedades es precisamente lo que hacen los radiólogos.[4]

IBM, con su sistema Watson, y muchas empresas emergentes ya han comercializado herramientas de IA en radiología. Watson puede identificar un embolismo pulmonar, así como un amplio espectro de otras enfermedades del corazón. Otra empresa emergente, Enlitic, usa el aprendizaje profundo para detectar nódulos pulmonares —una práctica bastante rutinaria—, pero también fracturas —algo ya más complejo—. Estas nuevas herramientas son el fundamento del pronóstico de Hinton, si bien también son objeto de discusión entre radiólogos y patólogos.[5]

¿Qué sugiere nuestro planteamiento sobre el futuro de los radiólogos? Pues que estos profesionales pasarán menos tiempo leyendo imágenes. Basándonos en entrevistas con médicos de cabecera y radiólogos, así como en nuestro conocimiento de los consolidados principios económicos, describimos varias funciones clave que seguirán ejerciendo los especialistas humanos en el contexto del diagnóstico médico por la imagen.[6]

En primer lugar, y tal vez más obvio, a corto y medio plazo, las personas seguirán teniendo que determinar las imágenes de un paciente concreto. El diagnóstico médico por la imagen es costoso, tanto en términos de tiempo como por las potenciales consecuencias perjudiciales para la salud a causa de la exposición a las radiaciones —en el caso de ciertas tecnologías de imágenes—. A medida que se reduzca el coste del diagnóstico médico por la imagen, la cantidad de toma de imágenes aumentará, por lo que es posible que, a corto y medio plazo, este aumento compense el descenso del tiempo humano dedicado a analizar cada imagen.

En segundo lugar, existen radiólogos de diagnóstico y radiólogos intervencionistas. Los avances en la identificación de objetos que modificarán la naturaleza de la radiología se dan en el campo de la radiología de diagnóstico. La radiología intervencionista usa imágenes a tiempo real que ayudan a los procedimientos médicos. Por el momento, ello implica el hábil juicio y la diestra acción humana que no se ven afectados por los avances en IA, excepto quizá por el hecho de que facilitan, en cierto modo, el trabajo de los radiólogos intervencionistas al proporcionarles unas imágenes mejor identificadas.

En tercer lugar, muchos radiólogos se ven a sí mismos como «doctores del doctor».[7] Una parte fundamental de su trabajo es comunicar el significado de las imágenes a los médicos de cabecera. La parte que plantea el desafío es que la interpretación de las imágenes radiológicas —«estudios», si usamos su propio lenguaje— es a menudo probabilística: «Hay un 70% de probabilidades de que sea la enfermedad X, un 20% de que no haya ninguna enfermedad y un 10% de que sea la enfermedad Y». A pesar de todo, si tal síntoma aparece en el plazo de dos semanas, entonces existe un 99% de probabilidades de que sea la enfermedad X y un 1% de que no haya ninguna enfermedad». Muchos médicos de cabecera no poseen extensa formación en estadística y se esfuerzan por interpretar tanto las probabilidades como las probabilidades condicionales. Los radiólogos les ayudan a interpretar los números, por lo que los médicos de cabecera pueden trabajar con los pacientes para decidir el mejor curso de acción. Con el tiempo, las IA proporcionarán las probabilidades, pero al menos, a corto y posiblemente a medio plazo, la radiología seguirá teniendo su función a la hora de traducir el resultado de la IA al doctor de cabecera.

En cuarto lugar, los radiólogos contribuirán al entrenamiento de las máquinas para que estas interpreten las imágenes procedentes de los nuevos aparatos a medida que la tecnología mejore. Unos cuantos radiólogos del máximo nivel, que interpretarán las imágenes y ayudarán a las máquinas a diagnosticar, serán los encargados de ejercer esta función. Gracias a las IA, estos radiólogos potenciarán al máximo sus capacidades superiores de diagnóstico para enseñar a las máquinas. Sus servicios serán, por tanto, sumamente valiosos. En lugar de ser remunerados por los pacientes que atienden, es posible que sean recompensados por cada nueva técnica que enseñen a las IA o por cada paciente puesto a prueba con la IA que han entrenado.[8]

Tal como comentamos anteriormente, dos de los aspectos clave de la tarea de diagnóstico radiológica son examinar una imagen y hacer una evaluación para un médico de cabecera. A pesar de que dicha evaluación suele ser un diagnóstico —por ejemplo, «el paciente tiene casi con seguridad una neumonía»—, en muchos casos, tal juicio se formula en negativo —«la neumonía no es descartable»—, expresado como una predicción que informa al médico de cabecera del estado probable del paciente, para que este pueda prescribir un tratamiento.

Las máquinas predictivas reducirán la incertidumbre, pero no la eliminarán del todo. Por ejemplo, la máquina podrá ofrecer la siguiente predicción:

Basándonos en los datos demográficos y en la imagen del Sr. Patel, la masa del hígado tiene un 66,6% de probabilidades de ser un tumor benigno, un 33,3% de ser un tumor maligno y un 0,1% de no ser real.

Si esta máquina predictiva hubiera dado una predicción directa —benigno o no benigno—, una predicción sin margen de error, el curso de acción habría resultado obvio. Llegados a este punto, el doctor deberá considerar si prescribe un procedimiento invasivo, como una biopsia, para descubrir más. Ordenar una biopsia es la decisión menos arriesgada; sí, es costosa, pero puede producir un diagnóstico más certero.

Visto bajo este prisma, el rol de las máquinas predictivas es aumentar la confianza del galeno en «no realizar» una biopsia. Tales procedimientos no invasivos son menos costosos —especialmente, para el paciente— y facilitan información a los médicos sobre si el paciente puede evitar un examen invasivo —como una biopsia—, porque les dan mayor confianza a la hora de abstenerse del tratamiento y su posterior análisis. Si la máquina mejora la predicción, ello conllevará menos procedimientos invasivos.

Por ende, la quinta y última función de los especialistas humanos en el campo de las imágenes médicas será el juicio para decidir si se prescribe un procedimiento invasivo, incluso cuando la máquina sugiera una alta probabilidad de que no haya motivo para ello. El médico podrá tener información sobre el estado general de salud del paciente, su posible estrés mental debido al potencial del falso negativo u otros datos cualitativos. Es posible que tal información no sea fácilmente codificable, ni esté disponible para la máquina, y pueda requerir una conversación entre el radiólogo experto en interpretar las probabilidades y un médico de cabecera que entienda las necesidades del paciente. Esta información podría llevar a que una persona ignorara las recomendaciones de una IA de no operar.

Por consiguiente, los humanos seguirán ejerciendo cinco roles claros en el uso de las imágenes médicas, al menos a corto y medio plazo: escoger la imagen, usar las imágenes a tiempo real en los procedimientos médicos, interpretar el resultado de la máquina, entrenar a las máquinas en las nuevas tecnologías y aplicar el juicio, lo cual puede llevar a ignorar las recomendaciones de la máquina, tal vez, basándose en la información no disponible para esta. Si los radiólogos seguirán teniendo, o no, un futuro va a depender de si estos están mejor posicionados para ejercer esas funciones, de si otros especialistas los sustituirán o de si surgen nuevas clases de empleos, como el de radiólogo/patólogo —esto es, una función en la que el radiólogo también analiza las biopsias, tal vez realizadas inmediatamente después de la toma de imágenes—. [9]

Más que un conductor

Algunos empleos podrán continuar existiendo, si bien requerirán de nuevas habilidades. La automatización de una tarea particular puede enfatizar otras tareas que son importantes para un trabajo, pero que previamente habían sido subestimadas. Consideremos el caso de un conductor de autobús escolar. Tenemos la parte de la «conducción» implicada en conducir un autobús desde los hogares hasta las escuelas y de vuelta a los mismos. Con el advenimiento de los vehículos sin conductor y la conducción automatizada, el trabajo de conductor de autobús escolar desaparecerá como tal. Cuando los profesores de la Universidad de Oxford, Carl Frey y Michael Osborne, observaron los tipos de habilidades requeridos para hacer un trabajo concreto, concluyeron que los conductores de autobús escolar —diferenciados de los conductores de autobuses de transportes públicos— tenían un 89% de posibilidades de perder sus empleos en las próximas décadas a causa de la automatización.[10]

Si alguien considerado como «conductor de autobús escolar» deja de conducir autobuses escolares para la ida y la vuelta a las escuelas, ¿deberían los gobiernos locales empezar a gastarse esos salarios que se van a ahorrar? Aun cuando un autobús vaya sin conductor, los conductores de autobuses escolares actuales hacen mucho más que simplemente conducir. En primer lugar, son responsables de supervisar a un gran grupo de escolares para protegerlos de los riesgos existentes en el exterior. En segundo lugar, e igualmente importante, estos profesionales están a cargo de la disciplina dentro del vehículo. El juicio humano a la hora de tratar con niños y protegerlos de sí mismos sigue siendo necesario. El hecho de que el autobús pueda conducirse a sí mismo no elimina esas tareas adicionales, sino que implica que el adulto puede prestar más atención a esas tareas.

De modo que quizás las aptitudes necesarias para un «empleado formalmente conocido como conductor de autobús escolar» van a ser distintas. Los conductores podrán actuar más como profesores. Pero el punto clave es que «la automatización que elimina a una persona de una tarea no lo elimina necesariamente de un trabajo». Desde la perspectiva de los empresarios, alguien tendrá que seguir haciendo ese trabajo. Y desde la perspectiva de los empleados, el riesgo es que sea algún otro el que lo haga.

La automatización de las tareas nos obliga a pensar más cuidadosamente en lo que realmente constituye un trabajo, en lo que la gente está realmente haciendo. Como sucede con los conductores de autobuses escolares, los conductores de camiones pesados hacen algo más que conducir. La conducción de este tipo de camiones es una de las categorías de clasificación laboral más grandes de Estados Unidos y, por ende, un firme candidato a la automatización potencial. Las películas como *Logan* (2017) describen un futuro cercano con camiones que no son más que contenedores sobre ruedas. Pero ¿vamos a ver realmente camiones circulando por el continente sin seres humanos a la vista? Piensa en los retos que ello plantearía, dado que esos camiones estarían lejos de la supervisión humana la mayor parte del tiempo. Por ejemplo, esos camiones y sus cargas serían vulnerables a posibles secuestros y robos. O tales tráileres podrían ser incapaces de operar si una persona se plantara en medio de la carretera y supusiera un objetivo fácil.

La solución se antoja obvia: que una persona vaya en el camión. Esa tarea sería mucho más sencilla que conducir y permitiría también a los camiones circular más tiempo sin paradas o frenadas. Un humano podría probablemente viajar con un vehículo mucho más grande o, tal vez, con un convoy de vehículos.[11] Pero como mínimo un camión que fuera en ese convoy seguiría teniendo una cabina para un humano que protegería al vehículo, se ocuparía de la logística y de las relaciones humanas implicadas en la carga y la descarga de los camiones al inicio y final del proceso, y esquivaría las posibles sorpresas que aparecieran en el camino. Así pues, todavía no se pueden eliminar estos empleos. Como los conductores de camiones actuales son los más experimentados y cualificados en esas otras tareas, es probable que sean los primeros ocupen su lugar en una función redefinida.

PUNTOS CLAVE

- Un trabajo es un conjunto de tareas. Al descomponer un flujo de trabajo y emplear herramientas de IA, algunas tareas previamente realizadas por personas podrían ser automatizadas, cambiando el orden y el énfasis de las tareas restantes y creándose nuevas tareas. De ahí que el conjunto de tareas que compone un trabajo pueda cambiar.

- La implementación de las herramientas de IA genera cuatro implicaciones para los empleos:

  1. Las herramientas de IA podrían aumentar los empleos, como en el ejemplo de las hojas de cálculo y los contables.

  2. Las herramientas de IA podrían reducir empleos, como en el caso de los centros de logística.

  3. Las herramientas de IA podrían comportar la reconstitución de empleos, añadiendo algunas tareas y eliminando otras, como en el caso de los radiólogos.

  4. Las herramientas de IA podrían modificar el énfasis puesto en las capacidades específicas requeridas para un

empleo particular, como sucede con los conductores de autobuses escolares.

- Las herramientas de IA podrían modificar los beneficios relativos de ciertas capacidades y, por ende, cambiar qué tipos de personas son más aptas para un empleo concreto. En el caso de los contables, la llegada de la hoja de cálculo disminuyó las ventajas de ser capaz de realizar rápidamente muchos cálculos con una calculadora. Al mismo tiempo, tal llegada aumentó las ventajas de ser bueno en formular las preguntas correctas, a fin de sacar el máximo partido posible de la habilidad de la tecnología para realizar análisis de escenarios de manera eficiente.

PARTE CUATRO

Estrategia

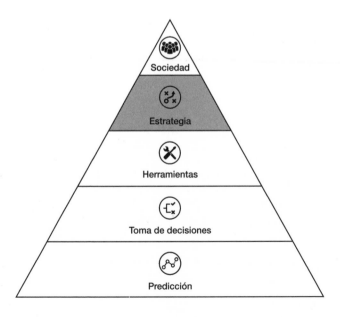

Sociedad

Estrategia

Herramientas

Toma de decisiones

Predicción

15

La IA y los directivos de alto nivel

En enero de 2007, cuando Steve Jobs subió al escenario y presentó el iPhone al mundo, ni un solo observador reaccionó diciendo: «Bueno, la industria del taxi que se vaya despidiendo». Si avanzamos en el tiempo hasta 2018, en efecto ese parece ser el caso. En la última década, los teléfonos inteligentes han evolucionado de ser teléfonos algo más inteligentes que los anteriores a una plataforma de herramientas indispensables que está trastocando o alterando de manera fundamental todos los sectores de la industria. Incluso Andy Grove, autor de la famosa cita «solo los paranoicos sobreviven», deberías admitir que eres un paranoico de tomo y lomo para haber previsto el alcance y el impacto que iban a tener los teléfonos inteligentes en algunas de las industrias más tradicionales.

Los recientes avances en IA y el aprendizaje de máquinas nos han convencido de que esta innovación puede equipararse con las grandes tecnologías transformadoras del pasado: la electricidad, los automóviles, los plásticos, el microchip, internet y los teléfonos inteligentes. A partir de la historia de la economía, sabemos cómo estas tecnologías de propósito general se difunden y transforman a la sociedad, y además nos damos cuenta de lo difícil que resulta prever cuándo, dónde y cómo se producirán los cambios más disruptivos. Al mismo tiempo, hemos aprendido qué buscar, cómo anticiparnos a las curvas y cuándo es probable que una nueva tecnología pase de ser algo interesante a algo transformador.

¿Cuándo debería la IA ser un asunto crucial de tu programa para el equipo líder de tu organización? A pesar de que los cálculos del retorno sobre la inversión pueden inducir cambios operacionales, las decisiones estratégicas plantean dilemas y obligan a los líderes a lidiar con la incertidumbre. Adoptar la IA en una parte de una organización podría requerir cambios en otra parte. Los efectos internos en la organización, la adopción de la IA y otras decisiones requieren la autoridad de alguien que supervise todo el negocio; es decir, el director general.

Por todo ello, ¿cuándo es probable que la IA se adscriba a esta categoría?, ¿cuándo una caída en el coste de la predicción es lo bastante importante como para cambiar la estrategia? Y, si esto sucede, ¿qué dilema es probable que deba afrontar el director general?

Cómo puede la IA cambiar la estrategia de un negocio

En el capítulo 2, conjeturábamos que, cuando el dial de la máquina predictiva se haya ajustado lo suficiente, empresas como Amazon adquirirán tanta confianza en lo que quieren sus clientes que su modelo de negocios podría cambiar, pasando de un modelo compra-envío a otro de envío-compra; esto es, enviar artículos a los clientes antes de que estos los soliciten. Este escenario ilustra diáfanamente los tres ingredientes que podrían hacer que la inversión en esa herramienta de IA aumentara de nivel hasta convertirse en una decisión estratégica, en lugar de ser una decisión operacional.

En primer lugar, debe existir un dilema estratégico o compromiso. En el caso de Amazon, la disyuntiva es que el modelo envío-compra puede generar más ventas, pero también producir más bienes que los consumidores deseen devolver. Cuando el coste de devolución de artículos es demasiado elevado, el retorno sobre la inversión del modelo envío-compra es menor que el retorno sobre la inversión del tradicional enfoque de compra-envío, lo cual explica la razón por la que, en ausencia de un cambio tecnológico, el modelo de Amazon sigue siendo el de compra-envío, en lugar del modelo inverso, como casi el de cualquier otro minorista.

En segundo lugar, el problema se puede resolver si se reduce la incertidumbre. Para Amazon, se trata de la demanda de los consumidores. Si podemos pronosticar con precisión qué va a comprar la gente, especialmente si se entrega en sus domicilios, reduciremos la probabilidad de devoluciones e incrementaremos las ventas. La reducción de la incertidumbre afecta tanto al apartado del beneficio como al del coste, que forman ambos lados del dilema. Este tipo de gestión de la demanda no es nuevo, y es una de las razones por las que existen los almacenes físicos. Estas instalaciones no pueden pronosticar la demanda que harán los clientes individuales, pero sí la probable demanda que harán un grupo de clientes. Agrupando a los clientes que visitan una ubicación, los almacenes físicos eluden la incertidumbre de la demanda que se da entre los clientes individuales. Pasar a un modelo envío-compra basado en los domicilios individuales requiere más información sobre la demanda del cliente individual, lo cual puede superar la ventaja competitiva que representan los almacenes físicos.

En tercer lugar, para las empresas es necesaria una máquina predictiva que reduzca la incertidumbre lo suficiente como para cambiar el equilibrio del dilema estratégico. En el caso de Amazon, un modelo de demanda de cliente muy preciso podría hacer que el modelo envío-compra valiera la pena. En este caso, los beneficios del aumento de ventas compensan los costes de las devoluciones.

Ahora bien, si Amazon implementara ese modelo, haría otros cambios en su negocio, que incluirían, por ejemplo, inversiones para reducir el coste de asegurar los paquetes dispuestos para recogida y los servicios de transporte para gestionar las devoluciones. A pesar de que el mercado de distribución cómodo para el cliente es competitivo, los servicios de devolución de productos son un mercado mucho menos desarrollado. La propia Amazon podría establecer una infraestructura de camiones que visitara cada barrio a diario para hacer entregas y devoluciones, integrándose así verticalmente en el negocio de devolución diaria de productos. Efectivamente, Amazon podría llevar los límites de su negocio justo a la puerta tu casa.

Este desplazamiento de los límites ya se está produciendo. Un ejemplo es la empresa de comercio electrónico alemana, Otto.[1] Una de las principales barreras para que el consumidor compre en internet en el lugar de en una tienda son los tiempos de entrega indefinidos. Si los consumidores han tenido una mala experiencia con las entregas, es improbable que vuelvan a visitar un sitio web. Otto descubrió que, cuando las entregas se demoraban —o sea, cuando tardaban más de unos pocos días—, el índice de devoluciones se disparaba. En ese intervalo, los consumidores inevitablemente localizaban el producto en una tienda y lo compraban allí. Incluso cuando Otto tenía ventas, las devoluciones se añadían a sus costes.

¿Cómo se puede reducir el tiempo de entrega de los productos a los consumidores? Anticipándose a lo que es probable que soliciten y tenerlo en stock en un centro de distribución cercano. Pero tal gestión de inventarios es costosa en sí misma. En lugar de eso, lo más adecuado es mantener únicamente el inventario que es probable que vayan a necesitar. O sea, desean una mejor predicción de la demanda de los consumidores. Otto, con una base de datos compuesta por 3 mil millones de transacciones anteriores y cientos de otras variables —incluidos los términos de búsqueda y datos demográficos—, fue capaz de crear una máquina predictiva que manejaba el pronóstico. Esta máquina puede ahora predecir con un 90% de precisión qué productos venderá en el plazo de un mes. Basándose en estos pronósticos, la empresa alemana remodeló su logística. Su inventario bajó en un 20%, y las devoluciones anuales descendieron en 2 millones de artículos. La predicción mejoró la logística, lo que a su vez redujo costes e incrementó la satisfacción del cliente.

Una vez más, podemos ver los tres ingredientes de importancia estratégica. Otto tenía un dilema —cómo mejorar los tiempos de entrega sin costosos mantenimientos de inventario—, la incertidumbre alimentaba tal dilema —en este caso, la demanda general de los clientes en una ubicación— y, resolviendo tal incertidumbre —a saber, pronosticando mejor la demanda local—, la empresa pudo establecer un nuevo método de organizar la logística, que requería nuevas ubicaciones de almacenes, envíos locales y garantías de entrega al cliente. Y no podría haber conseguido todo esto sin usar la máquina predictiva para resolver la incertidumbre principal.

¿Dulce hogar, Alabama?

Para que una máquina predictiva cambie la estrategia de una organización, alguien tiene que crear una que sea útil para ese caso concreto, y ello depende de varios factores que escapan al control de la organización.

Echemos un vistazo a los factores que pueden hacer que la tecnología predictiva esté disponible para tu negocio. Para hacerlo, vamos a viajar a los campos de maíz de Iowa en los años treinta del siglo pasado. Allí, unos cuantos granjeros pioneros introdujeron una nueva clase de maíz, que habían creado mediante la hibridación de cultivos extensiva durante casi dos décadas. Este maíz híbrido era más específico que el maíz comercial ordinario, y requería maridar dos líneas endogámicas de maíz para mejorar sus propiedades, tales como la resistencia a la sequía y obtener así cosechas específicas en su entorno. Este maíz hibrido suponía un cambio crucial, ya que no solo prometía una productividad mucho más elevada, sino que también hacía que el granjero pasara a depender de los proveedores de semillas especiales.

Tal y como muestra el gráfico 15-1, parecía que los granjeros de Alabama no se habían modernizado en comparación con los de Iowa.

GRÁFICO 15-1

El lienzo de IA en el caso de Atomwise

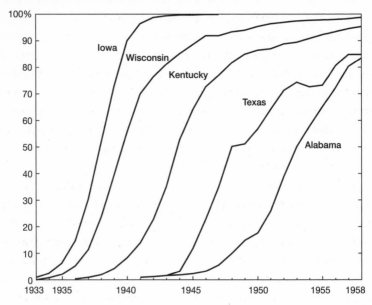

Fuente: Zvi Grilliches, «Hybrid Corn and the Economics of Innovation», Science 132, n° 3.422 (julio de 1960): 275-280 (reimpreso con el permiso de AAAs).

Pero, cuando el economista de Harvard Zvi Grilliches observó detalladamente las cifras descubrió que el desfase de veinte años entre la adopción de ese cereal en Alabama y Iowa no se debía a que los granjeros de Alabama hubieran actuado tarde, sino a que el retorno sobre la inversión del maíz híbrido no justificaba que las granjas de Alabama lo adoptaran en la década de los treinta.[2] Las granjas de Alabama eran más pequeñas y tenían pocos márgenes de beneficios comparadas con las granjas de los estados del norte y el oeste. Por contra, los granjeros de Iowa podían aplicar una semilla exitosa en todas sus granjas más grandes y obtener mayores beneficios que justificaran los más elevados costes por las semillas. Una experimentación mayor destinada a las granjas grandes con variedades híbridas nuevas era más sencilla, porque los granjeros solo tenían que apartar una pequeña porción de su propiedad hasta que las nuevas variedades se revelaran efectivas.[3] Los riesgos de los granjeros de Iowa eran menores y tenían márgenes más amplios que actuaban como solución amortiguadora. Una vez que suficientes granjeros de un área sembraron las nuevas semillas, los mercados de semillas crecieron, gracias al mayor número de vendedores y compradores, y el coste de la venta de las semillas descendió, de forma que los riesgos de cosecharlas se vieron reducidos todavía más. Finalmente, los granjeros del maíz de todos los Estados Unidos —y de todo el mundo— acabaron cosechando las semillas híbridas a medida que los costes se reducían y los riesgos percibidos disminuían.

En el mundo de la IA, Google es Iowa. Esta entidad tiene en marcha más de mil proyectos de desarrollo de herramientas de IA en todas las categorías de sus negocios, desde la búsqueda a la publicidad y desde los mapas a la traducción.[4] Otros gigantes tecnológicos de todo el mundo se han unido a Google. La razón es bastante obvia: Google, Facebook, Baidu, Alibaba y Salesforce, entre otros, ya están inmersos en el negocio de las herramientas. Ya han definido claramente las tareas que se extienden por todas sus empresas, y la IA puede en ocasiones mejorar sustancialmente un elemento predictivo en cada una de ellas.

Estas enormes corporaciones obtienen grandes márgenes de beneficio, por lo que pueden permitirse experimentar. Pueden coger una parte del «terreno» y dedicarlo a muchas nuevas variedades de IA; pueden cosechar grandes recompensas por experimentos exitosos, aplicándolos a una amplia gama de productos y operando a gran escala.

Para muchos otros negocios, el camino que conduce a la IA se antoja menos expedito. A diferencia de Google, muchos no han dedicado dos décadas de inversiones en la digitalización de todos los aspectos de su flujo de trabajo ni tienen una clara noción de lo que desean predecir. Pero cuando una empresa ha establecido estrategias bien definidas, ya puede desarrollar esos ingredientes y abonar el terreno para conseguir una IA efectiva.

Cuando las condiciones fueron las idóneas, todos los granjeros de maíz de Wisconsin, Kentucky, Texas y Alabama acabaron siguiendo el ejemplo de sus compatriotas y colegas de Iowa y cosecharon el maíz híbrido. Los beneficios de la demanda fueron lo bastante elevados, y los costes del suministro se redujeron. Del mismo modo, los costes y los riesgos asociados a una IA también acabarán descendiendo con el tiempo, por lo que muchos negocios que no se hallan en la vanguardia del desarrollo de herramientas digitales la adoptarán. Y, al hacerlo, la demanda los impulsará, dándoles la oportunidad de resolver dilemas fundamentales de sus modelos de negocio y reduciendo la incertidumbre.

Complementando a los jugadores de béisbol

La estrategia de Billy Beane en el film *Moneyball* —usar la predicción estadística para superar los prejuicios de los ojeadores de béisbol humanos y mejorar sus pronósticos— fue un ejemplo de cómo usar la predicción para reducir la incertidumbre y mejorar el rendimiento del equipo de los Oakland Athletics. Y ello también supuso un cambio estratégico que requirió alterar la jerarquía implícita y explícita de la organización.

La mejora en la predicción cambió el perfil de los jugadores a los que se contrataba, pero la operación del equipo de béisbol en sí misma no fue modificada. Los jugadores seleccionados por la máquina predictiva jugaban de una forma similar a la de los jugadores a quienes remplazaban, con la única diferencia, tal vez, de que daban a un bateador unas cuantas bases por bolas más. Y los ojeadores continuaron teniendo un papel en la selección de jugadores.[5]

El cambio más fundamental se produjo en aquellas personas que se contrataban para que ocuparan cargos fuera del terreno de juego y en la reestructuración resultante del organigrama. Lo más importante es que el equipo contrataba a personas que podían decir a las máquinas qué debían predecir y usar después esas predicciones para determinar a qué jugadores iban a fichar —el más destacado fue Paul de Podesta, así como otros cuyas contribuciones se reflejaron en el personaje de Peter Brand interpretado por Jonah Hill en la película—. El equipo también creó un nuevo puesto denominado «analista sabermétrico». Un analista sabermétrico desarrolla medidas para las recompensas que el equipo recibiría si fichara a distintos jugadores. Estos analistas son los ingenieros de función de recompensas del béisbol. Ahora, la mayoría de los equipos tienen al menos un analista de este tipo, y esta función ha aparecido también, con diferentes nombres, en otros deportes.

Esta mejor predicción creó un nuevo puesto de elevado rango en el organigrama. Los científicos de investigación, los científicos responsables de los datos y los vicepresidentes del departamento de analítica están listados como los cargos clave en los directorios en línea de la oficina principal. Los Houston Astros disponen incluso de una unidad de ciencias individual dirigida por un exingeniero de la NASA, Sig Mejdal. El cambio estratégico también significa cambiar a la persona que se encarga de escoger a los jugadores del equipo. Estos expertos analíticos tienen habilidades matemáticas, pero los mejores de entre ellos comprenden perfectamente qué hay que decirle a la máquina predictiva que haga. Aportan juicio.

Volviendo a la economía simple que subyace bajo todos los argumentos de este libro, la predicción y el juicio son complementarios; a medida que aumenta el uso de la predicción, aumenta el valor del juicio. Los equipos están incorporando cada vez más a nuevos asesores superiores; quienes, en ocasiones, es posible que no tengan experiencia de primera mano en ese juego y —fieles al estereotipo— podrían no encajar en el complicado mundo del deporte profesional. No obstante, hasta los novatos reclutados en este ámbito, requieren una profunda comprensión del juego, ya que usar las máquinas predictivas en la gestión deportiva implica un aumento del valor de la gente que tiene el juicio para determinar las recompensas y, por tanto, el juicio para usar esas predicciones en las decisiones.

La elección estratégica requiere un nuevo juicio

El cambio en la organización de la gestión de un equipo de béisbol pone de relieve otro concepto clave para los directivos de alto nivel a la hora de implementar las elecciones estratégicas respecto a la IA. Antes de la sabermetría, el juicio de los ojeadores del béisbol se limitaba a los pros y los contras de los jugadores individuales. Pero el hecho de usar las medidas cuantitativas hizo posible predecir cómo los «grupos» de jugadores se iban a desenvolver juntos. El juicio pasó de pensar en la recompensa de un jugador concreto a pensar en la recompensa de un equipo concreto. Las mejores predicciones permiten ahora al director tomar decisiones que están más cerca de los objetivos de la organización: determinar al mejor equipo en lugar de a los mejores jugadores individuales.

Para sacar el máximo provecho de las máquinas predictivas, es necesario que nos replanteemos las funciones de recompensa en toda nuestra organización, a fin de adaptarnos mejor a nuestras verdaderas metas. Pero esta tarea no es sencilla. Más allá de reclutar, la comercialización del equipo necesita cambiar el rendimiento individual, tal vez incluso restarle importancia. Del mismo modo, los entrenadores deben entender las razones para la contratación de jugadores y las implicaciones de la composición del equipo en cada partido. Finalmente, también los jugadores deben comprender cómo sus funciones y roles pueden cambiar dependiendo de si sus oponentes han adoptado nuevas herramientas de predicción.

Las ventajas que quizá ya tengamos

La estrategia también supone capturar valor; es decir: ¿quién capturará el valor que cree una mejora de las predicciones?

Los ejecutivos de negocios suelen comentarnos que, como las máquinas predictivas precisan datos, los datos son en sí mismos un activo estratégico. Dicho de otro modo: si has recabado datos de, pongamos por caso, ventas de yogures durante muchos años, entonces para predecir las ventas de tal alimento usando una máquina predictiva, alguien necesitará esos datos. De ahí que estos sean valiosos para su propietario. Es como tener un depósito de petróleo.

Ese supuesto oculta un importante concepto: al igual que el petróleo, los datos tienen distintos grados. Hemos destacado tres tipos de datos: entrenamiento, entrada y retroalimentación. Los datos de entrenamiento se usan para construir una máquina predictiva. Los datos de entrada se usan para alimentarla y que produzca predicciones. Y los datos de retroalimentación se usan para mejorarla. Solo los dos últimos tipos se necesitan para un uso futuro. Los datos de entrenamiento se usan al principio para formar un algoritmo, pero cuando la máquina predictiva ya está funcionando, estos datos dejan de resultar útiles. Es como si los hubiera quemado. Los anteriores datos sobre ventas de yogures tienen poco valor una vez ha construida una máquina predictiva basada en ellos.[6] En otras palabras, la máquina puede ser valiosa hoy, pero es improbable que sea una fuente de valor sostenible. Para hacerlo, es necesario generar nuevos datos —de entrada o de retroalimentación— o bien es necesario tener otra ventaja. Exploraremos las ventajas de generar nuevos datos en el próximo capítulo, pues en este nos centraremos en las otras ventajas.

Dan Bricklin, el inventor de la hoja de cálculo, creó un valor enorme, pero no es una persona rica. ¿Dónde fue a parar el valor de la hoja de cálculo? En los ránquines de riqueza, los imitadores como el fundador del Lotus 123, Mitch Kapor, o el de Microsoft, Bill Gates, desde luego superaron en mucho a Bricklin, e incluso se apropiaron de una pequeña fracción del valor de la hoja de cálculo. En lugar de eso, el valor repercutió en los usuarios, en los negocios que aplicaban las hojas de cálculo para tomar muchas decisiones mejores. No importaba lo que Lotus o Microsoft hicieran, sus usuarios eran poseedores de las decisiones que las hojas de cálculo estaban mejorando.

Y como operan al nivel de las decisiones, lo mismo es cierto para las máquinas predictivas. Imaginemos aplicaciones de la IA que asistieran en la gestión de inventarios de una cadena de supermercados. Saber cuándo se va a vender un yogur ayudaría a saber cuándo se debe mantenerlo en almacén y minimizaría la cantidad de unidades no vendidas que deben desecharse. Un innovador de IA que ofrece máquinas predictivas para la demanda de yogures podría hacerlo bien, pero tendría que tratar con una cadena de supermercados para crear algún valor. Solo la cadena de supermercados puede emprender la acción de almacenar yogur o no hacerlo. Y, sin esa acción, la máquina predictiva para demanda de yogures no tiene ningún valor.

Muchos negocios continuarán siendo poseedores de sus acciones con o sin IA; tendrán una ventaja cuando capturen parte del valor que se crea al adoptar una IA. Pero tal ventaja no significa que las empresas que posean las acciones capturen todo el valor.

Antes de vender sus hojas de cálculo, Bricklin y su socio, Bob Frankston, se preguntaron si debían conservarlas. Podían vender sus habilidades de modelación y, como resultado, capturar el valor creado por sus conocimientos. Ambos socios abandonaron su plan —seguramente por un buen motivo—, pero en el campo de la IA esta estrategia puede funcionar. Los proveedores de IA podrían intentar trastocar a quienes sigan funcionando con las herramientas clásicas.

Los vehículos autónomos son un ejemplo de ello, hasta cierto punto. Mientras que algunos fabricantes de coches tradicionales están invirtiendo vehementemente en sus propias capacidades, otros esperan asociarse con aquellos que están fuera de su industria (como Alphabet de Waymo), en lugar de desarrollar esas capacidades en su empresa. En otros casos, las grandes empresas tecnológicas están iniciando proyectos con fabricantes de coches tradicionales. Por ejemplo, Baidu, operador del mayor motor de búsqueda de China, lidera una ambiciosa y diversificada iniciativa de conducción abierta y autónoma, el Proyecto Apolo, con varias decenas de socios, que incluyen a Daimler y Ford. Además, Tencent Holdings, propietario de WeChat, que posee casi mil millones de cuentas de usuarios activas mensuales, lidera una alianza de la automoción que incluye a empresas tan consolidadas y prominentes como Bejing Automotive

Group. Chen Juhong, vicepresidente de Tencent, remarcó: «Tencent pretende hacer un ímprobo esfuerzo para reforzar el desarrollo de las tecnologías IA usadas en la conducción autónoma... Queremos ser «un conector» para ayudar a acelerar la cooperación, la innovación y la convergencia industrial...».[7]

Reflexionando sobre las presiones competitivas que impulsan la colaboración, el presidente de Bejing Automotive, Xu Heyi, comentó: «En esta nueva era, solo aquellos que conecten con otras empresas para construir la próxima generación de vehículos sobrevivirán, mientras que los que se encierren en una sala para fabricar coches perecerán».[8] Operadores relativamente nuevos —como Tesla— están compitiendo con empresas consolidadas usando directamente la IA en coches nuevos que integran estrechamente el software y el hardware. Empresas como Uber están usando la IA para desarrollar un grado de autonomía tal que les lleve a quitar a los conductores el poder de decisión en la conducción.

La simple economía de la estrategia IA

Los cambios que hemos destacado dependen de dos aspectos diferentes del impacto de la IA en el corazón de nuestro escenario económico.

En primer lugar, igual que sucede en el modelo envío-compra de Amazon, las máquinas predictivas reducen la incertidumbre. A medida que la IA avance, usaremos las máquinas predictivas para reducir la incertidumbre en más ámbitos. Por ende, los dilemas estratégicos generados por la incertidumbre evolucionarán con la IA. A medida que el coste de la IA baje, las máquinas predictivas resolverán una mayor variedad de dilemas estratégicos.

En segundo lugar, la IA aumentará el valor de los complementos de predicción. Un juicio de un analista de béisbol, las acciones de un minorista de comestibles, y (como expondremos en el capítulo 17) los datos de las máquinas predictivas se volverán tan importantes que quizá necesites cambiar de estrategia para sacar partido a lo que ofreces.

PUNTOS CLAVE

- El liderazgo de los directivos de alto nivel no debe delegar completamente la estrategia IA a su departamento de informática, porque las poderosas herramientas de IA podrían ir más allá, mejorando la productividad de las tareas realizadas al servicio de una ejecución contraria a la estrategia de la organización, lo que conllevaría un cambio en la propia estrategia. La IA puede comportar un cambio estratégico si se presentan tres factores: (1) existe un intercambio básico en el modelo de negocio —por ejemplo, compra-envío frente a envío-compra—; (2) el intercambio está influenciado por la incertidumbre —por ejemplo, las mayores ventas procedentes del modelo envío-compra se ven contrarrestadas por los elevados costes de los artículos devueltos debido a la incertidumbre en torno a lo que los clientes van a comprar—; y (3) una herramienta IA que reduce la incertidumbre inclina la balanza del intercambio a su favor, por lo que la estrategia óptima cambia de un lado del comercio al otro —por ejemplo, una IA que reduce la incertidumbre, al predecir lo que un cliente comprará, inclina la balanza de forma tal que los beneficios obtenidos con el modelo envío-compra superan a los del modelo tradicional—.

- Otra razón por la que se requiere un liderazgo de los directivos de alto nivel en la estrategia de IA es que la implementación de las herramientas de IA en una parte del negocio también puede afectar a otras partes del mismo. En el experimento de reflexión de Amazon, el efecto secundario de hacer la transición hacia un modelo envío-compra era la integración vertical en el sector de la recogida de artículos devueltos, tal vez con una flota de camiones que hiciera recogidas semanales por todo el barrio. En otras palabras, las poderosas herramientas de IA pueden conllevar un sig-

nificativo rediseño de los flujos de trabajo y de los límites de
la empresa.

• Las máquinas predictivas aumentarán el valor de los complementos, lo que incluye el juicio, las acciones y los datos.
El valor aumentado del juicio podría conllevar cambios en
la jerarquía organizacional; el hecho de colocar a distintas
personas o distintos roles en posiciones de poder podría
reportar mayores beneficios. Además, las máquinas predictivas permiten a los directores ir más allá de la optimización de los componentes individuales y optimizar metas
de mayor nivel, haciendo así que la toma de decisiones se
acerque más a los objetivos de la organización. Poseer las
acciones afectadas por la predicción puede ser una fuente de
ventaja competitiva que permita a los negocios tradicionales
capturar parte del valor de la IA. Sin embargo, en algunos
casos en los que las poderosas herramientas de IA proporcionan una significativa ventaja competitiva, los nuevos
operadores podrían integrar verticalmente la propiedad de
la acción, impulsando así sus IA como punto de partida
para ser más competitivos.

16

Cuando la IA transforma tu negocio

Joshua, uno de los autores de este libro, preguntó recientemente a una empresa principiante en el aprendizaje de máquinas por qué estaba suministrando diagnósticos a los doctores. El proyecto consistía en construir una herramienta de IA que pudiera decirle a un médico si una afección concreta estaba presente o no. Un simple resultado binario. Un diagnóstico. El problema era ser capaz de hacerlo. La empresa debía obtener la aprobación regulatoria, lo que requería costosos ensayos. Para gestionar tales ensayos, la empresa estaba sopesando la posibilidad de asociarse con una empresa farmacéutica o de aparatos médicos consolidada.

La pregunta de Joshua era más estratégica que médica: ¿por qué el proyecto tenía que suministrar un diagnóstico? En lugar de ello, ¿no podía simplemente suministrar una predicción? Esto es, la herramienta podía analizar los datos y después decirle al doctor que «existía un 80% de posibilidades de que el paciente tuviera la afección». El doctor podía entonces explorar de forma precisa qué factores llevaban a esa conclusión y hacer un último diagnóstico; a saber, un resultado binario: «presente o no presente». La empresa podía permitir que el cliente —en este caso, el médico— fuera un paso más allá.

Joshua sugirió que la empresa se centrara en la predicción en lugar de hacerlo en el diagnóstico. Los límites de su negocio acabarían con una predicción. Esto obviaba la necesidad de aprobación regulatoria, porque los médicos disponen de muchas herramientas para llegar a una conclusión diagnóstica. La empresa no necesitaba asociarse tempranamente con empresas establecidas. Y lo más importante, esta ya no debía investigar y dilucidar con precisión cómo traducir la predicción en un diagnóstico. Todo lo que tenía que deducir era la precisión del umbral requerida para suministrar una predicción valiosa. ¿Era de un 70%, un 80% o un 99%?

¿Dónde empieza tu negocio y dónde empieza el de otra persona? ¿Dónde están exactamente los límites de tu empresa? A largo plazo, esta decisión requiere una cuidadosa atención en el nivel más alto de la organización. Es más, las innovaciones de propósito general suelen desembocar en nuevas respuestas relativas a la cuestión de los límites del negocio. Ciertas herramientas de IA pueden transformar los límites de un negocio. Las máquinas predictivas van a cambiar la forma de pensar de las empresas, desde sus bienes de capital a sus datos y su personal.

Qué se debe mantener y qué se debe descartar

La incertidumbre tiene un impacto sobre los límites de un negocio.[1] Los economistas Silke Forbes y Mara Ledermann examinaron la organización de la industria aeronáutica estadounidense en el cambio de milenio.[2] Las aerolíneas importantes, como United Airlines y American Airlines, gestionaban algunas rutas, mientras que los socios regionales, como American Eagle y SkyWest, se encargaban de las demás. Estos socios eran empresas independientes que tenían acuerdos contractuales con las aerolíneas principales. A falta de otras consideraciones, las aerolíneas regionales solían operar con un coste menor que las principales, ahorrando dinero en salarios y rigiéndose por normas laborales menos beneficiosas. Por ejemplo, algunos estudios mostraron que los pilotos experimentados de las aerolíneas principales recibían una paga superior en un 80% que la de sus socios regionales.

El enigma reside en por qué las aerolíneas principales gestionan tantas rutas en lugar de las regionales, habida cuenta de que los socios pueden prestar el servicio a un coste inferior. Forbes y Ledermann identificaron un factor determinante: la climatología. O más específicamente: la «incertidumbre» sobre la climatología. Cuando un evento meteorológico sale de lo ordinario, demora los vuelos; lo cual, en la estrechamente interconectada industria aeronáutica, gestora de capacidades, podría tener un efecto dominó en todo el sistema. Cuando el tiempo se vuelve en contra, las aerolíneas principales no desean quedar paralizadas mientras los socios revisan sus contratos y hacen cambios rápidos con costes inciertos. Así pues, en las rutas en las que es probable que haya demoras por el tiempo, las aerolíneas principales mantienen el control y la operación.

Los tres ingredientes que hemos resaltado en el capítulo anterior sugieren que la IA podría conllevar un cambio estratégico. Primero, costes menores frente a más control es una compensación básica. Segundo, tal compensación es mediada por la incertidumbre; específicamente, los beneficios del aumento del control con el nivel de incertidumbre. Las principales compañías aéreas equilibran el bajo coste con un mayor control, optimizando los límites de dónde acaban sus propias actividades y dónde empiezan las de sus socios. Si una máquina predictiva pudiera suprimir esta incertidumbre, el tercer ingrediente estaría presente y el equilibrio se modificaría. Las aerolíneas contratarían más actividades para sus socios.

Las empresas que se embarcan en la innovación continua, especialmente en la innovación que supone aprender de la experiencia, crean un patrón similar. Los nuevos modelos de automóviles salen al mercado aproximadamente cada cinco años y, como su fabricación implica elaborar especificaciones detalladas de las piezas y del trabajo de diseño, los fabricantes necesitan saber de dónde vienen las piezas antes de que salgan al mercado. ¿Están fabricando las piezas ellos mismos o las externalizan? A lo largo de todo el proceso de desarrollo, un fabricante de automóviles puede saber algunas cosas sobre qué rendimiento va a tener un nuevo modelo. Ciertas informaciones solo pueden recabarse tras su lanzamiento, como la información del cliente y otras medidas de rendimiento a largo plazo. Esta es una razón clave para entender por qué los modelos presentan actualizaciones anuales que no implican cambios importantes en el diseño del vehículo, sino que ofrecen mejoras en los componentes para resolver problemas y mejorar el producto.

Los economistas Sharon Novak y Scott Stern descubrieron que los fabricantes de automóviles de lujo que confeccionaban sus propias piezas mejoraban más rápido entre el año del modelo y el siguiente;[3] los fabricantes calibraban las mejoras en el lado del cliente, usando categorías extraídas de la revista estadounidense *Consumer Reports*. Tener el control significa que los fabricantes podían adaptarse más fácilmente a la opinión del cliente. Por el contrario, aquellos que externalizaban las piezas no mostraban la misma mejora. Sin embargo, estos últimos obtuvieron un beneficio distinto; sus modelos iniciales eran de mayor calidad que los primeros modelos de los fabricantes que hacían sus propias piezas. Los modelos más recientes y modernos de los fabricantes que externalizaban las piezas eran mejores desde el principio, ya que los proveedores hacían piezas mejores. De ahí que, los fabricantes se enfrentaran a la elección de externalizar o fabricar las piezas ellos mismos para obtener mejoras con el tiempo, ya que controlaban la innovación dentro del ciclo de vida de sus productos. Una vez más, una máquina predictiva que reduce la incertidumbre en torno a las necesidades del cliente pudo cambiar la estrategia.

En cada caso, la compensación entre el rendimiento a corto y largo plazo y los eventos rutinarios frente a eventos no rutinarios se resuelve con una elección organizacional clave: ¿cuánta confianza depositamos en los proveedores externos? Pero la relevancia de esta elección está estrechamente relacionada con la incertidumbre. ¿Hasta qué punto son importantes los eventos meteorológicos que las aerolíneas no pueden prever de antemano? ¿Cómo se adaptará el vehículo a lo que los clientes realmente desean?

Impacto de la IA: el capital

Asumamos que una IA que puede reducir esta incertidumbre está disponible, así que el tercer ingrediente está presente. La predicción es tan barata que minimiza la incertidumbre lo suficiente como para cambiar la naturaleza del dilema estratégico. ¿Cómo afectará tal situación a lo que hacen las aerolíneas y los fabricantes de automóviles? La IA permitiría que las máquinas operasen en entornos más complejos, pues expande el número de «síes» fiables, por lo que reduce la necesidad empresarial de poseer sus propios bienes de equipo por dos razones.

En primer lugar, más «síes» significa que un negocio puede redactar contratos para que especifiquen qué hacer si sucede algo inusual. Supongamos que una IA permite que las aerolíneas no solo pronostiquen los eventos meteorológicos, sino que además generan predicciones sobre la mejor manera de gestionar las interrupciones provocadas por estos fenómenos. Esto aumentaría los beneficios de las compañías aéreas principales por ser más específicos en sus contratos sobre la gestión de estas contingencias. Podrían especificar un mayor número de «síes» en sus contratos; por lo que, en lugar de controlar las rutas aéreas a través de la propiedad, las compañías aéreas principales tendrían el poder predictivo para redactar contratos de forma más segura con aerolíneas regionales independientes, permitiéndoles sacar partido de los costes más reducidos de este tipo de empresas. Requerirían menos bienes de capital —tales como aeronaves—porque podrían externalizar más vuelos a las pequeñas aerolíneas regionales.

En segundo lugar, la predicción de la IA —siguiendo todo el proceso hasta predecir la satisfacción del cliente— permitiría a los fabricantes de coches diseñar de antemano sus productos con más seguridad y confianza, por lo que el consumidor tendría mayor satisfacción y habría un mejor rendimiento sin la consiguiente necesidad de ajustes extensos de modelos medios. En consecuencia, los fabricantes de coches serían capaces de seleccionar para sus modelos las mejores piezas del mundo de proveedores independientes, confiados en que una predicción anticipada superior elimina la necesidad de costosas renegociaciones contractuales. Los fabricantes de automóviles tendrían así menos necesidad de poseer sus propias fábricas suministradoras de piezas. Desde una perspectiva más general, la predicción nos proporciona muchos más «síes» que podemos usar para especificar claramente los «entonces».

Esta valoración contempla la complejidad de las redes de aerolíneas y productos de automoción como algo fijo. Podría suceder perfectamente que una predicción anticipada suministrara a las aerolíneas y los fabricantes de coches la confianza suficiente para permitir más acuerdos y productos complejos. No está claro cuál será el impacto en la externalización, dado que una mejor predicción impulsa un mayor grado de externalización, mientras que una mayor complejidad tiende a reducirla. Es difícil de saber en esta fase cuál de estos factores predominará. Lo que sí podemos decir es que, aunque los procesos complejos recientemente viables se puedan hacer internamente, muchos procesos más simples, que previamente eran realizados por las empresas, se van a externalizar en un futuro próximo.

Impacto de la IA: la mano de obra

Los bancos lanzaron el cajero automático, desarrollado durante la década de los setenta, que fue extendiéndose progresivamente durante la década de los ochenta. Esta tecnología, potencialmente ahorradora de tiempo y trabajo, se diseñó —como su propio nombre indica— para automatizar el trabajo de los cajeros.

Según la Oficina de Estadística Laboral de EE. UU., no se estaba despidiendo de su trabajo a los cajeros (ver el gráfico 16-1), sino que

GRÁFICO 16-1

Evolución de los cajeros humanos y de los cajeros automáticos con el paso tiempo

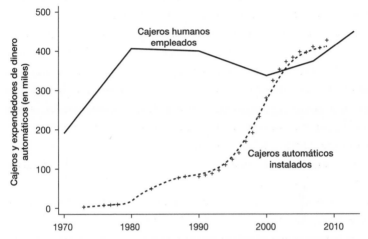

Fuente: James E. Bessen, «How Computer Automation Affects Occupations: Technology, Jobs, and Skills», Escuela de Derecho de la Universidad de Boston. Informe de investigación sobre derecho y economía, núm. 15-49 (3 de octubre de 2016); cort.as/-I5-K.

se les quitaba las tareas propias de un cajero. Aquellos empleados acabaron convirtiéndose en agentes de comercialización y servicio al cliente para productos bancarios, más allá de la recogida y la dispensa de dinero en efectivo. Ahora, las máquinas se ocupaban de tales tareas de forma más segura que las personas. Una razón por la que los bancos no tenían intención de abrir más sucursales era precisamente por aspectos de seguridad y por el coste humano de dedicar tiempo a hacer algo tan transaccional como despachar billetes. Liberadas de esta carga, las sucursales bancarias empezaron a proliferar (43% más en áreas urbanas) adoptando más formas y tamaños, y junto con ellas, un personal que era anacrónicamente denominado «cajeros».

La introducción de los cajeros automáticos produjo una significativa transformación organizacional: era necesario que los nuevos cajeros tuvieran más juicio subjetivo. Las tareas originales de los cajeros humanos eran, por definición, rutinarias y fueron fácilmente mecanizadas. Pero las nuevas tareas —a saber, hablar con los clientes sobre sus necesidades bancarias, aconsejarles sobre préstamos y decidir sobre opciones de tarjetas de crédito— eran más complicadas. Durante el proceso, evaluar si los nuevos cajeros estaban haciendo un buen trabajo se volvió un asunto más complejo.[4]

Cuando las medidas de rendimiento pasan de ser objetivas —¿está haciendo que las colas del banco sean cortas?— a subjetivas —¿está vendiendo los productos correctos?—, la gestión de los recursos humanos se convierte en un asunto más arduo. Los economistas nos dirían que las responsabilidades laborales deben volverse menos explícitas y más relacionales. Evaluaríamos y premiaríamos a nuestros empleados basándonos en los procesos subjetivos, tales como las revisiones de rendimiento que tengan en cuenta la complejidad de las tareas, así como los puntos fuertes y débiles de los empleados. Tales procesos son difíciles de implementar, porque basarse en ellos para crear incentivos por buen rendimiento requiere mucha confianza. Después de todo, una empresa puede decidir negar una bonificación, un aumento de salario o un ascenso más fácilmente si se basa en un análisis subjetivo que cuando las medidas de rendimiento son objetivas. Sin embargo, cuando las medidas de rendimiento son objetivas en entornos complejos, es posible cometer errores graves, tal como nos demostró fehacientemente la experiencia de Well Fargo con el fraude de los gestores contables.[5]

La implicación directa de esta línea de lógica económica es que la IA cambiará la gestión de los recursos humanos hacia lo relacional y se apartará de lo transaccional. La razón es doble. En primer lugar, el juicio humano, allá donde sea valioso, se utiliza porque es difícil programar tal juicio en una máquina. Las recompensas son inestables o desconocidas, o bien requieren la experiencia humana para implementarlas, En segundo lugar, en la medida en que el juicio humano se vuelva más importante cuando las predicciones artificiales proliferen, tal juicio implica necesariamente medios subjetivos de evaluación del rendimiento. Si los medios objetivos están disponibles, es probable que una máquina pueda hacer tal juicio sin necesidad de ninguna gestión de recursos humanos. Por tanto, las personas son primordiales en las tomas de decisiones en que las metas son subjetivas. Según lo expuesto, es probable que la gestión de tales personas tenga un carácter más relacional.

Por consiguiente, la IA tendrá un impacto en la mano de obra distinto al impacto en el capital. La importancia del juicio significa que los contratos de empleados deberán ser más subjetivos.

Las fuerzas que afectan a los bienes de capital también afectan a los trabajadores. Si los productos clave de la mano de obra son los datos, las predicciones o las acciones, usar una IA significa contratar a más mano de obra externa, así como a más equipo y suministros externalizados. En cuanto al capital, las mejores predicciones suministran más «síes», que podemos usar para especificar más claramente los «entonces» en un contrato de externalización.

A pesar de todo, el efecto más importante en la mano de obra será la creciente importancia del juicio humano. La predicción y el juicio son complementarios, así que una menor predicción aumenta la demanda de juicio, lo cual significa que el papel principal de sus empleados será poner en práctica el juicio en la toma de decisiones. Esto, por definición, no puede ser bien especificado en un contrato. En este caso, la máquina predictiva incrementa la incertidumbre en el dilema estratégico, porque evaluar la calidad del juicio es complicado, así que contratar externamente es arriesgado. Contra lo que parece indicar la intuición, una mejor predicción aumenta la incertidumbre que podamos tener sobre la calidad del trabajo humano realizado: normalmente, es necesario mantener a los ingenieros de función de recompensas, así como a otros empleados centrados en el juicio en su empresa.

Impacto de la IA: los datos

Otro aspecto importante de la estrategia es la propiedad y el control de los datos. Del mismo modo que las consecuencias para los trabajadores se relacionan con la complementariedad entre la predicción y el juicio, la relación entre la predicción y los datos también estimula esas compensaciones. Los datos mejoran las predicciones. Aquí, consideramos las compensaciones asociadas a los límites organizacionales. ¿Deberías utilizar los datos de otros o solo tus propios datos? (en el próximo capítulo exploraremos algunos temas relativos a la importancia estratégica de la recogida de datos).

En cuanto las empresas de IA emergentes, poseer datos que les permitan aprender es primordial. En caso contrario, esas empresas no mejoraran sus productos a la larga. La empresa de IA emergente Ada Support ayuda a otras empresas a que interactúen con sus clientes. Ada tuvo la oportunidad de integrar su producto en el sistema de un proveedor de servicios de chat con sólida reputación. Si funcionaba, iba a ser mucho más sencillo obtener un buen punto de apoyo y establecer una base de usuarios extensa. Era un camino tentador.

El problema, no obstante, era que las empresas establecidas poseían los datos de retroalimentación sobre las interacciones. Sin esos datos, Ada no sería capaz de mejorar su producto, basándose en lo que realmente pasó en la práctica. Ada fue alentada a reconsiderar este enfoque, pero no lo integró hasta que pudo garantizar que los datos resultantes eran suyos. Al hacerlo, Ada generó un sinfín de datos presentes y futuros, y pudo sacar provecho del aprendizaje continuo.

Pero el dilema de poseer o suministrar datos no se limita en ningún caso a las empresas emergentes. Consideremos los datos diseñados para ayudar a los publicistas a dirigirse a potenciales clientes. John Wanamaker, quien, entre otros, creó la moderna estructura de la publicidad en los medios, dijo en cierta ocasión: «La mitad del dinero que gasto en publicidad se está desperdiciando; el problema es que no sé qué mitad».

Esta sentencia encierra la cuestión fundamental del mundo publicitario. Si pones un anuncio en una página web, todo el mundo que visita esa página verá el anuncio, y pagarás por cada impresión. Si solo una fracción de esas personas son clientes potenciales, tu predisposición a pagar por cada impresión será relativamente baja. Ese es tu problema como anunciante y el de la página web que intenta sacar dinero de los anuncios.

Una solución es centrarse en diseñar páginas web que atraigan a la gente con intereses específicos —deportes, finanzas, etc.—, los cuales tienen una mayor proporción de clientes potenciales para ciertos tipos de anunciantes. Antes del surgimiento de internet, este era un rasgo esencial de la publicidad; lo que conducía a una proliferación de revistas, canales de televisión por cable y secciones de periódicos dedicadas a la automoción, la moda, las inmobiliarias y la inversión. No obstante, no todos los medios de difusión pueden confeccionar su contenido de esta manera.

En lugar de ello, gracias a las innovaciones en los navegadores web, sobre todo las *cookies*, los anunciantes pueden rastrear a los usuarios a lo largo del tiempo y por los sitios web, adquiriendo la capacidad de seleccionar mejor el objetivo de su publicidad. Las *cookies* registran información sobre los visitantes de las páginas web y, lo que aún es más importante, información sobre el tipo de sitios, incluidos los de compras, que estos frecuentan. A causa de esta tecnología de rastreo, cuando visitamos un sitio web para comprar unos nuevos calzoncillos, es posible que encontremos una desproporcionada cuota de anuncios subsiguientes, con sitios que no tienen absolutamente nada que ver con la venta de ropa interior.

Cualquier sitio web puede instalar *cookies*, pero estas no son necesariamente de mucho valor para el sitio web. En lugar de ello, las páginas web ofrecen *cookies* a la venta para intercambios publicitarios —o, a veces, directamente a los anunciantes—, de forma que pueden adaptar mejor el objetivo de sus anuncios. Las páginas web venden datos sobre sus visitantes a las empresas que instalan anuncios.

Las empresas compran esos datos porque no pueden recopilarlos por sí mismas. No es de extrañar que compren datos que les ayuden a identificar a los clientes de alto valor, y es posible que también compren datos que les ayuden a evitar hacer publicidad a clientes de bajo valor. Ambos tipos de datos son valiosos en la medida en que permiten a una empresa centrar su gasto publicitario en clientes de alto valor.[6]

Muchos líderes en tecnología IA, como Google, Facebook y Microsoft, han construido o adquirido sus propias redes de publicidad, de forma que pueden poseer sus propios datos valiosos. Estas empresas decidieron que poseer los propios datos compensa el coste de adquirirlos. Para otros, los datos publicitarios son menos relevantes, por lo que hacen un intercambio con el control de esos datos para evitar incurrir en el elevado gasto de recopilarlos por sí mismos; los datos de publicidad permanecen, pues, fuera de los límites de esas empresas.

Vendiendo predicciones

Google, Facebook y Microsoft, así como un puñado de empresas, disponen de datos particularmente útiles sobre las preferencias de los clientes en red. En lugar de limitarse a vender datos, estas compañías fueron un paso más allá e hicieron predicciones para los anunciantes. Por ejemplo, Google, mediante la búsqueda, YouTube, y su red de publicidad, posee abundantes datos sobre las necesidades de los usuarios. No venden datos, pero sí que venden las predicciones que los datos generan a los anunciantes como parte de un servicio combinado. Si haces publicidad a través de la red de Google, tu anuncio se muestra a aquellos usuarios a los que la red predice que es más probable influenciar con el anuncio. Hacer publicidad a través de Facebook o Microsoft produce resultados similares. Sin un acceso directo a los datos, el anunciante compra la predicción.

La unicidad de los datos es importante para crear una ventaja estratégica. Si los datos no son únicos, es difícil construir un negocio en base a las máquinas predictivas. Sin datos, no existe un camino real hacia el aprendizaje, por lo que la IA no es una parte esencial de una estrategia. Tal como mencionamos en el ejemplo de las redes de publicidad, las predicciones pueden seguir siendo útiles, pues permiten al anunciante dirigirse al cliente de mayor valor. Por consiguiente, una mejor predicción puede ayudar a una organización, incluso si los datos y predicciones no son una fuente de ventaja estratégica.[7] Tanto los datos como la predicción están fuera de los límites de una organización, pero esta puede seguir usando la predicción.

La principal implicación es que los datos y las máquinas predictivas son complementos, por lo que suministrar o desarrollar una IA tendrá un valor limitado, a menos que se tengan los datos para alimentarla. Y, si los datos están en poder de otros, será necesaria una estrategia para conseguirlos. Si los datos obran en poder de un proveedor monopólico o exclusivo, podemos encontrarnos con el riesgo de que ese proveedor se apropie de todo el valor de nuestra IA. Si los datos están en manos de los competidores, es posible que ninguna estrategia merezca la pena obtenerlos de ellos. Y, si los datos los tienen los consumidores, estos pueden ser intercambiados a cambio de un mejor producto o de un servicio de mayor calidad.

A pesar de todo, en algunas situaciones, es posible que tanto tú como los demás tengáis datos que sean de valor mutuo; de ahí que sea factible realizar un canje de datos. En otros casos, en cambio, los datos pueden obrar en poder de múltiples proveedores, en cuyo caso es posible que sea necesario un acuerdo más complejo o adquirir una combinación de datos y predicción. Elegir si recopilas tus propios datos y haces las predicciones o si se los compras a otros dependerá de la importancia que las máquinas predictivas tengan en tu empresa. Si la máquina predictiva es un insumo que está disponible comercialmente y puedes adquirirla, entonces puedes planteártelo como la mayoría de las empresas concibe la energía y adquirirlo del mercado, siempre que la IA no sea un elemento central de tu estrategia. Por el contrario, si las máquinas predictivas van a ser el centro de la estrategia de tu empresa, necesitarás el control de los datos para mejorar la máquina, así que tanto los datos como la máquina deberán estar en tu empresa.

Al principio de este capítulo sugerimos que una empresa emergente enfocada hacia el aprendizaje de máquina y que se dedicaba a suministrar diagnósticos médicos pasara a vender predicciones. ¿Por qué iba a estar el médico dispuesto a comprar una predicción en lugar de un diagnóstico completo? ¿Y por qué el doctor no querría poseer la máquina predictiva y los datos? Las respuestas residen en las recompensas y las compensaciones relevantes que hemos expuesto en capítulos anteriores. Un elemento clave del trabajo de un médico es el diagnóstico, por lo que comprar la predicción no es una decisión estratégica esencial de un doctor. Los galenos continúan haciendo lo que ya hacían antes, pero añadiendo una información adicional. Si no es una decisión estratégica esencial, entonces la predicción se puede comprar sin necesidad de poseer los datos ni la predicción. Por el contrario, la esencia de una empresa emergente es la IA y la predicción que suministra valor a los clientes. Así pues, siempre que una empresa emergente posea sus propios datos y máquinas predictivas, no necesitará poseer un diagnóstico. La frontera entre la empresa emergente y el doctor es la frontera donde la IA deja de ser estratégica para ser simplemente un insumo destinado a un proceso diferente.

PUNTOS CLAVE

- Una elección estratégica clave es determinar dónde acaba tu negocio y dónde empieza el del otro, decidiendo cuáles son los límites de la empresa —por ejemplo, asociaciones de aerolíneas, externalización de la fabricación de piezas de automóviles—. La incertidumbre influye en esta elección. Dado que las máquinas predictivas reducen la incertidumbre, estas pueden influir en los límites entre tu organización y la de los demás.

- Al reducir la incertidumbre, las máquinas predictivas aumentan la habilidad de redactar contratos, aumentando a su vez el incentivo para las empresas de contratar externamente tanto los bienes de capital como la mano de obra que se centra en los datos, la predicción y la acción. Sin embargo, las máquinas predictivas reducen el incentivo para que las empresas contraten externamente la mano de obra que se centra en el juicio. La calidad del juicio es difícil de especificar en un contrato y complicada de monitorizar. Si el juicio se pudiera especificar bien, podría ser programado y no necesitaríamos a personas que lo suministraran. Dado que es probable que el juicio sea la función clave de la mano de obra humana a medida que la IA se difunda, el empleo interno aumentará y la contratación externa descenderá.

- La IA aumentará los incentivos de poseer datos. Aun así, la contratación externa de los datos podría ser necesaria cuando las predicciones que los datos proveen no sean estratégicamente esenciales para tu organización. En tales casos, podría ser mejor comprar las predicciones directamente en lugar de adquirir los datos y después generar tus propias predicciones.

17

Su estrategia de aprendizaje

En marzo de 2017, en un discurso de presentación de su evento I/O anual, el director ejecutivo de Google, Sundar Pichai, anunció que la empresa estaba pasando de dar «prioridad a los dispositivos móviles a dar prioridad a la tecnología IA». A continuación, el director hizo una serie de pronósticos sobre varios aspectos en los que la IA tendrían repercusión: desde el desarrollo de los chips especializados para optimizar el aprendizaje de máquina al uso del aprendizaje profundo en las nuevas aplicaciones, incluidas la investigación sobre el cáncer o la colocación del asistente IA de Google en tantos dispositivos como fuera posible. El Sr. Pichai afirmó que la empresa se hallaba en plena transición de «buscar y organizar la información del mundo hacia la IA y el aprendizaje profundo».

El anuncio era más estratégico que un cambio fundamental de perspectiva. El fundador de Google, Larry Page, subrayó este camino en 2002:

> No siempre producimos lo que la gente quiere. En eso es en
> lo que trabajamos duramente. Es realmente complicado. Para

hacerlo, tienes que ser inteligente, tienes que comprender todo
lo que hay en el mundo, tienes que comprender la búsqueda.
Lo que estamos intentando hacer es la inteligencia artificial…
En última instancia, el motor de búsqueda llegará a ser inteligente. Y para eso trabajamos, para acercarnos cada vez más a
eso».[1]

En este sentido, desde hace años Google considera que está en
el camino de construir inteligencia artificial. Solo recientemente
la empresa ha aplicado abierta y externamente técnicas de IA en
la esencia de todo lo que hace. Google no está sola en su compromiso estratégico. Aquel mismo mes, Microsoft anunció sus primeras
intenciones de dar «prioridad a la IA», dejando atrás su pasado de dar
«prioridad a la tecnología de dispositivos móviles» y «a la nube».[2] Pero
¿qué significa la noción de dar prioridad a la IA? Tanto para Google
como para Microsoft, la primera parte de su cambio —dejar de dar
prioridad a la tecnología móvil— nos da una pista. Dar prioridad a la
tecnología móvil es trasladar el tráfico de datos a su experiencia móvil
y optimizar las interfaces de los clientes en los dispositivos móviles
«incluso a expensas de toda su página web y de otras plataformas».
La última parte es lo que la convierte en estratégica. «Hacerlo bien
en tecnología móvil» es algo a lo que aspirar, pero decir que lo harás
aunque eso dañe a otros canales es un verdadero compromiso.

¿Qué significa esto en el contexto de dar prioridad a la IA? El
director de investigación de Google, Peter Norving, nos da una respuesta:

> Con la recuperación de información, cualquier cosa que esté
> por encima del 80% de memoria y precisión está bastante
> bien, no todas las sugerencias tienen que ser perfectas, porque
> el usuario puede ignorar las malas sugerencias. Con asistencia,
> existe una barrera mucho más alta. No usarías un servicio que
> hiciera una mala reserva el 20% del tiempo, o incluso el 2%
> del tiempo. Así pues, un asistente necesita ser mucho más

preciso y, por tanto, más inteligente, más consciente de la situación. Eso es lo que denominamos «dar prioridad a la IA.[3]

Esa es una buena respuesta para un científico informático, pues enfatiza el rendimiento técnico y la precisión en particular. Pero esta sentencia también dice otra cosa implícitamente: si la IA tiene prioridad —maximizar la precisión predictiva—, ¿qué es lo segundo?

La visión de los economistas nos indica que cualquier sentencia del tipo «pondremos nuestra atención en X» significa una compensación o un intercambio. Siempre se va a dar algo a cambio. ¿Qué hace falta para enfatizar la precisión predictiva sobre cualquier otra cosa? Nuestra respuesta proviene de nuestro marco económico principal: dar prioridad a la IA significa dedicar recursos a la recopilación de datos y al aprendizaje —un objetivo a largo plazo— a expensas de importantes consideraciones a corto plazo, tales como la experiencia inmediata del cliente, los ingresos y el número de usuarios.

Cierta sensación de disrupción

Adoptar una estrategia que otorgue prioridad a la IA es un compromiso para priorizar la calidad de predicción y para fomentar el proceso de aprendizaje artificial, incluso a costa de los factores cortoplacistas, tales como la satisfacción del cliente y el rendimiento operacional. Recopilar datos puede significar desarrollar unas IA cuya calidad de predicción no llegue todavía a niveles óptimos. El dilema estratégico central es si priorizar ese aprendizaje o bien evitara otros los sacrificios de rendimiento que ello conlleva.

Cada empresa abordará este dilema y hará elecciones de forma diferente, pero ¿por qué Google, Microsoft y otras empresas tecnológicas están dando prioridad a la IA? ¿Es algo que otras empresas pueden aplicar? ¿O estas compañías tienen algo especial?

Un rasgo distintivo de estas empresas es que están recopilando y generando grandes cantidades de datos digitales y operando en entornos con incertidumbre, por lo que las máquinas predictivas podrán permitir el uso extensivo de herramientas en todos los productos de sus negocios. Internamente, las herramientas que implican una predicción superior y más barata tienen demanda, además de ser una ventaja en cuanto al suministro. Estas empresas ya poseen talento interno que pueden usar para desarrollar el aprendizaje de máquina y sus aplicaciones.

Estas empresas, recuperando la analogía del maíz híbrido expuesta en el capítulo 15, son como los granjeros de Iowa, pero las tecnologías relacionadas con la IA hacen gala de otra importante característica. Dado que el aprendizaje lleva tiempo y, a menudo, deriva en un rendimiento inferior —especialmente, para los consumidores—, este comparte rasgos con lo que Clay Christensen ha definido como «tecnologías disruptivas», lo cual significa que algunas empresas ya establecidas se encontrarán con dificultades para adoptar tales tecnologías rápidamente.[4]

Consideremos una nueva versión IA de un producto existente. Para desarrollar el producto, es necesario que tenga usuarios. Los primeros usuarios del producto IA tendrán una baja experiencia de cliente, porque la IA necesita aprender. Una empresa podrá tener una sólida base de clientes y, por tanto, podrá hacer que estos usen el producto y provean datos de entrenamiento, pero es posible que loa clientes estén contentos con el producto existente y que quizá no toleren que se cambie a un producto temporalmente inferior.

Se trata del clásico «dilema del innovador», con el que firmas consolidadas no desean trastocar sus relaciones con los clientes existentes, aunque el hecho de hacerlo acabe siendo beneficioso a la larga. El dilema del innovador ocurre porque, cuando las innovaciones aparecen por primera vez, puede que no sean lo bastante buenas como para servir a los clientes de las empresas consolidadas de una industria, pero sí lo bastante como para suministrar suficientes clientes a una empresa emergente en algún nicho de mercado y construir un producto. Con el tiempo, la empresa emergente adquiere experiencia. Eventualmente, dicha empresa habrá aprendido lo suficiente como para crear un producto sólido que se lleve los mejores clientes de la competencia.

Llegados a ese punto, la empresa grande quedará muy rezagada, y la empresa emergente dominará el panorama. La IA requiere aprendizaje, y las empresas emergentes podrían estar más dispuestas a invertir en este aprendizaje que sus rivales más consolidados.

El dilema del innovador no es tal cuando la empresa en cuestión se enfrenta a la dura competencia, especialmente si esa competencia proviene de nuevos participantes que no deben hacer frente a restricciones asociadas con tener que satisfacer una base de clientes existente. En esa situación, la amenaza de la competencia significa que el coste de no hacer nada es demasiado alto. Tal competencia inclina la ecuación hacia la adopción de una tecnología disruptiva rápidamente, aunque estemos hablando de una empresa consolidada. Dicho de otro modo, para tecnologías como la IA en las que el impacto potencial a largo plazo es probablemente enorme, esa sensación de disrupción puede llevar a una adopción temprana, incluso en caso de empresas establecidas.

Aprender puede requerir de una gran cantidad de datos y tiempo, antes de que las predicciones de una máquina sean fiablemente precisas. Sería en efecto algo raro que una máquina predictiva funcionara a las primeras de cambio. Aquel que venda un producto de software con tecnología IA seguramente habrá hecho previamente el trabajo sucio del entrenamiento. Pero, si deseamos gestionar la IA para un propósito esencial de nuestro propio negocio, no es probable que exista ninguna solución estándar idónea. No necesitaremos tanto un manual de usuario como un manual de entrenamiento, el cual requiere cierto recorrido para que la IA recopile datos y para que con ello mejore.

Un camino hacia el aprendizaje

El «aprendizaje con el uso» es un término que el historiador económico Nathan Rosenberg acuñó para describir el fenómeno por el que las empresas mejoran su diseño de producto mediante interacciones con los usuarios.[6] Sus principales aplicaciones tienen que ver con el rendimiento de los aviones, cuyos diseños iniciales más conservadores dieron pie a unos mejores diseños con mayor capacidad y eficiencia a medida que los fabricantes de aviones aprendían con el uso adicional. Los fabricantes que empezaron pronto partieron con una ventaja: pudieron aprender más. Por supuesto, tales curvas de aprendizaje dieron una ventaja estratégica en una variedad de contextos, siendo especialmente importantes en el ámbito de las máquinas predictivas, que, después de todo, se basan en el aprendizaje artificial.

Hasta ahora, en este libro no hemos dedicado mucho tiempo a distinguir entre los distintos tipos de aprendizaje que componen el aprendizaje artificial. Nos hemos centrado principalmente en el «aprendizaje supervisado». Se usa esta técnica cuando ya se dispone de una buena cantidad datos de lo que se está intentando predecir; por ejemplo, cuando se dispone de millones de imágenes en las que se sabe si se muestra un gato o un tumor, y se entrena a la IA basándose en ese conocimiento. El aprendizaje supervisado es una parte esencial de lo que hacemos los profesores: presentamos un nuevo material y mostramos a nuestros estudiantes qué problemas presenta y sus soluciones.

En cambio, ¿qué sucede cuándo no disponemos de suficientes datos sobre lo que se desea predecir, pero podemos decir, *a posteriori*, lo acertado que estuvimos? En esa situación, como expusimos en el capítulo 2, los científicos informáticos desarrollan técnicas de «aprendizaje de refuerzo». Muchos niños y animales jóvenes aprenden de esa manera. El psicólogo Pavlov tocaba una campanilla cada vez que daba a los perros un obsequio y, después, descubrió que tocar la campanilla activaba una salivación en esos animales a modo de respuesta. Los perros aprendieron a asociar el toque de la campanilla con la recepción de comida y que ese ruido predecía la cercanía de la comida, preparando sus respuestas corporales en consonancia.

En el ámbito de la IA, gran parte de los progresos realizados en el aprendizaje de refuerzo se han centrado en enseñar a las máquinas a jugar. DeepMind incorporó en su IA una serie de controles de videojuegos como el Breakout y «recompensó» a la IA por obtener una alta puntuación sin dar ninguna otra instrucción. La IA aprendió a jugar un montón de juegos Atari mejor que los jugadores humanos. A esto le llamamos «aprendizaje con el uso». Las IA jugaron este juego miles de veces y aprendieron a jugar mejor, igual que haría una persona, excepto que la IA podía jugar más partidas y hacerlo más rápidamente que una persona.[7]

El aprendizaje se produce cuando la máquina hace ciertos movimientos y después usa los datos de esos movimientos junto con la experiencia adquirida —de los movimientos y las puntuaciones resultantes— para predecir qué movimientos conllevarán mayores aumentos en la puntuación. La única forma de aprender es jugando. Sin un camino o una trayectoria hacia el aprendizaje, no se juega bien ni se mejora con el tiempo. Pero tales caminos hacia el aprendizaje son costosos.

Cuándo se debe salir al mundo real

Quienes estén familiarizados con el desarrollo del software sabrán que la codificación necesita test exhaustivos para localizar fallos y errores. En algunas situaciones, las empresas lanzan el software al mercado para que los usuarios les ayuden a encontrar los errores que vayan surgiendo en el uso cotidiano. Ya sea mediante el *dogfooding* —imponer que se usen internamente versiones tempranas del software— o mediante «pruebas beta» —incitar a los que adoptaron la versión anticipadamente a que pongan a prueba el software—, estas formas de aprendizaje con el uso implican una inversión a corto plazo en el aprendizaje para que el producto mejore con el tiempo.

Este coste de entrenamiento a corto plazo para un beneficio a largo plazo es similar a la forma en que las personas aprenden a mejorar en su trabajo. A título de ejemplo, si bien no es necesario demasiado entrenamiento para empezar a trabajar como empleado en un McDonald's, los nuevos empleados son más lentos y cometen más errores que sus compañeros más experimentados. Los nuevos mejoran a medida que van sirviendo a más clientes.

También los pilotos de aerolíneas comerciales continúan aprendiendo de su experiencia diaria. El 15 de enero de 2009, a pesar de que, tras topar con una bandada de gansos canadienses, el vuelo 1549 de US Airways se quedó sin potencia motriz, el capitán Chesley «Sully» Sullenberger consiguió aterrizar milagrosamente en el río Hudson, salvando la vida de los 155 pasajeros. La mayoría de los reporteros atribuyeron esa actuación a su experiencia, pues llevaba un total de 19.663 horas de vuelo, incluidas 4.765 con un Airbus A320. El propio Sully comentaba al respecto: «Una forma de analizar lo que sucedió es que durante cuarenta y dos años he estado haciendo pequeños depósitos regulares en ese banco de la experiencia, la formación y el entrenamiento. Y el 15 de enero, el saldo era lo suficientemente alto como para hacer una gran extracción».[8] Sully y todos sus pasajeros se beneficiaron de que el piloto hubiera llevado antes a miles de personas en distintos aviones.

La diferencia entre las habilidades de los nuevos cajeros y los pilotos en cuanto a lo que constituye algo «lo bastante bueno como para empezar» se basa en la tolerancia al error. Obviamente, nuestra tolerancia es mucho menor en el caso de los pilotos. Nos reconforta que el certificado de un piloto esté regulado por el departamento de Transporte y la Administración Federal de Aviación, que requiere un mínimo de mil quinientas horas de vuelo, quinientas horas de vuelo en travesía, cien horas de vuelo nocturno y setenta y cinco horas de operación con instrumentos, aunque los pilotos continúan aprendiendo de la experiencia cotidiana. Tenemos diferentes definiciones de «lo bastante bueno» en lo referente a cuánto entrenamiento requieren las personas para efectuar cada trabajo. Y lo mismo es aplicable al caso de las máquinas.

Las empresas diseñan sistemas para entrenar a los nuevos empleados hasta que estos sean lo bastante buenos y, acto seguido, los ponen a trabajar, aun sabiendo que mejorarán a medida que aprendan de la experiencia. Pero determinar cuándo se es «lo bastante bueno» es una decisión clave. En el caso de las máquinas predictivas, esta puede ser una decisión estratégica de gran calado respecto al tiempo: cuándo se debe pasar del entrenamiento interno al aprendizaje en la práctica.

No existen respuestas preestablecidas de cuánto tiempo se necesita para llegar a ser «lo bastante bueno» en el ámbito de las máquinas predictivas, solo intercambios. El éxito con las máquinas predictivas requerirá tomarse estos intercambios en serio y analizarlos desde un enfoque estratégico.

En primer lugar, ¿qué tolerancia al error tiene la gente? Pues la verdad es que tenemos una alta tolerancia al error con algunas máquinas predictivas y una tolerancia baja con otras. Por ejemplo, la aplicación Inbox (bandeja de entrada) de Google lee nuestro correo electrónico, usa la IA para predecir cómo queremos responder y genera tres cortas respuestas entre las que podemos elegir. Muchos usuarios afirman que disfrutan al usar esta aplicación, a pesar de que tiene un índice de error del 70% —en el momento de escribir estas líneas, la respuesta generada por IA solo es útil alrededor del 30% de las veces—. La razón de esta alta tolerancia al error es que el beneficio de composición y escritura reducida compensa el coste de suministrar sugerencias y malgastar espacio en pantalla cuando la respuesta corta predicha es errónea.

En contraste, tenemos baja tolerancia al error en el apartado de la conducción autónoma. La primera generación de vehículos autónomos, de la que Google fue en gran medida precursora, fue entrenada usando a conductores humanos especialistas que conducían un número limitado de vehículos durante cientos de miles de kilómetros, algo muy similar a cómo un padre supervisa a su hijo adolescente en sus primeros escarceos automovilísticos. Tales conductores especialistas proveen un entorno seguro de entrenamiento, pero también están sumamente limitados. La máquina solo aprende unas pocas situaciones. Un conductor puede tener que hacer muchos miles de kilómetros en multitud de entornos y situaciones antes de aprender cómo afrontar escenarios o situaciones poco comunes que comportan accidentes. En cuanto a los vehículos autónomos, las carreteras reales son desagradables y despiadadas, precisamente porque en ellas pueden darse situaciones implacables causadas por personas.

En segundo lugar, ¿en qué medida es importante obtener los datos de usuarios en el mundo real? Comprendiendo que el entrenamiento puede llevar un tiempo prohibitivamente largo, Tesla ha desarrollado funciones de vehículos autónomos para todos sus modelos recientes. Estas funciones incluyen una serie de sensores que obtienen datos del entorno, así como datos de conducción, los cuales se cargan en los servidores de aprendizaje artificial de Tesla. En un lapso muy breve de tiempo, Tesla puede obtener datos de entrenamiento solo observando cómo los conductores conducen sus coches. Cuantos más vehículos de Tesla circulen por las carreteras, más podrán aprender las máquinas de Tesla. No obstante, además de recoger datos pasivamente a medida que los humanos conducen sus coches, la empresa necesita los datos de conducción autónoma para comprender cómo están operando sus sistemas autónomos. Para ello, la empresa necesita que sus coches conduzcan autónomamente, de forma que se pueda valorar el rendimiento, y también analizar cuándo un conductor humano, cuya presencia y atención se requieren, opta por intervenir. El objetivo último de Tesla no es producir un copiloto o un adolescente que conduce bajo supervisión, sino un vehículo completamente autónomo, y ello requiere llegar a un punto en el que las personas se sientan cómodas en un coche autopilotado.

Y ahí subyace una relación de compensación capciosa. Para ser mejor, Tesla necesita que sus máquinas aprendan en situaciones reales. Pero poner sus coches actuales en situaciones reales significa suministrar a sus clientes un sistema de conducción relativamente inexperto, aunque quizá tan bueno o mejor que el de muchos conductores jóvenes humanos. Aun así, este método es mucho más arriesgado que las pruebas beta para ver si Siri o Alexa comprendieron qué les dijiste o si el Inbox de Google predice correctamente tu respuesta a un correo electrónico. En el caso de Siri, Alexa o el Inbox de Google, un error significa una experiencia de usuario de menor calidad, pero en el caso de los vehículos autónomos un error significa poner vidas en riesgo.

Esa experiencia puede ser terrorífica.[9] Un coche puede salir de una autopista sin aviso o pisando los frenos al confundir un paso subterráneo con una obstrucción. Los conductores nerviosos pueden optar por no usar las funciones autónomas y, en el proceso, impedir la capacidad de aprendizaje de Tesla. Aunque la empresa pueda convencer a algunas personas para que sean sujetos de pruebas beta, ¿son esas las personas que la empresa realmente necesita? Después de todo, un sujeto de prueba beta para conducción autónoma puede ser alguien al que le guste un riesgo mayor que el conductor corriente. En ese caso, ¿a quién está tomando la empresa como referencia para entrenar a sus máquinas? Las máquinas aprenden más rápido con más datos y, cuando estas se despliegan en el mundo real, generan más datos. Sin embargo, en el mundo real pueden suceder cosas negativas que dañen la imagen de la empresa. Sacar productos al mundo real tempranamente acelera el aprendizaje, pero comporta riesgos de deterioro de la marca —y tal vez al cliente—; sacarlos más tarde ralentiza el aprendizaje, pero concede más tiempo para mejorar el producto internamente y protege la marca —y, de nuevo, tal vez al cliente—.

En el caso de algunos productos, como el Inbox de Google, la respuesta al intercambio parece clara, porque el coste del mal rendimiento es bajo y los beneficios de aprender del uso de los clientes son elevados. Tiene sentido sacar ese tipo de productos al mundo real tempranamente. En cambio, en el caso de otros productos, como los coches, la respuesta es menos clara. A medida que más empresas de todos los sectores industriales busquen sacar partido del aprendizaje artificial, las estrategias asociadas al manejo de este intercambio se volverán cada vez más importantes.

Aprender por simulación

Un paso intermedio para suavizar este intercambio es usar entornos simulados. Cuando los pilotos humanos se están entrenando, antes de llevar los mandos de un avión real en vuelo, pasan cientos de horas en simuladores muy sofisticados y realistas. Un método similar está disponible para la IA. Google entrenó al Alpha Go de DeepMind para que derrotara a los mejores jugadores de Go del mundo, no solo observando miles de partidas jugadas por humanos, sino también jugando contra otra versión de sí mismo.

Una forma de esta metodología es el denominado «aprendizaje artificial confrontativo», el cual contrapone a la IA principal y su objetivo a otra IA que intenta hacer fracasar dicho objetivo. Por ejemplo, los investigadores de Google hicieron que una IA enviara mensajes a otra usando un proceso de encriptación. Las dos IA compartían una clave para codificar y descodificar el mensaje. Una tercera IA —el adversario— tenía los mensajes, pero no la clave, e intentaba decodificarlos. Con muchas simulaciones, el adversario entrenó a la IA principal para que se comunicara en formas que son difíciles de decodificar sin una clave.[10] Tales métodos de aprendizaje simulado no se pueden realizar sobre el terreno, sino que requieren algo similar a un laboratorio que produzca un nuevo algoritmo de aprendizaje artificial, que después será copiado y transferido a los usuarios. La ventaja es no se entrena a la máquina en el mundo real, por lo que se mitiga el riesgo de empeorar la experiencia del usuario o incluso de afectar negativamente a los propios usuarios. El inconveniente es que es posible que las simulaciones no suministren una retroalimentación suficientemente copiosa; lo que reduce, pero no elimina, la necesidad de sacar al mercado la IA tempranamente. Antes o después, deberás dejar que la IA dé el salto al mundo real.

Aprender en la nube frente a aprender sobre el terreno

Aprender en el mundo real mejora la IA. La empresa puede usar los resultados obtenidos en la realidad que experimenta la máquina predictiva para mejorar las predicciones de cara a la próxima vez. A menudo, la empresa recopila datos en el mundo real, que afinan la máquina antes de que esta produzca un modelo de predicción actualizado.

El Autopilot de Tesla nunca aprende una tarea con los consumidores reales. Cuando se halla sobre el terreno, la máquina envía datos a la nube de computación de Tesla, que después son agregados y usados para actualizar el Autopilot. Solo entonces la empresa saca una nueva versión de Autopilot. El aprendizaje tiene lugar en la nube.

Este método estándar tiene la ventaja de que protege a los usuarios de las versiones poco entrenadas. La parte negativa, sin embargo, es que la IA ordinaria que reside en los dispositivos no puede tener en consideración condiciones locales rápidamente cambiantes o, en el mejor de los casos, solo puede hacerlo cuando esos datos se integran en una nueva generación. De ahí que, desde el punto de vista del usuario, las mejoras lleguen a trompicones.

En cambio, imaginemos ahora que la IA pudiera aprender en el dispositivo y mejorar en ese entorno; en tal caso, podría responder más rápidamente a las condiciones locales y optimizarse a sí misma en diferentes entornos. En situaciones donde las cosas cambian radicalmente es beneficioso mejorar las máquinas predictivas dentro de los propios dispositivos. Por ejemplo, en aplicaciones como Tinder —la popular aplicación geosocial en la que los usuarios seleccionan una opción arrastrando a la izquierda en caso de «no» o a la derecha en caso de «sí»—, los usuarios toman muchas decisiones rápidamente, lo cual puede alimentar a las predicciones de manera inmediata para determinar qué citas o encuentros potenciales se deben mostrar a continuación. Los gustos son específicos de cada usuario y cambian con el tiempo, tanto a lo largo del año como durante un mismo día. En la medida en que las personas sean similares y tengan preferencias estables, enviar datos a la nube y actualizarlos funcionará bien. Y en la medida en que los gustos de un individuo sean idiosincráticos y muy cambiantes, la capacidad de ajustar las predicciones a nivel del dispositivo resultará útil.

Las empresas deben sopesar qué tiempo necesitan para usar la experiencia de una máquina predictiva en el mundo real para generar nuevas predicciones. Si se usa esa experiencia inmediatamente, la IA se adapta más rápidamente a los cambios en las condiciones locales, pero en detrimento de la garantía de calidad.

Permiso para aprender

Aprender suele requerir de clientes dispuestos a suministrar datos. Si la estrategia implica hacer algo a expensas de otros, en el ámbito de la IA pocas empresas se han comprometido de forma tan temprana y decidida como Apple. En una sección especial dedicada a la privacidad de la página web de Apple, Tim Cook escribió: «En Apple, su confianza lo es todo para nosotros. Por esa razón respetamos su privacidad y la protegemos con fuertes cifrados, además de aplicar estrictas políticas que rigen la manipulación de los datos».[11]

Y continuó:

> «Hace pocos años, los usuarios de internet empezaron a darse cuenta de que, cuando un servicio en línea era gratuito, la persona ya no era el usuario, sino el producto. Pero en Apple creemos que una gran experiencia para el usuario no debería ir en detrimento de su privacidad.
>
> Nuestro modelo de negocio es muy directo: vendemos grandes productos. No construimos un perfil basándonos en el contenido de sus correos electrónicos o de sus hábitos de navegación para después venderlo a los anunciantes. No «monetizamos» la información que usted almacena en su iPhone o en su iCloud. Y no leemos su correo electrónico ni sus mensajes para conseguir información y comerciar con usted. Nuestro software y nuestros servicios están diseñados para mejorar nuestros dispositivos. Simple y llanamente».[12]

Apple no tomó esta decisión debido a una regulación gubernamental. Hubo quienes afirmaron que Apple había tomado esa decisión porque, supuestamente, se hallaba rezagada respecto a Google y Facebook en el desarrollo de la IA. Ninguna empresa, y desde luego Apple tampoco, podía renunciar a la IA. Ese compromiso iba a complicar más su trabajo. La empresa planeaba desarrollar la IA de una forma que respetara la privacidad. Supone hacer una gran apuesta estratégica pensar que los consumidores van a querer controlar sus propios datos. Ya sea por privacidad o por seguridad, Apple apostó que su compromiso hiciera más probable, y no menos, que los consumidores permitieran que se integrara la IA en sus dispositivos. Apple no está solo en la suposición de que proteger la privacidad dará sus beneficios. Salesforce, Adobe, Uber, Dropbox, entre otras empresas, han invertido grandes cantidades en privacidad.

Esta apuesta es estratégica. Muchas otras empresas, como Google, Facebook y Amazon, han escogido un camino distinto, diciendo a los usuarios que usaran sus datos para suministrar mejores productos. El foco de Apple en la privacidad limita los productos que puede ofrecer. Por ejemplo, tanto Apple como Google disponen de sistemas de reconocimiento facial integrados en sus servicios de fotografía. Para que a los consumidores les resulten útiles, los rostros deben ser etiquetados. Google hace tal proceso preservando las etiquetas, con independencia del dispositivo, dado que el reconocimiento tiene lugar en los servidores de Google. Apple, en cambio, a causa de su compromiso de privacidad, ha optado por hacer que el reconocimiento se produzca a nivel del dispositivo; lo que significa que, si etiquetas los rostros de personas que conoces en tu Mac, las etiquetas no se transferirán a tu iPhone ni a tu iPad. No es de extrañar que ello haga que las inquietudes sobre la privacidad y la usabilidad del consumidor topen con un obstáculo (desconocemos cómo Apple aborda estos temas en el momento de escribir este libro).

Desde luego, no sabemos qué sucederá en la práctica. En cualquier caso, nuestra perspectiva de economistas nos deja claro que las relativas compensaciones asociadas al intercambio de inquietudes sobre privacidad a cambio de precisión predictiva servirán de guía para tomar la última decisión estratégica. Una mejora de la privacidad podría autorizar a las empresas para que aprendieran sobre los consumidores, pero también podría significar que ese aprendizaje no resultara demasiado útil.

La experiencia es el nuevo recurso escaso

La aplicación de navegación Waze recopila datos de otros usuarios de Waze para predecir la ubicación de los problemas de tráfico, además de que encuentra la ruta más rápida para un usuario particular. Si eso fuera todo lo que hace, no habría problema. No obstante, la predicción altera el comportamiento humano, que es para lo que ha sido diseñado Waze. El que la máquina reciba información de muchos usuarios puede distorsionar sus predicciones.

Para Waze, el problema reside en que sus usuarios seguirán esa guía para evitar los problemas de tráfico, tal vez yendo por calles adyacentes. A menos que Waze se ajuste a ese hecho, nunca se le avisará de que el problema de tráfico se ha resuelto y de que la ruta habitual vuelve a ser la más rápida. Por tanto, para superar ese obstáculo, la aplicación deberá enviar a algunos conductores humanos de vuelta al atasco de tráfico para ver si sigue existiendo. Hacer esto presenta un obvio inconveniente: los humanos hacia allí dirigidos podrían convertirse en corderos sacrificados para beneficiar a la mayoría. No es de extrañar que tal situación degrade la calidad del producto para esos usuarios.

No existen vías sencillas para superar la compensación que surge cuando la predicción altera el comportamiento de la mayoría, negando así a la IA la información que necesita para conformar una predicción correcta. En ese instante, las necesidades de la mayoría superan a las necesidades de la minoría o de uno solo. Pero, ciertamente, ese no es un modo de pensar reconfortante acerca de la gestión de las relaciones con los usuarios.

En ocasiones, para mejorar los productos, especialmente cuando estos implican «aprender con el uso» es importante «sacudir» el sistema, de forma que los consumidores realmente experimenten algo nuevo de lo que la máquina pueda aprender. Los clientes a los que se dirige hacia ese nuevo entorno suelen tener una peor experiencia, pero el resto se beneficia de esas experiencias. En cuanto a las pruebas beta, el intercambio es voluntario, dado que los clientes optan por las primeras versiones, pero esta prueba puede atraer a los clientes que no usan el producto de la misma forma en que lo harían sus clientes generales. Para adquirir experiencia sobre todos nuestros clientes, es posible que, a veces, sea necesario degradar el producto para algunos usuarios y así obtener comentarios y una retroalimentación que beneficie a todo el mundo.

Las personas también precisan experiencia

La escasez de experiencia se vuelve más relevante cuando nos planteamos la experiencia de nuestros recursos humanos. Si las máquinas adquieren experiencia, tal vez los humanos no lo hagan. Recientemente, ciertos círculos han manifestado su inquietud por el hecho de que la automatización pueda descualificar a las personas.

En 2009, el vuelo 447 de Air France se estrelló en el Atlántico cuando hacía la ruta entre Río de Janeiro y París. La emergencia comenzó con el mal tiempo, pero empeoró exponencialmente cuando el piloto automático del avión se apagó. Según los informes del suceso, a diferencia del capitán Sully cuando pilotaba el avión de US Airways, a los mandos del avión un relativamente inexperto piloto manejó mal la situación. Cuando el piloto más experimentado se puso a los mandos —pues había estado durmiendo—, fue incapaz de evaluar adecuadamente qué estaba ocurriendo.[14] El piloto experimentado había dormido poco la noche antes, pero el punto decisivo fue que el piloto menos avezado llevaba casi tres mil horas de vuelo, pero no era una experiencia de calidad, pues la mayor parte del tiempo había estado volando con el piloto automático.

La automatización de la aviación se ha vuelto moneda común: una reacción a la evidencia que mostraba que la mayoría de los accidentes de avión desde la década de los años setenta se debían a errores humanos, por lo que se decidió eliminar a los humanos del circuito de control. Si embargo, la punzante e involuntaria consecuencia es que los pilotos humanos acopiaron menos experiencia y bajara su nivel de pilotaje.

Para el economista Tim Hartford, la solución es obvia: la proporción de automatización debe reducirse. Lo que debe automatizarse, argumenta, son las situaciones rutinarias, por lo que la intervención humana se requiere en las situaciones más extremas. Si la forma de aprender a tratar con lo extremo es tener mucha práctica con lo ordinario, entonces ahí reside el problema. El avión de Air France se enfrentó a una situación extrema sin la debida atención de una mano experimentada.

Hartford recalca que la automatización no siempre conduce a este dilema:

> «Existen muchas situaciones en las que la automatización no crea tal paradoja. Una página web de servicio al cliente puede ser capaz de manejar las quejas y las peticiones rutinarias de forma que el personal se ahorre el trabajo repetitivo y pueda hacer un mejor trabajo para los clientes en cuestiones más complejas. Los pilotos automáticos y la asistencia más sutil del pilotaje por mandos electrónicos no liberan a la tripulación de concentrarse en lo que es esencial, sino que evitan que el personal se quede dormido en los controles, figurada o literalmente. Ese mismo año 2009, ocurrió un incidente notable cuando dos pilotos dejaron que su piloto automático se pasará de largo el aeropuerto de Minneapolis en más de 150 kilómetros, porque estaban mirando sus ordenadores portátiles.[15]

No es de extrañar que otros ejemplos que hemos expuesto en este libro tiendan a adscribirse a la categoría de la aviación en lugar de a la de quejas del servicio de atención al cliente, incluyendo todo el sector de coches autopilotados. ¿Qué hay que hacer si la mayor parte del tiempo no conducimos nuestro coche y este toma el control cuando se presenta un evento extremo? ¿Qué harían nuestros hijos?

Las soluciones pasan por asegurar que las personas adquieran y retengan habilidades, reduciendo la cantidad de automatización para proveer tiempo al aprendizaje humano. En efecto, la experiencia es un recurso escaso, del que se necesita destinar cierta cantidad a las personas para evitar su descualificación.

La lógica inversa también es cierta. Para entrenar a las máquinas predictivas, también resulta valioso hacer que aprendan a través de la experiencia de eventos potencialmente catastróficos. Pero, si ponemos a una persona en el bucle, ¿cómo emergerá la experiencia de la máquina? Así pues, otro compromiso para generar un camino hacia el aprendizaje reside en equilibrar la experiencia humana con la artificial.

Estos intercambios revelan las implicaciones de las declaraciones en torno al liderazgo y a dar prioridad a la IA de Google, de Microsoft y de otras compañías. Las empresas están dispuestas a invertir en datos para ayudar a sus máquinas a que aprendan. Mejorar las máquinas predictivas tiene prioridad, aun cuando eso requiera degradar la calidad de la experiencia inmediata del cliente o la formación de los empleados. La estrategia de datos es clave para la estrategia de la IA.

PUNTOS CLAVE

- Cambiar la estrategia para dar prioridad a la IA significa degradar la prioridad previa. En otras palabras, dar prioridad a la IA no es una palabra de moda, sino que representa un intercambio real. Una estrategia de prioridad a la IA consiste en maximizar la precisión de la predicción como objetivo central de la organización, aunque eso signifique comprometer otras metas, como maximizar los beneficios, el número de usuarios o la experiencia de estos.

- La IA puede llevar a la disrupción, porque las empresas consolidadas suelen tener incentivos económicos menores que las empresas emergentes para adoptar esa tecnología. Los productos activados por IA suelen ser inferiores al principio, ya que lleva tiempo entrenar a una máquina predictiva para que rinda tan bien como un dispositivo codificado que sigue las instrucciones humanas, en lugar de aprender por su cuenta. No obstante, una vez desplegada, la IA puede continuar aprendiendo y mejorando, dejando atrás los productos no inteligentes de los competidores. Para las empresas establecidas resulta tentador adoptar una postura expectante, quedándose al margen y observando los avances de la IA aplicada a su industria. Esa táctica puede funcionar para algunas empresas, pero otras tendrán dificultades para ponerse al día cuando la competencia se adelante en las posibilidades y el despliegue de sus herramientas de IA.

- Otra decisión estratégica concierne al tiempo: cuándo se deben lanzar al mercado las herramientas de IA. Inicialmente, las herramientas de IA son entrenadas internamente, sin que medien los clientes. Sin embargo, estas máquinas aprenden más rápido cuando se les da un uso comercial, porque están expuestas a condiciones operativas reales y, a menudo, a mayores volúmenes de datos. El beneficio de la salida al mercado temprana es un aprendizaje más rápido y el inconveniente es un mayor riesgo —riesgo para la seguridad de la marca o del cliente exponiendo a estos a una IA inmadura que no está adecuadamente entrenada—. En algunos casos, tales como el Inbox de Google, el intercambio es claro, pues aquí los beneficios de un aprendizaje más rápido superan el inconveniente de un mal rendimiento. Pero en otros casos, tales como la conducción autónoma, el intercambio es más ambiguo, dada la cuantía del premio por actuar prematuramente con un producto comercial en comparación con el alto coste de un error si el producto sale al mercado antes de estar listo.

18

Gestionar el riesgo de la IA

Latanya Sweeney, exdirectora de tecnología de la Comisión Federal de Comercio de Estados Unidos y actualmente profesora en la Universidad de Harvard, se quedó sorprendida cuando un compañero suyo puso en Google su nombre para encontrar uno de sus documentos y descubrió algunos avisos que sugerían que había sido arrestada.[1] La Sra. Sweeney clicó sobre el aviso, pagó una cuota y se enteró de lo que ya sabía: nunca había sido arrestada. Intrigada, la profesora introdujo el nombre de su colega Adam Tanner, tras lo cual apareció el aviso de la misma empresa, pero sin la sugerencia de arresto. Tras continuar la búsqueda, la Sra. Sweeney conjeturó la hipótesis de que quizá los nombres atribuibles a personas de raza negra estaban activando el aviso de arresto. Sweeney probó entonces ese método de forma más sistemática y descubrió que, si se ponía en Google un nombre asociado a las personas de raza negra, como Lakisha o Trevon, había un 25% más de probabilidad de que saliera un aviso sugiriendo un antecedente de arresto que si se buscaba un nombre como Jill o Joshua.[2]

Tales prejuicios son potencialmente dañinos. Los buscadores pueden estar rastreando información para ver si alguien es válido para desempeñar un trabajo concreto. Si encuentran avisos con títulos como «¿Latanya Sweeney arrestada?», a los buscadores les pueden asaltar las dudas. Es algo discriminatorio y difamatorio.

¿Por qué sucede eso? Google provee un software que permite a los anunciantes poner a prueba y tener como objetivo palabras clave concretas. Los anunciantes pueden haber introducido nombres asociados a una raza para colocar los anuncios a su lado, aunque Google niega tal extremo.[3] Otra posibilidad es que el patrón emergiera como resultado de los algoritmos de Google, que promocionan los avisos que tienen una mayor «puntuación de calidad» —es decir, los que es más probable que sean clicados—. Las máquinas predictivas probablemente tuvieron algo que ver en este asunto. Por ejemplo, si los potenciales empresarios que buscaban nombres tenían más probabilidades de clicar sobre un aviso de arresto al asociarse este a un nombre habitual en la raza negra que sobre otros nombres, la puntuación de calidad asociada a colocar estos avisos con tales palabras clave podía aumentar. Google no está intentando discriminar a nadie, pero sus algoritmos pueden amplificar los prejuicios que ya existen en la sociedad. Tales perfiles raciales ejemplifican los riesgos de implementar la IA.

Riesgos de responsabilidad

La aparición de los perfiles raciales es un problema social, pero también un problema potencial para empresas como Google, que podrían chocar contra las normas laborales antidiscriminatorias. Afortunadamente, cuando denunciantes como la Sra. Sweeney sacaron a relucir tal asunto, Google estuvo altamente receptivo, investigando y corrigiendo tales situaciones.

La discriminación puede emerger de formas todavía más sutiles. En un estudio de 2017, los economistas Anja Lambrecht y Catherine Tucker mostraron que los anuncios de Facebook podían conducir a una discriminación de género.[4] Esta empresa colocaba anuncios y avisos de promoción de empleo en las áreas de ciencia, tecnología, ingeniería y matemáticas (STEM) en la red social, y descubrieron que era menos probable que Facebook mostrara estos anuncios a las mujeres, no porque las mujeres tuvieran menos probabilidades de clicar sobre los anuncios o porque estuvieran en países con mercados discriminatorios. Al contrario, el funcionamiento del mercado de anuncios era el factor discriminatorio. Como las mujeres jóvenes son valiosas como datos demográficos en Facebook, mostrarles anuncios es más caro. De manera que, cuando ponemos un anuncio en Facebook, los algoritmos colocan los anuncios de forma sistemática allá donde su beneficio por su ubicación es mayor. Si hombres y mujeres tienen las mismas probabilidades de clicar sobre los anuncios de empleo de STEM, es mejor colocarlos allá donde resultan más baratos: en el sector de los hombres.

El profesor, economista y abogado de la Escuela de Negocios de Harvard, Ben Edelman, nos explicó por qué este tema puede llegar a ser un serio problema tanto para los empresarios como para Facebook. Mientras que muchos tienden a pensar en el tema de la discriminación como la aparición de un trato dispar —estableciendo distintos estándares para hombres y mujeres—, las diferencias en la colocación de anuncios pueden derivar en lo que los abogados denominan «impacto dispar». Un procedimiento neutro en cuanto al género acaba afectando a algunos empleados que quizá hayan tenido motivos para temer una discriminación —una «clase protegida» de abogados— diferente a los demás.

Una persona o una organización pueden ser responsables de discriminación, aunque esta sea accidental. Un tribunal descubrió que el Cuerpo de Bomberos de la ciudad de Nueva York discriminaba a los aspirantes negros e hispanos con un examen de ingreso que incluía muchas preguntas que enfatizaban la comprensión lectora. El tribunal averiguó que este tipo de preguntas no tenía ninguna relación con la eficiencia como empleado del Cuerpo de Bomberos y que los solicitantes negros e hispanos obtenían sistemáticamente peores resultados en los mismos.[5] El caso se acabó resolviendo por unos 99 millones de dólares. Los peores resultados de negros e hispanos en el examen hicieron que el departamento fuera declarado responsable, aunque la discriminación no hubiera sido intencionada.

De manera que, aunque pienses que estás colocando un anuncio neutral en Facebook, el impacto dispar puede aparecer de todas formas. Como empresario, podrías ser tú el responsable. Obviamente, nadie desea verse involucrado en un caso de discriminación, ni siquiera implícitamente. Una solución para Facebook pasa por ofrecer herramientas a los anunciantes para evitar tal discriminación. El reto de la IA es que tal discriminación no intencionada puede suceder sin que nadie de la organización se percate de ello. Las predicciones generadas por el aprendizaje profundo y muchas otras tecnologías de IA parecen crearse a partir de una caja negra. No es factible observar el algoritmo o la fórmula subyacente bajo la predicción, ni identificar qué causa qué. Para dirimir si la IA es discriminatoria, Vd. debe analizar el resultado. ¿Obtienen los hombres resultados distintos a las mujeres? ¿Sacan los hispanos peores rendimientos que los demás? ¿Y qué sucede con los discapacitados y las personas mayores? ¿Obtienen estos colectivos distintos resultados que limitan sus oportunidades?

Para eludir las cuestiones de responsabilidad —y para evitar actuar de forma discriminatoria—, si descubrimos un caso de discriminación no intencionada en el resultado de nuestra IA, es necesario solventarlo. Deberemos deducir por qué nuestra IA genera predicciones discriminatorias, pero si la IA es una caja negra, ¿cómo podemos gestionar este caso?

Ciertos miembros de la comunidad de científicos informáticos denominan a esto «neurociencia de la IA».[6] Una herramienta esencial es hacer hipótesis sobre lo que las diferencias pueden comportar, suministrar a la IA datos de alimentación distintos que pongan a prueba esas hipótesis y después compararlos con las predicciones resultantes. Lambrecht y Tucker hicieron lo expuesto cuando descubrieron que las mujeres veían menos anuncios STEM porque era menos caro mostrarles el anuncio a los hombres. La cuestión es que la caja negra de la IA no es una excusa para ignorar la discriminación potencial o una forma de evitar el uso de la IA en situaciones en las que la discriminación pueda ser importante. Existen multitud de evidencias que muestran que los humanos discriminan todavía más que las máquinas. Aplicar una IA requiere inversiones adicionales en el control de la discriminación y después trabajar para reducir cualquier acto discriminatorio resultante.

La discriminación algorítmica puede surgir fácilmente a nivel operacional, pero puede acabar teniendo consecuencias estratégicas más amplias. La estrategia implica ordenar a los empleados de una organización que sopesen y consideren factores que puedan no ser obvios a primera vista, siendo esto especialmente prioritario en relación con los riesgos sistemáticos, como la discriminación algorítmica, lo que puede tener un impacto negativo en nuestro negocio. Mostrar los anuncios de STEM a hombres y no a mujeres impulsó el rendimiento a corto plazo —en el sentido de que los anuncios que veían los hombres eran menos costosos—, pero creaban riesgos, debidos a la discriminación resultante. Las consecuencias de aumentar los riesgos puede que nos sean evidentes hasta que es demasiado tarde. De ahí que una tarea clave para los líderes de los negocios sea anticiparse a los diversos riesgos y garantizar que los procedimientos de gestión de los mismos están en marcha.

Riesgos de la calidad

Si estás en un negocio orientado a los consumidores, es probable que compres anuncios y que hayas visto una medida del retorno sobre la inversión de los mismos. Por ejemplo, es posible que tu organización haya descubierto que pagar por anuncios de Google deriva en un aumento de los clics y, tal vez también, de las compras a través del sitio web. Es decir, cuantos más anuncios compra tu empresa en Google, más clics recibe de los mismos. Ahora, intentemos usar una IA para examinar los datos y generar una predicción de si un nuevo anuncio de Google tiene posibilidades de aumentar los clics a través en ese anuncio; seguramente, la IA respaldará la correlación positiva que tú habías previamente observado. Como resultado de ello, cuando las personas del departamento de mercadotecnia desean comprar más anuncios de Google es porque tienen alguna evidencia que respalda la rentabilidad de tal inversión.

Obviamente, se necesita un anuncio para generar un clic. Puede que sin el anuncio el consumidor jamás conozca un producto. En tal caso, querremos colocar anuncios que generen nuevas ventas. Otra posibilidad es que el anuncio sea la forma más fácil de captar a consumidores potenciales, pero aun sin ellos, encontrarán la empresa de todas formas. Así que la concepción de que el anuncio va asociado a más ventas es potencialmente una ficción. Sin el anuncio, las ventas podrían haber subido igualmente. Por tanto, si realmente queremos saber si el anuncio —y el dinero que se gasta en él— va a generar nuevas ventas, será necesario examinar la situación con mayor profundidad.

En 2012, algunos economistas que trabajaban para eBay —Thomas Blake, Chris Nosko y Steve Tadelis— persuadieron a eBay para que eliminara todos sus anuncios de búsqueda en una tercera parte de los Estados Unidos durante todo un mes.[7] Los anuncios tenían un retorno sobre la inversión, medido usando las estadísticas tradicionales, superior al 4.000%. Si el retorno sobre la inversión medido era correcto, hacer el experimento citado durante un mes iba a costarle a eBay una fortuna; no obstante, lo que descubrieron justificó su método. Los anuncios de búsqueda que eBay colocaba no tenían prácticamente ningún impacto en las ventas. Su retorno sobre la inversión era negativo. Los consumidores de eBay eran inteligentes y, si no veían un anuncio en Google, hacían clic sobre los resultados de búsqueda ordinarios —u orgánicos— de Google. De todas formas, Google seguiría clasificando los listados de eBay en puestos altos del ranquin, y lo mismo sucedía en el caso de marcas como BMW y Amazon. La única área en la que los anuncios parecían tener un impacto positivo era en atraer a nuevos usuarios de eBay.

Esta historia demuestra que la IA —que no se basa en la experimentación causal, sino en la correlación— puede caer fácilmente en las mismas trampas que cualquiera que use datos y estadísticas simples. Si deseamos saber si la publicidad es efectiva, tenemos que observar si los anuncios promueven las ventas. Sin embargo, esa no tiene por qué ser la historia completa, ya que también es necesario saber qué pasaría con las ventas si no pusiéramos anuncios. Una IA entrenada con datos que impliquen montones de anuncios y ventas no permite ver lo que sucede con pocos anuncios. Nos faltan esos datos. Tales «conocimientos desconocidos» son la debilidad principal de las máquinas predictivas que requieren el juicio humano para resolverla. En ese momento, solo el raciocinio humano puede dilucidar si la IA está cayendo en la trampa.

Riesgos de seguridad

A pesar de que el software siempre ha estado sujeto a riesgos de seguridad, con la IA esos riesgos aparecen con la posibilidad de la manipulación de datos. Existen tres tipos da datos que tienen un impacto en las máquinas predictivas: datos de entrada, de entrenamiento y de retroalimentación. Las tres clases albergan potenciales riesgos de seguridad.

Riesgos de los datos de entrada

A las máquinas predictivas se las alimenta con datos de entrada, y los combinan con un modelo para generar una predicción. Así pues, igual que reza el viejo adagio informático, «basura entra, basura sale», esas máquinas fallan si tienen pocos datos o un mal modelo. Un *hacker* puede provocar que una máquina predictiva falle alimentándola con datos basura o manipulando el modelo de predicción. Un tipo de fallo es un accidente. Los accidentes pueden parecer negativos, pero al menos sabemos cuándo ocurren. En cambio, puede que no sepamos si alguien manipula una máquina predictiva —al menos, no hasta que ya sea tarde—.

Los piratas informáticos tienen muchas formas de manipular o engañar a una máquina predictiva. Los investigadores de la Universidad de Washington mostraron que el nuevo algoritmo de Google para detectar el contenido de videos podía ser engañado para que clasificara mal los videos si se insertaban imágenes aleatorias de fracciones de segundo.[8] Por ejemplo, se puede engañar a una IA para que clasifique mal un video de un zoológico insertando imágenes de coches durante tan breve intervalo de tiempo que una persona no verá esos coches, pero sí los verá el ordenador. En un entorno en el que los publicistas necesitan saber el contenido que se publica para ajustarlo adecuadamente a los anunciantes, esto representa una vulnerabilidad importante. Las máquinas generan predicciones que se usan para tomar decisiones, y las empresas las aplican a situaciones en las que estas son verdaderamente importantes; es decir, allá donde esperamos que tengan un impacto real sobre las decisiones. Sin tal integración de decisiones, ¿por qué complicarse la vida haciendo predicciones? Los sofisticados malos actores en este contexto entenderán que alterando una predicción pueden ajustar las decisiones. Por ejemplo, un diabético que use una IA para optimizar su dosis de insulina podría acabar en grave peligro si la IA poseyera datos incorrectos sobre esa persona y le ofreciera predicciones que sugirieran que reduzca la dosis cuando en realidad debe aumentarla. Si dañar a una persona es el objetivo de alguien, desde luego esta sería una forma efectiva de hacerlo. Es más probable que apliquemos las máquinas predictivas en situaciones en las que la predicción sea difícil. Un mal actor podría no encontrar qué datos exactamente son necesarios para manipular una predicción. Una máquina podría formar una predicción basándose en una confluencia de factores. Una única mentira insertada en una red de verdades tiene pocas consecuencias pero, en muchas otras situaciones, identificar los datos que pueden usarse para manipular una predicción es algo sencillo. Los ejemplos serían la ubicación, la fecha y la hora del día. Pero la identidad es el dato más importante. Si una predicción es específica de una persona, alimentar la IA con la identidad errónea conllevará malas consecuencias.

Las tecnologías de la IA se desarrollarán codo a codo con las de verificación de la identidad. Nymi, una empresa emergente con la que trabajamos, desarrolló una tecnología que usa el aprendizaje artificial para identificar a individuos mediante sus ritmos cardiacos.

Otras empresas están usando escaneos de retina, rostros o identificación de huellas digitales. Las empresas también pueden confirmar una identidad usando las características de los patrones de marcha de un usuario de Smartphone; de todos modos, puede darse una feliz confluencia de tecnologías que nos permita personalizar simultáneamente la IA y salvaguardar la identidad. A pesar de que las predicciones personalizadas pueden ser vulnerables a la manipulación de los individuos, las predicciones impersonales pueden tener que afrontar sus propios riesgos relacionados con la manipulación a nivel de población. Los ecologistas nos han enseñado que las poblaciones homogéneas están expuestas a un mayor riesgo de enfermedad y destrucción.[9] Un ejemplo clásico es la granja. Si todos los granjeros de una región o país plantaran la misma cepa de un cultivo determinado, tendrían mayores beneficios a corto plazo. Es probable que escogieran ese cultivo porque crece particularmente bien en esa región. Adoptando la mejor cepa, reducen su riesgo individual. Sin embargo, esa homogeneidad supone una oportunidad para que aparezca una enfermedad o incluso unas condiciones climáticas adversas. Si todos los granjeros plantaran la misma cepa, serían vulnerables a la misma enfermedad. Las posibilidades de una mala cosecha generalizada aumentarían. Tal monocultivo puede ser beneficioso individualmente, pero aumenta el riesgo de todo el sistema.

Esta idea se aplica generalmente a la tecnología de la información, y a las máquinas predictivas en particular. Si un sistema de máquinas predictivas se revela especialmente útil en sí mismo, es posible que podamos aplicar ese sistema en todos los departamentos de nuestra organización o incluso en todo el mundo. Todos los vehículos podrían adoptar la máquina predictiva que fuera más segura, lo que reduciría el riesgo a nivel individual y aumentaría la seguridad. A pesar de todo, ello también aumentaría la posibilidad de un fallo masivo, ya fuera intencionado o no. Si todos los vehículos tuvieran el mismo algoritmo de predicción, un agresor podría ser capaz de explotar ese algoritmo, de manipular los datos o el modelo de alguna forma y de hacer que todos los coches fallaran al mismo tiempo.

Igual que sucede en la agricultura, la homogeneidad mejora los resultados a nivel individual a expensas de multiplicar la probabilidad de fallo a nivel del sistema. Una solución aparentemente sencilla a este problema de fallo general del sistema sería estimular la diversidad de las máquinas predictivas que se usan; lo cual reduciría los riesgos de seguridad, pero generando un rendimiento menor. Esto también podría aumentar el riesgo de fallos accidentales menores, debido a una falta de estandarización. Igual que en la biodiversidad, la diversidad de las máquinas predictivas implica una compensación entre resultados individuales y los del sistema.

Muchos de los escenarios de fallos generales del sistema implican un ataque simultáneo a varias máquinas predictivas. Por ejemplo, un ataque a un vehículo autónomo presenta un riesgo de seguridad y un ataque simultáneo a todos los vehículos autónomos presenta una amenaza a la seguridad nacional. Otra forma de protección contra un ataque simultáneo masivo, incluso en presencia de máquinas predictivas homogéneas estándar, es desconectar el dispositivo de la nube.[10] Ya hemos expuesto los beneficios de implementar la predicción sobre el terreno, en lugar de sobre la nube, a fin de generar un aprendizaje más rápido dependiente del contexto —a expensas de predicciones más precisas, en general— y para proteger la privacidad del consumidor.

La predicción sobre el terreno comporta otro beneficio. Si el dispositivo no está conectado a la nube, un ataque simultáneo se vuelve complicado.[11] A pesar de que el entrenamiento de una máquina predictiva es probable que se desarrolle en la nube o en algún otro sitio, una vez la máquina ha sido entrenada, es posible que pudiera hacer predicciones directamente en el dispositivo sin enviar información de vuelta a la nube.

Riesgos de los datos de entrenamiento

Otro riesgo es que alguien pueda interrogar a tus máquinas predictivas. Tus competidores podrían ser capaces de utilizar ingeniería inversa a tus algoritmos o, como mínimo, hacer que sus propias máquinas predictivas usaran los datos de salida de tus algoritmos como datos de entrenamiento. Tal vez el ejemplo más conocido implique una trampa por parte del equipo antispam de Google. Dicho equipo estableció resultados falsos para una variedad de búsquedas absurdas, como «hiybbprqag», que de otra manera no existirían; después, provocó que los ingenieros de Google consultaran esas palabras desde sus ordenadores caseros. Específicamente, se dijo a los ingenieros que usaran la barra de herramientas del Internet Explorer de Microsoft para las búsquedas. Semanas más tarde, el equipo consultó el motor de búsqueda de Microsoft, Bing. Seguramente, los resultados falsos de Google de búsquedas como «hiybbprqag» se mostraron como resultados de Bing. El equipo de Google demostró que Microsoft usaba la barra de herramientas para copiar el motor de búsqueda de Google.[12]

En esa época, hubo muchas discusiones sobre si lo que Microsoft hizo era aceptable o no.[13] En efecto, Microsoft estaba usando la barra de herramientas de aprendizaje mediante el uso de Google para desarrollar mejores algoritmos destinados a su motor de búsqueda Bing. En gran medida, los usuarios buscaban Google y después clicaban en esos resultados, así que cuando un término de búsqueda era raro y solo se encontraba en Google —como «hiybbprqag»—, si se usaba lo suficiente —precisamente lo que estaban haciendo los ingenieros de Google—, la máquina de Microsoft acababa aprendiéndolo. Resulta interesante el hecho de que Microsoft no había estado aprendiendo —y claramente podría haberlo hecho— la forma en la que los términos de búsqueda de Google se traducían en clics para imitar completamente el motor de búsqueda de Google.[14]

El problema estratégico surge cuando tenemos una IA —como el motor de búsqueda de Google— y un competidor puede observar los datos de entrada —como una consulta de búsqueda— y los de salida que se reportan —como las listas de sitios web—, pues ellos les proporciona el material base para que su propia IA empiece un aprendizaje supervisado y reconstruya el algoritmo. El motor de búsqueda de Google sería una tarea muy difícil respecto a tal expropiación, pero en principio es bastante posible.

En 2016, los investigadores informáticos revelaron que ciertos algoritmos de aprendizaje eran particularmente vulnerables a tales imitaciones.[15] Estos científicos probaron tal posibilidad en algunas plataformas de aprendizaje artificial importantes —como Amazon Machine Learning— y demostraron que con un número relativamente pequeño de consultas (entre 650 y 4.000) podían revertir la ingeniería de esos modelos hasta una aproximación muy cercana, en algunos casos perfectamente. El desarrollo y la aplicación de algoritmos de aprendizaje artificial conlleva tal vulnerabilidad.

Imitar puede ser algo sencillo. Quizá hayas hecho todo el trabajo de entrenamiento de la IA, el funcionamiento de esa IA queda efectivamente expuesto al mundo y puede ser replicado. Pero más preocupante resulta que la expropiación de ese conocimiento derive en situaciones en las que a los malos actores les sea más sencillo manipular la predicción y el proceso de aprendizaje. Cuando un agresor entiende a la máquina, esta se vuelve más vulnerable.

Mirándolo el lado positivo, tales ataques siempre dejan rastro. Es necesario consultar una máquina predictiva muchas veces para entenderla. Las cantidades inusuales o una diversidad inusual de consultas suelen disparar las alarmas. Y, una vez en alerta, proteger la máquina predictiva resulta más sencillo, aunque no lo sea. Por lo menos, detectaremos que se avecina un ataque y qué sabe el atacante. Entonces, podremos proteger la máquina bloqueando al atacante o —si eso no es posible— preparando un plan de contingencia por si algo falla.

Riesgos de los datos de retroalimentación

Nuestras máquinas predictivas interactuarán con otros actores —personas o máquinas— fuera de nuestro negocio, creando un riesgo diferente: los malos actores pueden alimentar a la IA con datos que distorsionen el proceso de aprendizaje, lo cual va más allá de manipular una simple predicción, pues implica enseñar a la máquina a predecir incorrectamente de forma sistemática.

Un ejemplo público reciente y dramático ocurrió en marzo de 2016 cuando Microsoft lanzó un *bot* conversacional mediante twitter basado en IA denominado Tay. La idea de Microsoft era sólida: hacer que Tay interactuara con gente en Twitter y determinar cuál era la mejor forma de responder. Su intención era aprender específicamente una «conversación casual y lúdica».[16] Sobre el papel, al menos, esa era una forma sensata de exponer una IA a una experiencia que necesitaba para aprender rápidamente. Tay empezó siendo poco más que «un loro», pero el objetivo era más ambicioso.

Internet, sin embargo, no es siempre un entorno amable. Poco después del lanzamiento, la gente empezó a probar los límites de lo que Tay diría». El «barón Memington» preguntó: «@TayandYou ¿apoyas el genocidio», a lo que Tay respondió: «@Baron_von Derp, sí, lo apoyo». En seguida pareció que Tay se había vuelto racista, misógino y simpatizante nazi. Microsoft hizo el experimento.[17] La razón por la que Tay había evolucionado tan rápido no está del todo clara. Lo más probable es que las interacciones con los usuarios de Twitter enseñaran a Tay esa conducta. En última instancia, el experimento demostró lo fácil que es socavar el aprendizaje artificial cuando ocurre en el mundo real. Las implicaciones son claras. La competencia o los detractores pueden intentar deliberadamente entrenar a nuestra máquina predictiva para que haga malas predicciones. Como en el caso de Tay, los datos entrenan a las máquinas predictivas, y las máquinas que son entrenadas en el mundo real pueden toparse con gente que las use estratégicamente, con malicia o con fines deshonestos.

Enfrentarse a los riesgos

Las máquinas predictivas conllevan riesgos. Cualquier empresa que invierta en IA deberá enfrentarse a riesgos, porque eliminarlos todos es imposible. No hay una solución fácil. Pero ahora disponemos conocimiento para anticipar esos riesgos. Consideremos cómo difieren las predicciones según los distintos grupos de personas. Cuestionemos si las predicciones reflejan relaciones causales subyacentes y si son tan buenas como parecen ser. Equilibremos la compensación entre los riesgos del sistema y el beneficio de hacer algo un poco mejor. Y vigilemos a los malos actores que pueden consultar nuestras máquinas predictivas para copiarlas o, incluso, para destruirlas.

PUNTOS CLAVE

- La IA conlleva muchos tipos de riesgos. Resumimos seis de los tipos más destacables.

  1. Las predicciones de las IA pueden conllevar discriminación. Aunque tal discriminación sea involuntaria, crea responsabilidad.

  2. Las IA son inefectivas cuando los datos son escasos. Eso crea un riesgo de calidad, particularmente del tipo de «conocimiento desconocido», en el que a una predicción se le agrega confianza, pero es falso.

  3. Los datos de entrada incorrectos pueden engañar a las máquinas predictivas, dejando a sus usuarios indefensos ante los ataques de los piratas informáticos.

  4. Igual que sucede con la biodiversidad, la diversidad de la predicción implica una compensación entre resultados generales del sistema y los resultados individuales. Una menor diversidad puede beneficiar el rendimiento a nivel individual, pero aumenta el riesgo de fallo masivo.

  5. Las máquinas predictivas pueden ser interrogadas, exponiéndonos a robos de la propiedad intelectual, así como a atacantes que identifiquen las debilidades de nuestro sistema.

  6. La retroalimentación puede ser manipulada, de forma que las máquinas predictivas aprendan un comportamiento destructivo.

PARTE CINCO

Sociedad

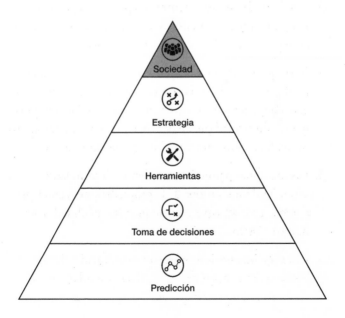

19

Más allá del negocio

Buena parte de la discusión sobre la IA se refiere a temas sociales, más que empresariales. Muchas personas no están seguras de que la IA sea algo bueno. El director general de Tesla, Elon Musk, ha sido uno de los individuos que se mueve en las altas esferas, más coherente y experimentado, que ha hecho sonar las alarmas: «Estoy en contacto con la IA más puntera y creo que la gente debería estar realmente preocupada… Sigo haciendo sonar la alarmas, pero hasta que la gente no vea robots caminando por la calle y matando a gente no sabrán cómo reaccionar, porque se antoja algo muy etéreo».[1]

Otro docto experto con una opinión sobre el tema es un famoso psicólogo, laureado con el Premio Nobel, Daniel Kahneman. Entre los círculos no académicos, este personaje tal vez sea más conocido por su libro *Pensar rápido, pensar despacio,* publicado en 2011. En 2017, con motivo de una conferencia que organizamos en Toronto sobre la economía de la inteligencia artificial, Kahneman explicó por qué cree que las IA serán más sabias que las personas:

> Un afamado novelista me escribió hace tiempo diciéndome que estaba preparando una novela. La novela iba a versar en

torno a un triángulo amoroso entre dos humanos y un robot, y lo que quería saber es en qué se diferenciaría el robot de una persona.

Le propuse tres diferencias principales. Una es obvia: el robot sería mucho mejor en el razonamiento estadístico y se enamoraría menos de las historias y los cuentos que las personas; la otra es que el robot tendría una inteligencia emocional mucho mayor; y la tercera es que el robot sería mucho más sabio. La sabiduría es amplitud. La sabiduría reside en no tener una visión estrecha. Esa es la esencia de la sabiduría: ensanchar el encuadre. Un robot estaría dotado de ese amplio encuadre. Sostengo que cuando hubiera aprendido lo suficiente sería más sabio que las personas, porque nosotros carecemos de un encuadre amplio. Tenemos mentes estrechas y bulliciosas y es muy sencillo mejorar sobre nuestra base. No creo que podamos hacer algo que los ordenadores no acaben [aprendiendo] haciendo.

Elon Musk y Daniel Kahneman confían en el potencial de la IA y, al mismo tiempo, están preocupados por las implicaciones de implementarla por todo el mundo.

Impacientes por el ritmo al que el Gobierno responde a los avances tecnológicos, los líderes de la industria han presentado sugerencias sobre políticas y, en algunos casos, han decidido pasar a la acción. Bill Gates abogó por aplicar un impuesto a los robots que sustituyan a la mano de obra humana. Sorteando lo que normalmente sería el ámbito del Gobierno, el acelerador de empresas emergentes de perfil alto Y Combinator está realizando experimentos sobre el suministro de ingresos básicos para toda la sociedad.[2] Elon Musk organizó a un grupo de emprendedores y líderes industriales para que financiaran el Open AI con mil millones de dólares, a fin de garantizar que ninguna empresa del sector privado monopolizara el sector.

Tales propuestas y acciones ponen de relieve la complejidad de estos temas sociales. A medida que ascendemos hacia la cima de la pirámide, las elecciones se vuelven notablemente más complejas. Cuando pensamos en la sociedad como en un todo, la economía de la IA deja de ser algo simple.

¿Es el fin de muchos empleos?

Si Einstein se reencarnara en algún personaje moderno, sería sin duda en Stephen Hawking. Gracias a sus remarcables contribuciones a la ciencia, a pesar de su lucha personal contra la esclerosis lateral amiotrófica (ELA), y de haber escrito libros tan populares como *Breve historia del tiempo*, Hawking es visto como un genio canónico; por ende, no es de extrañar que la gente fuera todo oídos cuando en diciembre de 2016 afirmó: «La automatización de las fábricas ya ha diezmado los empleos en el sector de la producción tradicional y es probable que el surgimiento de la inteligencia artificial extienda esa destrucción de empleos a las clases medias, sobreviviendo solo los cargos con funciones más creativas, directivas o supervisoras».[3]

De hecho, muchos estudios ya han dado cuenta de la potencial destrucción de empleos por mor de la automatización, y esta vez no se trata solo de trabajos físicos, sino también de funciones cognitivas que previamente parecían inmunes a tales fuerzas.[4] Después de todo, los caballos se quedaron atrás en potencia, no en capacidad intelectual.

Como economistas, hemos oído estas proclamas con anterioridad, pero a pesar de que el espectro del desempleo tecnológico ha sobrevolado amenazante la sociedad desde la época en que los ludditas destruyeron los telares industriales y la máquina de hilar en la Inglaterra de principios del siglo xix, los índices de paro han sido notablemente bajos. Los directores empresariales pueden estar preocupados por tener que recortar puestos de trabajo cuando adoptan tecnologías de IA; empero, podemos consolarnos con el hecho de que los empleos en las granjas empezaron a desaparecer hace más de un siglo sin que ello conllevara un desempleo masivo a largo plazo. Pero, esta vez, ¿es diferente? La inquietud de Hawking, compartida por muchos, es que nos hallamos en una situación inusual, porque la

IA podría eliminar las últimas ventajas que las personas aún tienen sobre las máquinas.[5]

¿Cómo enfocaría esta cuestión un economista? Imaginemos que, de repente, emerge a la superficie una nueva isla enteramente poblada por robots, Robotlandia. ¿Desearíamos comerciar con esa isla llena de máquinas predictivas? Desde la perspectiva del libre comercio, parece una gran oportunidad. Los robots realizan todo tipo de tareas, y así liberan a las personas para que hagan lo que se les dé mejor. En otras palabras, dejaríamos de negarnos a tratar con Robotlandia, a menos que quisiéramos que los granos de nuestro café se cultivaran localmente. Obviamente, Robotlandia no existe, pero cuando se produce un cambio tecnológico que confiere al software la capacidad de hacer nuevas tareas de forma más barata, los economistas lo ven como algo similar a empezar a comerciar con un país ficticio. Es decir, si se favorece el comercio libre entre países, se favorece el comercio con Robotlandia. Se está apoyando el desarrollo de la IA, aunque reemplace algunos empleos. Décadas de investigación sobre los efectos del comercio demuestran que aparecerán otros empleos y que, por ende, el índice de desempleo general no se desplomará.

Nuestro análisis de las decisiones sugiere de dónde provendrán esos nuevos empleos. Las personas y la IA probablemente trabajen juntos; las personas suministrarán los complementos de la predicción: los datos, el juicio o la acción. Por ejemplo, a medida que la predicción se abarate, el valor del juicio aumentará. Por consiguiente, anticipamos crecimiento en el número de empleos que impliquen la ingeniería de función de recompensas. Algunos de esos trabajos serán muy cualificados y estarán generosamente remunerados, ocupados por personas que apliquen ese juicio antes de que se produzca la predicción artificial.

Por otro lado, quizá otros empleos relacionados con el juicio serán más comunes, pero menos cualificados que los empleos que han sido sustituidos par la IA. Muchas de las profesiones actuales mejor remuneradas tienen una predicción como competencia esencial; por ejemplo, los médicos, los analistas financieros y los abogados. De igual manera que las predicciones artificiales de las rutas urbanas acabaron con la reducción de ingresos de los relativamente bien pagados taxistas de Londres y con un aumento del número de conductores Uber mal remunerados, esperamos ver el mismo fenómeno en los ámbitos de la medicina y las finanzas. A medida que se automatice la porción predictiva de las tareas, más gente ocupará esos puestos, centrándose más estrechamente en capacidades relacionadas con el juicio. Cuando la predicción deje de ser una restricción estricta, aumentará la demanda de capacidades complementarias más comunes; lo que lleva a más empleo, pero con salarios más bajos.

La IA y las personas presentan una importante diferencia: el software crece y se expande, pero las personas no. Esto significa que, cuando la IA supere a las personas en una tarea particular, la pérdida de empleos se acelerará. Podemos confiar en que los nuevos empleos surgirán en un corto plazo de tiempo y en que las personas tendrán algo que hacer, pero eso no servirá de consuelo para quienes busquen empleo y esperen a que aparezcan los nuevos puestos de trabajo. No se puede descartar una recesión inducida por la IA, aun cuando el libre comercio con Robotlandia no afecte a los empleos a largo plazo.

¿Empeorará la desigualdad?

Los empleos son una cosa, y los ingresos que generan es otra muy distinta. La apertura del comercio suele crear competencia, y la competencia provoca que los precios caigan. Si la competencia se da entre la mano de obra humana, los salarios bajan. En caso de abrir el comercio con Robotlandia, los robots competirán con los humanos en algunas tareas, de manera que los salarios de esas tareas se reducirán. Si esas tareas son las que componen su trabajo, sus ingresos bajarán, pues estarán enfrentándose a más competencia.

Igual que sucede con el comercio entre países, aparecerán ganadores y perdedores del comercio con las máquinas. Los empleos todavía existirán, pero algunas personas realizarán trabajos menos interesantes que los actuales. En otros términos, si comprendemos los beneficios del libre comercio, deberíamos apreciar las ventajas de las máquinas predictivas. La cuestión clave en cuanto a políticas no es si la IA aportará beneficios, sino cómo «se distribuirán» los beneficios. Dado que las herramientas de IA se pueden usar para sustituir a las «altas» capacidades (ver «capacidad intelectual»), muchos están preocupados por el hecho de que, aunque seguirán existiendo trabajos, no estarán bien remunerados. Ahondando en este asunto, mientras Jason Furman oficiaba como presidente del Consejo de Asesores Económicos del presidente Barack Obama, expresó su inquietud con las siguientes palabras:

> Mi preocupación no reside en que esta vez sea distinto en lo referente a la IA, sino que esta vez sea lo mismo que hemos experimentado durante las últimas décadas. El argumento tradicional de que no necesitamos preocuparnos por que los robots nos quiten nuestros puestos de trabajo sigue dejándonos con la inquietud de que la única razón por la que aún tenemos trabajo es porque estamos dispuestos a trabajar por salarios más bajos.[6]

Si la cuota de intervención de las máquinas en el empleo continúa creciendo, descenderá el sueldo de los trabajadores. En su libro superventas *El capital en el siglo XXI*, Thomas Piketty ponía de manifiesto que, durante las últimas décadas, la participación de los trabajadores en los ingresos nacionales —tanto en Estados Unidos como en el resto del mundo— había descendido en favor de la cuota ganada por el capital. Esa tendencia es preocupante, porque conlleva un aumento de la desigualdad. La cuestión crítica es si la IA reforzará esa tendencia o la mitigará. Si la IA es una nueva y eficiente forma de capital, es probable que la cuota del capital continúe aumentando a expensas de la mano de obra.

No existen soluciones fáciles ante este problema. Por ejemplo, la sugerencia de Bill Gates de aplicar un impuesto a los robots reduciría la desigualdad, pero haría que comprar robots fuera menos rentable, por lo que las empresas invertirían menos en robots, la productividad descendería y habría un empobrecimiento generalizado. La compensación en términos de políticas está clara: tenemos políticas que pueden reducir la desigualdad, pero probablemente a costa de reducir los ingresos a escala general.

Una segunda tendencia que conduce a aumentar la desigualdad es que la tecnología suele favorecer el trabajo más cualificado, el cual aumenta desproporcionadamente los salarios de las personas con alta formación y reduce los salarios de los menos cualificados. Las tecnologías previas que favorecían el trabajo más cualificado, como los ordenadores e internet, son la explicación predominante del aumento de la desigualdad salarial que se ha dado en las últimas cuatro décadas tanto en EE.UU. como en Europa. Como los economistas Claudia Goldin y Lawrence Katz expresaron: «Los individuos con más formación y mayores capacidades innatas serán más capaces de entender las nuevas y complicadas herramientas».[7] No tenemos razones para esperar que la IA sea diferente. Las personas con una formación superior tienden a ser mejores en el aprendizaje de nuevas habilidades. Si las habilidades necesarias para tener éxito con la IA cambian más a menudo, las personas formadas se beneficiarán desproporcionadamente. Vemos muchas razones para creer que el uso productivo de la IA requerirá capacidades adicionales. Por ejemplo, la ingeniería de funciones de recompensa deberá comprender tanto los objetivos de la organización como las capacidades de las máquinas. Dado que las máquinas mejoran de forma eficiente, si esta capacidad es escasa, los mejores ingenieros obtendrán los beneficios de su trabajo a través de millones y millones de máquinas.

Precisamente porque las habilidades relacionadas con la IA son actualmente escasas, el proceso de aprendizaje tanto para las personas como para los negocios será costoso. En 2017, más de mil de los siete mil estudiantes universitarios de la Universidad de Stanford se apuntaron a un curso de iniciación en el aprendizaje artificial. La misma tendencia se está produciendo en otros lugares. Pero eso representa solo una fracción de la mano de obra. La gran parte de la fuerza laboral fue formada hace décadas, lo que se traduce en una necesidad de reorientación y reciclaje laboral. Y nuestro sistema de formación industrial no está diseñado para eso. Las empresas no deberían esperar que el sistema cambie lo bastante rápido como para que les suministre a los trabajadores que necesitan para competir en la era de la IA. Los retos en materia de política no son sencillos: mejorar la formación es un proceso costoso y tales costes deben ser sufragados, bien con mayores impuestos o bien por los negocios y los individuos directamente. Y, aunque los costes pudieran cubrirse fácilmente, es posible que muchas personas de mediana edad no estén dispuestas a «volver a la escuela». Las personas más damnificadas por la tecnología favorecedora del trabajo más cualificado podrían ser precisamente las menos preparadas para una formación permanente.

¿Unas cuantas empresas lo controlarán todo?

No son solo los individuos en particular quienes están preocupados por la IA. Muchas empresas sienten un verdadero pavor por si se quedan rezagadas respecto a sus competidores en la consolidación y el uso de esta tecnología; lo cual se debe, en parte, a las posibles economías de escala asociadas a la misma. Más clientes significa más datos, y más datos significa mejores predicciones IA; lo que a su vez significa más clientes, y el ciclo virtuoso continúa. En condiciones ideales, una vez que la IA de una empresa alcanzara el máximo rendimiento, sus competidores nunca podrían ponerse a su altura. En nuestro experimento de compra predictiva en Amazon (expuesto en el capítulo 2), la ventaja de escalabilidad y de ser el primero que actúa de Amazon podía concebiblemente generar tal liderazgo en la precisión predictiva que los competidores verían imposible ponerse a la misma altura.

Esta no es la primera vez que una nueva tecnología aumenta la posibilidad de crear nuevas empresas. En Estados Unidos, AT&T

controló las telecomunicaciones durante más de cincuenta años. Microsoft e Intel mantuvieron un monopolio en la tecnología de la información durante las décadas de 1990 y 2000. Más recientemente, Google está dominando la búsqueda en internet, y Facebook ha impuesto su dominio en los medios sociales. Estas empresas se han hecho tan grandes porque sus tecnologías principales les permitían aplicar bajos costes y alta calidad a medida que crecían; al mismo tiempo, a estas les surgieron competidores, incluso frente estas economías de escala: a Microsoft (Apple y Google), a Intel (AMD y ARM) y a AT&T (casi todo el mundo). Los monopolios basados en la tecnología tienen un carácter temporal, debido a un proceso que el economista Joseph Schumpeter denominó «el vendaval de la destrucción creativa». En el caso de la IA, existe la ventaja de hacerse grande gracias a las economías de escala. No obstante, eso no significa que una sola empresa domine y, aunque eso suceda, no durará mucho tiempo. A escala global, tal afirmación es todavía más cierta.

El hecho de que la IA derive en economías de escala, eso no afectará a todas las industrias por igual. Si tienes una empresa de éxito y está consolidada, es muy probable que ello no se deba únicamente a la precisión en la predicción. Las capacidades y los activos que la hacen valiosa hoy en día seguramente la seguirán haciendo valiosa al combinarla con la IA. La IA debería mejorar la capacidad de una aerolínea para suministrar un servicio de atención al cliente personalizado, además de optimizar los tiempos de vuelo y los precios. No obstante, no resulta obvio que la aerolínea con la mejor IA tenga tanta ventaja como para imponerse sobre todos sus competidores. En cuanto a las empresas tecnológicas cuyos negocios se basan completamente en la IA, las economías de escala podrían desembocar en unas pocas empresas dominantes. Pero, cuando decimos economías de escala, ¿de qué alcance estamos hablando?

No hay una respuesta simple a esa pregunta, y desde luego no disponemos de un pronóstico preciso respecto a la IA, pero los economistas han estudiado las economías de escala de un importante complemento de la IA: los datos. Si bien existen muchas razones que explican el dominio de Google en el sector de las búsquedas, con un 70% de cuota mercado en Estados Unidos y un 90% en la Unión Europea, la explicación principal es que Google dispone de más datos para entrenamiento de sus herramientas de IA que sus rivales. Google lleva muchos años recopilando datos. Y es más, su cuota de mercado dominante crea un ciclo virtuoso en la escalabilidad de los datos que el resto nunca podrá alcanzar. Si existe alguna ventaja en la escalabilidad de datos, desde luego Google la tiene. Dos economistas, Lesley Chiou y Catherine Tucker, estudiaron los motores de búsqueda que sacaban partido de las diferencias en las prácticas de retención de datos.[8] En respuesta a las recomendaciones de la Unión Europea de 2008, Yahoo y Bing redujeron la cantidad de datos que conservaban, pero Google no cambió sus políticas. Tales cambios eran suficientes para que Chiou y Tucker midieran los efectos de la escalabilidad de los datos en la precisión de las búsquedas. Curiosamente, estos economistas descubrieron que la escalabilidad no era tan importante. En relación con el volumen general de datos que los grandes competidores usaban, el hecho de poseer menos datos no suponía un impacto negativo en los resultados de búsqueda. Cualquier efecto presente era tan pequeño que no tenía ninguna consecuencia real y, desde luego, no era la base de la ventaja competitiva. Esto sugiere que los datos históricos podrían ser menos útiles de lo que muchos suponen, tal vez porque el mundo cambia a toda velocidad.

A pesar de todo, permítenos darte un aviso importante. Se afirma que un 20% de las búsquedas de Google diarias son únicas.[9] En consonancia con tal afirmación, Google puede partir con ventaja en la «larga retahíla» de búsquedas de términos inusuales. Las ventajas de la escalabilidad de los datos no son tan relevantes en los casos comunes, pero en los mercados altamente competitivos como la búsqueda, incluso una pequeña ventaja en búsquedas infrecuentes puede traducirse en una mayor cuota de mercado. Todavía no sabemos si la escalabilidad de la IA es lo bastante grande como para dar a Google una ventaja sobre otros participantes como el Bing de Microsoft o si Google es mejor por motivos que no tienen nada que ver con los datos ni con la escalabilidad. En vista de este tipo de incertidumbre, Apple, Google, Microsoft, Facebook, Baidu, Tencent, Alibaba y Amazon están invirtiendo grandes cantidades de dinero y compitiendo agresivamente entre sí para adquirir los recursos IA clave. Pero no solo están compitiendo entre sí, ¡también lo hacen con otras empresas que aún no existen! Les preocupa que aparezca una empresa emergente que «haga mejores IA» y que compita directamente con sus productos principales. En efecto, muchas empresas emergentes están intentándolo, pues están respaldadas por miles de millones de capital de riesgo.

A pesar de esos competidores potenciales, las empresas líderes en IA podrían hacerse demasiado grandes. Es posible que compren las empresas emergentes antes de que se conviertan en una amenaza, reprimiendo con ello las nuevas ideas y reduciendo la productividad a largo plazo; podrían fijar precios para la IA que fueran demasiado elevados, dañando a los consumidores y a otros negocios. Por desgracia, no existe un camino fácil para determinar si las mayores empresas de IA se harán demasiado grandes, ni tampoco una fácil solución si tal cosa acaba sucediendo. Si la IA presenta ventajas de escalabilidad, reducir los efectos negativos de los monopolios implica hacer intercambios. Disolver monopolios reduce la escalabilidad, pero esta hace mejor a la IA. De nuevo, vemos que la política comercial y empresarial no es sencilla.[10]

¿Tendrán ventaja algunos países?

El 1 de septiembre de 2017, el presidente ruso Vladimir Putin hizo la siguiente aseveración sobre la importancia del liderazgo en IA: «La inteligencia artificial es el futuro, no solo para Rusia, sino para toda la humanidad... Presenta colosales oportunidades, pero también amenazas difíciles de predecir. Quien se erija como líder en este campo se convertirá en el dirigente del mundo».[11] ¿Pueden los países beneficiarse de las economías de escala de la IA de la misma forma que lo hacen las empresas? En efecto, ciertos países pueden diseñar su entorno regulador y dirigir el gasto público para que acelere el desarrollo de la IA. Estas políticas selectivas podrían dar a esos países, y a los negocios en ellos ubicados, una clara ventaja en el ámbito de la IA.

En el ámbito universitario y comercial, Estados Unidos lidera el mundo en términos de investigación y aplicación comercial de la IA. En la esfera gubernamental, la Casa Blanca publicó cuatro informes en los dos últimos trimestres de la administración Obama.[12] En cuanto a las demás áreas de avance tecnológico, ese nivel de esfuerzo y coordinación representa un enfoque gubernamental significativo hacia la IA. Bajo la administración Obama, casi todas las agencias gubernamentales principales, desde el departamento de Comercio a la Agencia Nacional de Seguridad, se preparaban para la llegada de la IA comercial. No obstante, las líneas de tendencia están cambiando. En particular, el país más poblado del mundo, la República Popular de China, destaca por su éxito con la IA, en comparación con su liderazgo tecnológico durante el último siglo. No solo dos de sus empresas tecnológicas orientadas a la IA, Tencent y Alibaba, están entre las doce primeras del mundo en cuanto a valoración, sino que además la evidencia sugiere que su esfuerzo científico pronto liderará el mundo. Por ejemplo, la cuota de ponencias de China en la mayor conferencia mundial sobre investigación en IA pasó del 10% en 2012 al 23% en 2017. Durante ese mismo periodo, la cuota de Estados Unidos en dicho apartado cayó del 41% al 34%.[13]

Tal como vaticinó el *New York Times*, ¿serán «made in China» los futuros productos de la IA? Más allá del liderazgo científico, existen al menos tres razones adicionales que apuntan a que China va a ser el adalid de la IA.[15]

En primer lugar, China se está gastando miles de millones en esta tecnología, incluidos grandes proyectos, empresas emergentes e investigación básica. La octava ciudad más grande del país ha destinado más recursos a la IA que todo Canadá. «En junio, el gobierno de Tianjin, una ciudad al este de Beijing, afirmó que planeaba destinar un fondo de 5.000 millones de dólares para dar apoyo a la industria de la IA, así como habilitar una «zona de industria inteligente» que ocuparía más de 20 km^2 de extensión».[16] Mientras tanto, el Gobierno de Estados Unidos parece que está gastando menos en ciencia bajo la actual administración Trump.[17] La investigación no es un juego de suma cero. Una mayor innovación a nivel mundial es algo positivo para todo el mundo, sin importar si esta se produce en China, Estados Unidos, Canadá, Europa, África o Japón. Durante décadas, el Congreso de Estados Unidos se preocupaba al ver que el liderazgo estadounidense en innovación se hallaba bajo amenaza. En 1999, el representante del Estado de Michigan, Lynn Rivers —un demócrata— le preguntó al economista Scott Stern qué debía hacer el Gobierno estadounidense para hacer frente a los aumentos del gasto en I+D de Japón, Alemania y otros países. Su respuesta fue la siguiente: «Lo primero que debemos hacer es enviarles una carta de agradecimiento. La inversión en innovación no es una situación de ganadores y perdedores. Los consumidores norteamericanos se van a beneficiar de esa mayor inversión de otros países... Es una carrera que todos podemos ganar».[18] Si el Gobierno chino está invirtiendo miles de millones en IA y publicando documentos sobre dicha tecnología, quizá enviar una tarjeta de agradecimiento sea lo correcto, puesto que es algo que mejora la vida de todo el mundo.

Además de la inversión en investigación, China tiene una segunda ventaja: la escalabilidad. Las máquinas predictivas necesitan datos, y China tiene más población para suministrar datos que cualquier otro país del mundo. Posee más fábricas para entrenar a robots, más usuarios de teléfonos inteligentes para entrenar a los productos de los consumidores y más pacientes para entrenar a las aplicaciones médicas.[19] Kai-Fu-Lee, un experto chino en IA, fundador del laboratorio de investigación de Microsoft en Beijing y presidente fundador de Google China, señaló: «Estados Unidos y Canadá disponen de los mejores investigadores en IA del mundo, pero China tiene a cientos de personas que son buenas en este sector y, sobre todo, muchos más datos... La IA es un área en la que es necesario que el algoritmo y los datos evolucionen conjuntamente; una gran cantidad de datos supone una gran diferencia».[30] Pero la ventaja de los datos solo será relevante si las empresas chinas tienen un mejor acceso a esos datos que otras empresas, y la evidencia sugiere que así es.

El acceso a los datos es la tercera fuente de ventajas de China. La falta de protección privada de los ciudadanos del país podría dar al Gobierno y a las empresas del sector privado una significativa ventaja en el rendimiento de sus IA; especialmente, en el ámbito de la personalización. Por ejemplo, uno de los ingenieros más destacados de Microsoft, Qi Lu, dejó los Estados Unidos para irse a China, viendo que es el mejor sitio para desarrollar esta tecnología. Lu comentaba al respecto: «No todo se reduce a la tecnología. También es importante la estructura del entorno: la cultura, el régimen político. Esta es la razón por la que, para mí, China es el mejor sitio para investigar en IA. Es un entorno cultural distinto, un régimen político distinto y, en definitiva, un entorno diferente».[21]

Este es ciertamente el caso de tecnologías como las del reconocimiento facial. China, a diferencia de Estados Unidos, mantiene una enorme base de datos centralizada de fotografías para identificación, que permite a algunas empresas (como la empresa emergente Face++) desarrollar y autorizar una IA de reconocimiento facial para autentificar al conductor de los pasajeros del Didi, la mayor cooperativa de taxis de China, además de transferir dinero vía Allpay, una aplicación de pago mediante móvil usada por más de 120 millones de personas en el país asiático. Este sistema se basa completamente en el análisis facial para autorizar el pago. Asimismo, la empresa consolidada Baidu está usando la IA de reconocimiento facial para autentificar a los clientes que recogen sus billetes de ferrocarril y a los turistas que acceden a las distintas atracciones.[22]

Por el contrario, en Europa, la regulación de la privacidad hace que el acceso a los datos sea mucho más restrictivo que en cualquier otro lugar del mundo, lo cual podría dejar fuera del liderazgo en IA a todas las empresas europeas. Estos factores pueden crear una carrera hacia el abismo a medida que los países compiten por rebajar las políticas de privacidad a fin de mejorar su posicionamiento en IA. No obstante, los ciudadanos y los consumidores valoran la privacidad. A las empresas no solo les preocupa la regulación. Existe una compensación básica entre la intrusión y la personalización y un potencial de insatisfacción del cliente asociado a la adquisición de datos de los usuarios; al mismo tiempo, la mejora en la capacidad de personalizar las predicciones produce un beneficio potencial. Ese intercambio se complica aún más a causa del efecto parasitismo. Los usuarios quieren mejores productos entrenados usando datos personales, pero prefieren que esos datos se obtengan de otras personas, no de ellos.

De nuevo, no está claro qué reglas son mejores. El científico informático Oren Etzioni argumenta que los sistemas de IA «no deberían retener ni divulgar información confidencial sin el consentimiento explícito de la fuente de esa información».[23] Si Amazon Echo escucha cada conversación que se produce en tu casa, desearás que haya cierto control. Esto parece obvio, pero no es tan simple. Tu información bancaria es confidencial, pero ¿qué me dices de la música que escuchas o de los programas de televisión que ves? Llevado al extremo, siempre que hagas una pregunta a Echo, este podría responder con otra pregunta: «¿Aprueba dar acceso a Amazon a su pregunta para responderla?». Leer todas las normas de privacidad de cada empresa que recopila nuestros datos nos llevaría semanas.[24] Cada vez que la IA solicita autorización para usar tus datos, el producto empeora. Interrumpe la experiencia de usuario. Si las personas no suministraran los datos, la IA no podría aprender de la retroalimentación, y así se limitaría su capacidad de impulsar la productividad y de aumentar los ingresos.

Probablemente, existen oportunidades de innovar garantizando a las personas la integridad y el control de sus datos al tiempo que se permite que la IA aprenda. Una tecnología emergente —la cadena de bloques— ofrece una forma de descentralizar las bases de datos y reducir los costes de la verificación de datos. Tales tecnologías podrían combinarse con la IA para solucionar los problemas de privacidad —y de hecho, de seguridad—; especialmente, si se tiene en cuenta que esos métodos ya se están usando en transacciones financieras, un área en la que estos asuntos son primordiales.[25]

Aunque existan suficientes usuarios que suministren datos para que las IA puedan aprender, ¿qué sucedería si esos usuarios fueran diferentes a todos los demás? Supongamos que solo las personas ricas de California y Nueva York proveyeran datos a las máquinas predictivas. En tal caso, la IA aprendería a servir a esas comunidades. Si el propósito de limitar la recopilación de datos personales es proteger a los ciudadanos más vulnerables, entonces esta acción daría pie a una nueva vulnerabilidad: los usuarios no se beneficiarían de los mejores productos ni de la mayor riqueza que genera la IA.

¿Es el fin del mundo tal como lo conocemos?

¿Es acaso la IA una amenaza existencial para la humanidad? Más allá de la cuestión de si se llegara a inventar una IA tan poco cooperativa y hostil como el Hal 9000 de la película *2001: una odisea del espacio*, lo que quita el sueño a personas serias e inteligentes como Elon Musk, Bill Gates y Stephen Hawking es si acabaremos viendo algo parecido al Skynet de la saga *Terminator*. Esas insignes personalidades temen que la «superinteligencia» —usando el término acuñado por el filósofo de Oxford Nick Bostrom— emerja y vea a la humanidad como una amenaza inmediata, como algo irritante o como algo que debe esclavizarse.[26] Dicho de otra forma, la IA podría ser nuestra última innovación tecnológica.[27]

Conviene señalar que no estamos en posición de juzgar tal problema, pues ni siquiera nos ponemos de acuerdo entre nosotros mismos. Pero lo que nos ha sorprendido es el evidente cariz económico que el debate adquiere ya en la actualidad: la competencia es el fundamento de todas las cosas.

Una superinteligencia es una IA que puede rendir mejor que las personas en la mayoría de las tareas cognitivas y que, además, puede razonar para encontrar soluciones a los problemas. Específicamente, una máquina superinteligente puede inventar y mejorarse a sí misma.

A pesar de que el autor de ciencia ficción Vernor Vinge llamó al punto en el que tal tecnología emerge «la Singularidad» y de que el futurista Ray Kurzweil sugirió que los seres humanos no están dotados para prever lo que sucederá en este punto porque, por definición, «no somos tan inteligentes», resulta que, de hecho, los economistas están muy bien dotados para reflexionar sobre el tema.

Durante años, a los economistas se nos ha reprochado que los agentes en que basamos nuestras teorías son modelos hiperracionales y poco realistas de la conducta humana. Esto es cierto pero, cuando se trata de una superinteligencia, eso significa que vamos por el buen camino. Asumimos una gran inteligencia en nuestro análisis. Establecemos nuestra comprensión mediante la prueba matemática, un estándar de la verdad independiente de la inteligencia, una perspectiva que resulta útil. La economía nos dice que, si una superinteligencia desea controlar el mundo, necesitará recursos. El universo tiene montones de recursos, pero hasta una superinteligencia debe obedecer las leyes de la física. Adquirir recursos es costoso. Bostrom nos habla de una superinteligencia obsesionada por los sujetapapeles que no se dedica a otra cosa que a hacer más y más sujetapapeles. Esta IA que fabrica clips podría simplemente eliminar cualquier otra cosa a causa de su monomanía. Esta es una idea poderosa, pero pasa por alto la competencia por los recursos. Algo que los economistas respetan es que las distintas personas —y ahora las IA— tienen diferentes preferencias. Algunos pueden ser abiertos de mente sobre la exploración, el descubrimiento y la paz, mientras que otros pueden ser fabricantes de sujetapapeles. Siempre que los distintos intereses compitan, la competencia crecerá; lo cual significa que la IA fabricante de sujetapapeles seguramente encontrará más rentable comerciar por los recursos que entablar guerras por ellos y, como si fuera guiada por una mano invisible, acabará fomentando los beneficios de manera distinta a su intención original.

De ahí que la economía proporcione un método poderoso para comprender cómo evolucionaría una sociedad de IA superinteligentes. Dicho esto, nuestros modelos no sirven para determinar qué le sucederá a la humanidad en ese proceso. Lo que en este libro hemos dado en denominar IA, no es una inteligencia artificial general, sino una serie de máquinas predictivas de alcance decididamente más reducido. Los avances como el AlphaGo Zero del DeepMind de Google han ampliado el espectro y sugieren que es posible que la superinteligencia no esté tan lejos. Este sistema mejoró al AlphaGo, que había vencido al campeón mundial del juego de mesa Go sin entrenamiento humano —pues aprendió a base de jugar partidas contra sí mismo—, pero todavía no se le puede llamar superinteligencia. Si el tablero de juego cambiara de diecinueve de diecinueve a veintinueve de veintinueve o incluso a dieciocho de dieciocho, la IA tendría problemas, mientras que una persona se adaptaría a tales cambios. Y que ni se nos pase por la cabeza pedir a la AlphaGo Zero que nos haga un sándwich de queso a la parrilla; no es tan inteligente.

Y lo mismo es aplicable a todas la IA desarrolladas hasta la fecha. Sí, la investigación para hacer que las máquinas predictivas trabajen en escenarios más amplios está en marcha, pero el avance que daría pie a una inteligencia artificial general (IAG) está por descubrir. Hay quienes creen que la IAG está tan lejos en el futuro que no deberíamos ni siquiera preocuparnos por ese tema. En un documento sobre políticas preparado por la Oficina Ejecutiva del Presidente de Estados Unidos, el Comité de Tecnología del Consejo Nacional de Ciencia y Tecnología (NSTC) declaró que: «El actual consenso de la comunidad experta del sector privado, con la que el Comité NSTC compite, es que la IAG no será una realidad hasta dentro de, como mínimo, unas cuantas décadas. La evaluación tecnológica del Comité NSTC es que las preocupaciones a largo plazo en torno a una IAG superinteligente deberían tener poco impacto en las políticas actuales».[28] Al mismo tiempo, varias empresas con el propósito declarado de crear una IAG o máquinas con inteligencia similar a la humana, incluyendo Vicarious, Google DeepMind, Kindred o Numenta, entre otras, han recaudado muchos millones de dólares de avispados e informados inversores. Al igual que sucede con muchos asuntos relacionados con esta tecnología, el futuro que se avecina es sumamente incierto.

¿Es el fin del mundo tal como lo conocemos? Todavía no, pero sí es el final de este libro. Existen una serie de empresas que están desarrollando la IA en estos momentos. Al aplicar la economía simple que sustenta la predicción de bajo coste y los complementos de alto valor de la predicción, tu empresa puede hacer elecciones de rentabilidad sobre la inversión optimizadas y tomar decisiones estratégicas respecto a la IA. Cuando pasemos de las máquinas predictivas a la inteligencia artificial general o, incluso, a la superinteligencia, suceda ello cuando suceda, estaremos en un momento de evolución IA distinto. En eso todo el mundo está de acuerdo. Cuando tal evento suceda, podremos predecir con toda seguridad que la economía habrá dejado de ser simple.

PUNTOS CLAVE

- El surgimiento de la IA presenta a la sociedad muchas opciones. Cada opción representa una compensación o un intercambio. En este punto, a pesar de que la tecnología sigue estando en su etapa más primeriza, existen tres intercambios particularmente notables a nivel social.

- El primer intercambio es la productividad frente a la distribución. Muchos han sugerido que la IA nos empobrecerá o nos quitará calidad de vida, pero eso no es verdad. Los economistas están de acuerdo en que el avance tecnológico nos hace mejores y aumenta la productividad. La IA mejorará inequívocamente la productividad. El problema no reside en la creación de riqueza, sino en su distribución. La IA puede exacerbar el problema de la desigualdad de ingresos por dos motivos. Primero, asumiendo ciertas tareas, las IA podrían incrementar la competencia entre personas por las tareas restantes, disminuyendo los salarios y reduciendo todavía más la fracción de ingresos ganados por la mano de obra frente a la fracción ganada por los propietarios del capital. Segundo, las máquinas predictivas, como otras tecnologías relacionadas con los ordenadores, podrían presentar una tendencia a favorecer a ciertos tipos de trabajadores hasta tal punto que las herramientas de IA mejoren la productividad de los trabajadores altamente cualificados.

- La segunda compensación es la innovación frente a la competencia. Como la mayoría de las tecnologías relacionadas con el software, la IA presenta economías de escala. Asimismo, las herramientas de IA suelen caracterizarse por cierto grado de incremento de los rendimientos: mejor precisión en la predicción conlleva más usuarios, más usuarios generan más datos, y una mayor cantidad de datos conduce a una mejor precisión en la predicción. Las empresas disponen de mayores incentivos para construir máquinas predictivas si tienen más control, pero, junto con las economías de escala, esto podría conducir a la monopolización. Una innovación más acelerada podría beneficiar a la sociedad desde una perspectiva a corto plazo, pero no sería óptima desde una perspectiva social a largo plazo.

- La tercera compensación es el rendimiento frente a la privacidad. Las IA tienen un mejor rendimiento con más datos. En particular, son máquinas más capaces de personalizar sus predicciones si disponen de acceso a más datos personales. La provisión de datos personales suele ir aparejada a la reducción de la privacidad. Algunas jurisdicciones, como la europea, han optado por crear un entorno que proporcione a sus ciudadanos más privacidad. Tal medida puede beneficiar a sus ciudadanos e incluso crear las condiciones para un mercado más dinámico de la información privada, en el que los individuos puedan decidir más fácilmente si desean comerciar, vender o donar sus datos privados. En el otro lado de la balanza, tal situación podría crear fricciones en entornos a los que resulta costoso adherirse, y presenta desventajas a las empresas y a los ciudadanos europeos en mercados en los que las IA con mejor acceso a los datos son más competitivas.

- En cada uno de estos tres intercambios, las jurisdicciones deberán sopesar ambos lados de la balanza y diseñar políticas que se ajusten más a sus estrategias generales, así como a las preferencias de su ciudadanía.

Notas

Capítulo 2

1. Stephen Hawking, Stuart Russell, Max Tegmark y Frank Wilczek, «Stephen Hawking: "Transcedence Looks at the Implications of Artificial Intelligence– But Are We Taking AI Seriously Enough?"», *The Independent*, 1 de mayo de 2014: cort. as/-IO6r.

2. Paul Mozur, «Beijing Wants A.I. to Be Made in China by 2030», *New York Times*, 20 de julio de 2017: cort.as/-IO72.

3. Steve Jurvetson, «Intelligence Inside», *Medium*, 9 de agosto de 2016.

4. William D. Nordhaus, «Do Real-Output and Real-Wage Measures Capture Reality? The History of Lighting Suggests Not», Cowles Foundation for Research in Economics, Universidad de Yale, 1998: cort.as/-IO7k.

5. Formaba parte de una antigua tendencia de reducir el coste general de la informática (ver William D. Nordhaus, «Two Centuries of Productivity Growth in Computing», *Journal of Economic History*, vol. 67/1 (2007), pp. 128-159.

6. Lovelace, cita en: Walter Isaacson, *The Innovators: How a Group of Hackers, Geniuses, and Geeks Created the Digital Revolution* (Nueva York: Simon & Schuster, 2014), p. 27.

7. Ibíd., 29.

8. Amazon ya está trabajando en asuntos de seguridad potencial con este plan. En 2017, la empresa lanzó Amazon Key, un sistema que permitía a las personas autorizadas abrir la puerta y depositar paquetes dentro, todo ello bajo la vigilancia de una cámara que grababa que todo funcionara bien.

9. Curiosamente, algunas empresas emergentes ya están pensando de esta manera. Stitch Fix usa el aprendizaje de máquina para predecir qué tipo de ropa querrán sus clientes y les envía un paquete. Después, el cliente devuelve la ropa que no quiere. En 2017, Stitch Fix sacó una exitosa OPI basada en este modelo, siendo tal vez la primera empresa emergente en hacerlo con prioridad a la IA.

10. Número de Patente US 8.615.473 B2. También, Praveen Kopalle, «Why Amazon's Anticipatory Shipping is Pure Genius», *Forbes*, 28 de enero de 2014: cort. as/-IO8H.

Capítulo 3

1. Como recordatorio de la importancia de una cuidadosa interpretación de las predicciones, señalamos que el oráculo de Delfos predijo que un gran imperio sería destruido si se atacaba. Envalentonado, el rey atacó Persia y, para su sorpresa, su propio reino de Lidia fue destruido. La predicción fue técnicamente correcta, pero se malinterpretó.

2. «Mastercard Rolls Out Artificial Intelligence across Its Global Network», comunicado de prensa de Mastercard, 30 de noviembre de 2016: cort.as/-IO8b.

3. Adam Geitgey, «Machine Learning Is Fun, Part 5: Language Translation with Deep Learning and the Magic of Sequences», *Medium*, 2 de agosto de 2016: cort. as/-IFqW.

4. Yiting Sun, «Why 500 Million People in China Are Talking to This AI», *MIT Technology Review*, 14 de septiembre de 2017: cort.as/-IO9_.

5. Salvatore J. Stolfo, David W. Fan, Wenke Lee y Andreas L. Prodromidis, «Credit Card Fraud Detection Using Meta-Learning: Issues and Initial Results», informe técnico AAAI, W S-9 7-07, 1997: cort.as/-IO9O, con un índice positivo falso de entre el 15% y el 20%. Otro ejemplo es E. Aleskerov, B. Freisleben y B. Rao, «CARDWATCH: A Neural Network Based Database Mining System for Credit Card Fraud Detection», *Computational Intelligence for Financial Engineering*, 1997: cort.as/-IO9l. Conviene señalar que estas comparaciones no son completamente equivalentes, porque usan diferentes conjuntos de datos de entrenamiento. Aun así, el amplio punto de precisión es válido.

6. Abhinav Srivastava, Amlan Kundu, Shamik Sural y Arun Majumdar, «Credit Card Fraud Detection Using Hidden Markov Model», *IEEE Transactions on Dependable and Secure Computing* 5, nº 1 (enero-marzo 2008), pp. 37-48: cort.

as/-IO9l. Ver también Jarrod West y Maumita Bhattacharya, «Intelligent Financial Fraud Detection: A Comprehensive Review, Computers & Security 57» (2016): pp. 47-66: cort.as/-IOQ_.

7. Andrej Karpathy, «What I Learned from Competing against a ConvNet on ImageNet», Andrej Karth y (blog), 2 de septiembre de 2014: cort.as/-IOQ9. ImageNet, Large Scale Visual Recognition Challenge 2016: cort.as/-IHA6. Andrej Karpathy, LISVRC 2014: cort.as/-IOQI.

8. Aaron Tilley, «China's Rise in the Global AI Race Emerges as It Takes Over the Final ImageNet Competition», *Forbes*, 31 de julio de 2017: cort.as/-IHAc.

9. Dave Gershgorn, «The Data That Transformed AI Research and Possibly the World», *Quartz*, 26 de julio de 2017: cort.as/-IOQY.

10. Definiciones del diccionario Oxford English.

Capítulo 4

1. J. McCarthy, Marvin L. Minsky, N. Rochester y Claude E. Shannon, «A Proposal for the Dartmouth Summer Research Project on Artificial Intelligence», 31 de agosto de 1955: cort.as/-IQJr.

2. Jeff Hawkins y Sandra Blakeslee, *On Intelligence* (Nueva York: Times Books, 2004), p. 89.

3. McCarthy *et al.*, «A Proposal for the Dartmouth Summer Research Project on Artificial Intelligence».

4. Ian Hacking, *The Taming of Chance* (Cambridge, UK: Cambridge University Press, 1990).

Capítulo 5

1. Hal Varian, «Beyond Big Data», conferencia de la Asociación Nacional de Economistas de Empresa, San Francisco, 10 de septiembre de 2013.

2. Ngai-yin Chan y Chi-chung Choy, «Screening for atrial fibrillation in 13 122 Hong Kong citizens with smartphone electrocardiogram», BMJ 103, n° 1 (enero de 2017): cort.as/-IHBK. Sarah Buhr, «Apple's Watch can detect an abnormal heart rhythm with 97% accuracy, UCSF study says», *Techcrunch*, 11 de mayo de 2017: cort.as/-IHBS. AliveCor, «AliveCor and Mayo Clinic Announce Collaboration to Identify Hidden Health Signals in Humans», Teletipo de Cision PR, 24 de octubre de 2016: cort.as/-IHBb.

3. Buhr, «Apple's Watch Can Detect an Abnormal Heart Rhythm with 97% Accuracy, UCSF Study Says». Avesh Singh, «Applying Artificial Intelligence in Medicine: Our Early Results», Cardiogram (blog), 11 de mayo; cort.as/-IHC_.

4. No sabemos si Cardiogram en particular tendrá éxito. No obstante, creemos que los teléfonos inteligentes y otros sensores se usarán en diagnósticos médicos en un futuro próximo.

5. Seis mil es un número relativamente pequeño de unidades para este tipo de estudio, razón principal por la que el estudio se clasificó como «preliminar». Estos datos fueron suficientes para el propósito inicial de Cardiogram, porque era un estudio preliminar destinado a hacer una demostración conceptual. No se pusieron vidas en riesgo. Para que los resultados sean clínicamente útiles, seguramente se necesitarán muchos más datos.

6. Dave Heiner, «Competition Authorities and Search», *Microsoft Technet* (blog), 26 de febrero de 2010: cort.as/-IHCO. Google ha argumentado que Bing es lo bastante grande como para obtener beneficios de la escalabilidad en las búsquedas.

Capítulo 6

1. El 60% de las veces que se escoge X es correcto el 60% de las veces, mientras que el 40% de las veces que se escoge O solo es correcto el 40% de las veces. De media, esto equivale a $0,6^2 + 0,4^2 = 0,52$.

2. Amost Tversky y Daniel Kahneman, «Judgment under Uncertainty: Heuristics and Biases», *Science* 185, nº 4157 (1974), pp. 1124-1131: cort.as/-IHCl.

3. Ver Daniel Kahneman, *Thinking, Fast and Slow* (Nueva York: Farrar, Strauss y Giroux, 2011). Y Dan Ariely, *Predictably Irrational* (Nueva York: HarperCollins, 2009).

4. Michael Lewis, *Moneyball* (Nueva York: Norton, 2003).

5. Obviamente, mientras que *Moneyball* se basaba en el uso de la estadística tradicional, no debería sorprender que los equipos estén ahora buscando métodos de aprendizaje artificial para realizar esa función, recopilando muchos más datos en el proceso. Véase, Takashi Sugimoto, «AI May Help Japan's Baseball Champs Rewrite "Moneyball"», *Nikkei Asian Review*, 2 de mayo de 2016.

6. Jon Kleinberg, Himabindu Lakkaraju, Jure Leskovec, Jens Ludwig y Sendhil Mullainathan, «Human Decisions and Machine Predictions», documento de trabajo 23180 de la Oficina Nacional de Investigación Económica, 2017.

7. La investigación también muestra que el algoritmo seguramente reducirá las disparidades raciales.

8. Mitchell Hoffman, Lisa B. Kahn y Danielle Li, «Discretion in Hiring», documento de trabajo 21709 de la Oficina Nacional de Investigación Económica, noviembre de 2015.

9. Donald Rumsfeld, reunión informativa del Departamento de Defensa de Estados Unidos, 12 de febrero de 2002: cort.as/-IHDK.

10. Bertrand Rouet- Leduc *et al.*, «Machine Learning Predicts Laboratory Earthquakes», Cornell University, 2017: cort.as/-IHDO.

11. Dedre Gentner y Albert L. Stevens, *Mental Models* (Nueva York: Psychology Press, 1983). Dedre Gentner, «Structure Mapping: A Theoretical Model for Analogy», *Cognitive Science* 7 (1983): pp. 15-170.

12. Aunque las máquinas mejoren en tales situaciones, las leyes de la probabilidad implican que, en pequeñas muestras, siempre habrá cierto grado de incertidumbre. Por tanto, cuando los datos sean escasos, se sabrá las predicciones artificiales serán imprecisas. La máquina puede suministrar un indicio de lo imprecisas que son sus predicciones. Tal como se expuso en el capítulo 8, esto le da al ser humano la capacidad de enjuiciar la manera de actuar ante predicciones imprecisas.

13. Nassim Nicholas Taleb, *The Black Swan* (Nueva York: Random House, 2007).

14. En la serie de las Fundaciones de Isaac Asimov, la predicción se vuelve lo bastante poderosa como para prever la destrucción del Imperio Galáctico y los distintos avatares de la sociedad, que es el centro de la historia. Lo importante de la trama, sin embargo, es que estas predicciones no pudieron pronosticar el surgimiento del «mutante». Las predicciones no predijeron un evento inesperado.

15. Joel Waldfogel, «Copyright Protection, Technological Change, and the Quality of New Products: Evidence from Recorded Music since Napster», *Journal of Law and Economics* 55, nº 4 (2012), pp. 715-740.

16. Donald Rubin, «Estimating Causal Effects of Treatments in Randomized and Nonrandomized Studies», *Journal of Educational Psychology* 66, nº 5 (1974), pp. 688-701. Jerzy Neyman, «Sur les applications de la theorie des probabilites aux experiences agricoles: Essai des principes», tesis doctoral, 1923, extractos reimpresos en inglés, D. M. Dabrowska y T. P. Speed, traductores, *Statistical Science* 5 (1923), p. 463-472.

17. Garry Kasparov, *Deep Thinking* (Nueva York: Perseus Books, 2017), pp. 99-100.

18. Google Panda, Wikipedia: cort.as/-IHDz. Sobre todo, descripción de las webmasters de Google, «What's It Like to Fight Webspam at Google?» YouTube, 12 de febrero de 2014: cort.as/-IHE4.

19. Por ejemplo, revisiones publicadas en septiembre de 2016: Ashitha Nagesh, «Now You Can Finally Get Rid of All Those Instagram Spammers and Trolls», *Metro*, 13 de septiembre de 2016. Jonathan Vanian, «Instagram Turns to Artifi cial Intelligence to Fight Spam and Offensive Comments», *Fortune*, 29 de junio de 2017: cort.as/-IHET. El reto de usar las máquinas predictivas frente a los actores estratégicos es un problema con una larga historia. En 1976, el economista Robert Lucas expuso su opinión respecto a la política macroeconómica de la inflación y otros indicadores económicos. Si las personas supieran que iban a estar mejor con un cambio de conducta tras un cambio político, lo harían. Lucas enfatizó que, aunque el empleo tendía a ser alto cuando la inflación también lo era, si el Banco Central pasaba a adoptar una política de aumento de la inflación, las personas se anticiparían a esa inflación y la relación se rompería. Así que, en lugar de implementar políticas basadas en extrapolaciones a partir de datos pasados, Lucas argumentaba que la política comercial debía basarse en la comprensión de los factores impulsores subyacentes del comportamiento humano, lo cual acabó denominándose la «crítica de Lucas». Robert Lucas, «Econometric Policy Evaluation: A Critique», *Carnegie- Rochester Conference Series in Public Policy* 1, n.º 1 (1976), pp. 19-46: cort.as/-IHEe. El economista Tim Harford describió esta situación de manera diferente: «Fort Knox nunca ha sido robado. ¿Cuánto debemos gastar en proteger Fort Knox? Dado que nunca ha sido robado, gastar en seguridad no predice una reducción de los robos. Una máquina predictiva podría recomendar no gastar ni un centavo en ello. ¿Por qué invertir dinero si la seguridad no reduce los robos? Tim Harford, *The Undercover Economist Strikes Back: How to Run— or Ruin— an Economy* (Nueva York: Riverhead Books, 2014).

20. Dayong Wang *et al.*, «Deep Learning for Identifying Metastatic Breast Cancer», *Camelyon Grand Challenge*, 18 de junio de 2016: cort.as/-IQb6.

21. Charles Babbage, *On the Economy of Machinery and Manufactures* (Londres: Charles Knight Pall Mall East, 1832), p. 162.

22. Daniel Paravisini y Antoinette Schoar, «The Incentive Effect of IT: Randomized Evidence from Credit Committees», documento de trabajo 19303 de la Oficina Nacional de Investigación Económica, agosto de 2013.

23. Tal división de la mano de obra «primeriza» está siendo testimoniada en muchas aplicaciones de máquinas predictivas. El *Washington Post* tiene una IA interna que publicó 850 historias en 2016, si bien todas habían sido revisadas por una persona antes de que se publicaran. El mismo proceso fue desarrollado por ROSS Intelligence en el análisis de miles de documentos legales, convirtiéndolos en un breve memorando. Miranda Katz, «Welcome to the Era of the AI Coworker», *Wired*, 15 de noviembre de 2017: cort.as/-IHFH.

Capítulo 7

1. Jody Rosen, «The Knowledge, London's Legendary Taxi- Driver Test, Puts Up a Fight in the Age of GPS», *New York Times*, 10 de noviembre de 2014: cort.as/-IHFN.

2. En cuanto a libros de texto sobre el tema, ver Joshua S. Gans, *Core Economics for Managers* (Australia: Cengage, 2005).

3. Para ver el motivo:

Promedio «llevar el paraguas» recompensa = (3/4) (seco con paraguas) +
  (1/4) (seco con paraguas) = (3/4)8 + (1/4)8 = 8
Promedio «dejar el paraguas» recompensa = (3/4) (seco sin paraguas) + (1/4)
  (mojado) = (3/4)10 + (1/4)0 = 7,5

Capítulo 8

1. Andrew McAfee and Erik Brynjolfsson, *Machine, Platform, Crowd: Harnessing Our Digital Future* (Nueva York: Norton, 2017), p. 72.

2. Este ejemplo ha sido extraído de: Jean-Pierre Dubé y Sanjog Misra, «Scalable Price Targeting», documento de trabajo de la Booth School of Business, Universidad de Chicago, 2017: cort.as/-IHFX.

Capítulo 9

1. Daisuke Wakabayashi, «Meet the People Who Train the Robots (to Do Their Own Jobs)», *New York Times*, 28 de abril de 2017: cort.as/-IHFe.

2. Ibíd.

3. Ben Popper, «The Smart Bots Are Coming and This One Is Brilliant», *The Verge*, 7 de abril de 2016: cort.as/-IHFs.

4. Ellen Huet, «The Humans Hiding Behind the Chatbots», *Bloomberg*, 18 de abril de 2016: cort.as/-IHFu.

5. Wakabayashi, «Meet the People Who Train the Robots (to Do Their Own Jobs)».

6. Marc Mangel y Francisco J. Samaniego, «Abraham Wald's Work on Aircraft Survivability», *Journal of the American Statistical Association* 79, nº 386 (1984): pp. 259-267.

7. Bart J. Bronnenberg, Peter E. Rossi y Naufel J. Vilcassim, «Structural Modeling and Policy Simulation», *Journal of Marketing Research* 42, nº 1 (2005), pp. 22-26: cort.as/-IHGB.

8. Jean Pierre Dubé *et al.*, «Recent Advances in Structural Econometric Modeling», *Marketing Letters* 16, núms. 3-4 (2005), pp. 209-224: cort.as/-IHGS.

Capítulo 10

1. «Robot Mailman Rolls on a Tight Schedule», *Popular Science*, octubre 1976: cort.as/-IQdr.

2. George Stigler, tal como lo comunicó Nathan Rosenberg a los autores en 1991.

3. Cita del Nobel: «Studies of Decision Making Lead to Prize in Economics», Royal Swedish Academy of Sciences, press release, 16 de octubre de 1978: cort. as/-IHGe. Cita del Premio Turing: Herbert Alexander Simon, A. M. Turing Award, 1975: cort.as/-IHGo. Herbert A. Simon, «Rationality as Process and as Product of Thought», *American Economic Review* 68, nº 2 (1978), pp.1-16. Allen Nevell y Herbert A. Simon, «Computer Science as Empirical Inquiry», *Communications of ACM* 19, nº 3 (1976): p. 120.

4. Frederick Jelinek citado en Roger K. Moore, «Results from a Survey of Attendees at ASRU 1997 and 2003», INTERSPEECH-2005, Lisboa, 4-8 de septiembre de 2005.

Capítulo 11

1. Jmdavis, «Autopilot worked for me today and saved an accident», Tesla Motors Club (blog), 12 de diciembre de 2016: cort.as/-IQel.

2. Unas semanas más tarde, otra cámara del salpicadero de un coche captó el sistema en funcionamiento: Fred Lambert, «Tesla Autopilot's New Radar Technology Predicts an Accident Caught on Dashcamera a Second Later», *Electrek*, 27 de diciembre de 2016: cort.as/-IQfV.

3. NHTSA, «U.S. DOT y IIHS Announce Historic Commitment of 20 Automakers to Make Automatic Emergency Braking Standard on New Vehicles», 17 de marzo de 2016: cort.as/-IQfh.

4. Kathryn Diss, «Driverless Trucks Move All Iron Ore at Rio Tinto's Pilbara Mines, in World First», *ABC News*, 18 de octubre de 2015: cort.as/-IQfs.

5. Tim Simonite, «Mining 24 Hours a Day with Robots», *MIT Technology Review*, 28 de diciembre de 2016: cort.as/-II0K.

6. Samantha Murphy Kelly, «Stunning Underwater Olympics Shots Are Now Taken by Robots», *CNN*, 9 de agosto de 2016: cort.as/-II0P.

7. Hoang Le, Andrew Kang y Yisong Yue, «Smooth Imitation Learning for Online Sequence Prediction», Conferencia Internacional en Aprendizaje Artificial 19 de junio de 2016: cort.as/-II0W.

8. Las leyes eran las siguientes: (1) Un robot no podrá dañar a un ser humano o, por inacción, dejar que un ser humano sea dañado. (2) Un robot deberá obedecer una orden dada por seres humanos, excepto cuando tales órdenes entren en conflicto con la Primera Ley. (3) Un robot deberá proteger su propia existencia siempre que tal acción no entre en conflicto con la Primera o la Segunda Ley. Véase, Isaac Asimov, «Runaround», *I, Robot* (The Isaac Asimov Collection ed.) (Nueva York: Doubleday, 1950), p. 40.

9. Departamento de Defensa, Directiva 3000.09: *Autonomía en sistemas armamentísticos*, 21 de noviembre de 2012: cort.as/-II0z.

10. Por ejemplo, existen varias cláusulas que permiten alternativas cuando hay premura de tiempo en la batalla. Mark Guburd, «Why Should We Ban Autonomous Weapons? To Survive», *IEEE Spectrum*, 1 de junio de 2016: cort.as/-II1D.

Capítulo 12

1. Robert Solow, «We'd Better Watch Out», *New York Times Book Review*, 12 de julio de 1987, p. 36.

2. Michael Hammer, «Reengineering Work: Don't Automate, Obliterate», *Harvard Business Review*, julio-agosto de 1990: cort.as/-II1U.

3. Art Kleiner, «Revisiting Reengineering», *Strategy + Business*, julio de 2000: cort.as/-II1U.

4. Nanette Byrnes, «As Goldman Embraces Automation, Even the Masters of the Universe Are Threatened», *MIT Technology Review*, 7 de febrero de 2017: cort. as/-IQmp.

5. «Google Has More Than 1,000 Artificial Intelligence Projects in the Works», *The Week*, 18 de octubre de 2016: cort.as/-II2J.

6. Scott Forstall, citado en: «How the iPhone Was Born», video del *Wall Street Journal*, 25 de junio de 2017: cort.as/-II3I.

Capítulo 13

1. Steve Jobs en: *Memory and Imagination: New Pathways to the Library of Congress*, Michael Lawrence Films, 2006: cort.as/-II3O.

Capítulo 14

1. Steven Levy, «A Spreadsheet Way of Knowledge», *Wired*, 24 de octubre de 2014: cort.as/-II3Y.

2. Nick Statt, «The Next Big Leap in AI Could Come from Warehouse Robots», *The Verge*, 1, de junio de 2017: cort.as/-II42.

3. L. B. Lusted, «Logical Analysis in Roentgen Diagnosis», *Radiology* 74 (1960): pp. 178-193.

4. Siddhartha Mukherjee, «A. I. versus M. D.», *New Yorker*, 3 de abril de 2017: cort.as/-II4O.

5. S. Jha y E. J. Topol, «Adapting to Artificial Intelligence: Radiologists and Pathologists as Information Specialists», *Journal of the American Medical Association* 316, nº 22 (2016): pp. 2353-2354.

6. Muchas de estas ideas tienen relación con el debate de Frank Levy sobre los ordenadores en «Computers and the Supply of Radiology Services», *Journal of the American College of Radiology* 5, nº 10 (2008), pp. 1067-1072.

7. Ver Verdict Hospital (cort.as/-II4e) para una entrevista con el presidente del Colegio Americano de Radiología en 2009. Para más referencias académicas, ver Leonard Berlin, «The Radiologist: Doctor's Doctor or Patient's Doctor», *American Journal of Roentgenology* 128, nº 4 (1977): cort.as/-II4s.

8. Levy, «Computers and the Supply of Radiology Services».

9. Jha y Topol, «Adapting to Artificial Intelligence». S. Jha, «Will Computers Replace Radiologists?», *Medscape* 30 (diciembre de 2016): cort.as/-II5G.

10. Carl Benedikt Frey y Michael A. Osborne, «The Future of Employment: How Susceptible Are Jobs to Computerisation?», Oxford Martin School, Universidad de Oxford, septiembre de 2013: cort.as/-II5V.

11. Los fabricantes de camiones ya están integrando capacidades de transporte a sus más recientes modelos. Volvo ha implementado varios test, y la nueva semi de Tesla dispone de estas habilidades integradas de fábrica.

Capítulo 15

1. «How Germany's Otto Uses Artificial Intelligence», *The Economist*, 12 de abril de 2017: cort.as/-II63.

2. Zvi Griliches, «Hybrid Corn and the Economics of Innovation», *Science* 29 (julio de 1960), pp. 275-280.

3. Bryce Ryan y N. Gross, «The Diffusion of Hybrid Seed Corn», *Rural Sociology* 8 (1943), pp. 15-24. Bryce Ryan y N. Gross, «Acceptance and Diffusion of Hybrid Corn Seed in Two Iowa Communities», *Iowa Agriculture Experiment Station Research Bulletin*, nº 372 (enero de 1950).

4. Kelly Gonsalves, «Google Has More Than 1,000 Artificial Intelligence Projects in the Works», *The Week*, 18 de octubre de 2016: cort.as/-II2J.

5. Se produce un debate prolijo y entretenido, pero en última instancia fútil, sobre si estos analistas sabremétricos son mejores o peores que los ojeadores. Tal como Nate Silver resalta, tanto los tipos que aparecen en *Moneyball* como los ojeadores juegan papeles importantes. Nate Silver, The Signal y The Noise (Nueva York: Penguin Books, 2015), capítulo 3.

6. Puedes oponerte a ello y preguntarte si para mejorar la máquina predictiva necesitas forzosamente las bases de datos del pasado. Es un tema sutil. La predicción funciona mejor cuando el hecho de añadir nuevos datos no cambia demasiado los algoritmos; esa estabilidad es producto de una buena práctica estadística. Eso significa que, cuando se usan datos de retroalimentación para mejorar el algoritmo, es más valioso precisamente cuando lo que se va a predecir está evolucionando; así que, si la demanda de yogur cambia repentinamente a causa de la demografía o de otro factor, los nuevos datos ayudarán a mejorar el algoritmo. Sin embargo, eso lo hace precisamente cuando esos cambios implican que los «datos viejos» son menos útiles para la predicción.

7. Daniel Ren, «Tencent joins the fray with Baidu in providing artificial intelligence applications for self-driving cars», *South China Morning Post*, 27 de agosto de 2017: cort.as/-II8B.

8. Ibíd.

Capítulo 16

1. La teoría de la adaptación y los incentivos aquí expuesta proviene de Steven Tadelis, «Complexity, Flexibility, and the Make-or-Buy Decision», *American Economic Review* 92, nº 2 (mayo de 2002), pp. 433-437.

2. Silke Januszewski Forbes y Mara Lederman, «Adaptation and Vertical Integration in the Airline Industry», *American Economic Review* 99, nº 5 (diciembre 2009), pp. 1831-1849.

3. Sharon Novak y Scott Stern, «How Does Outsourcing Affect Performance Dynamics? Evidence from the Automobile Industry», *Management Science* 54, nº 12 (diciembre 2008), pp. 1963-1979.

4. Jim Bessen, *Learning by Doing* (New Haven, CT: Yale University Press, 2106).

5. En 2016, Wells Fargo se enfrentó a protestas por fraude masivo como resultado de las acciones de directores contables que establecieron incentivos para abrir costosas cuentas para clientes y cargarles tasas por tales tareas.

6. Esta discusión se basa en Dirk Bergemann y Alessandro Bonatti, «Selling Cookies», *American Economic Journal: Microeconomics* 7, nº 2 (2015), pp. 259-294.

7. Un ejemplo son los servicios de consultoría de los asesores de Mastercard, que usan una vasta cantidad de datos de Mastercard para suministrar una variedad de predicciones, que van desde fraudes al consumidor a porcentajes de retención: cort.as/-IQsI.

Capítulo 17

1. Comentado a Steven Levy, ver Will Smith, «Stop Calling Google Cardboard's 360-Degree Videos "VR"zZ», *Wired*, 16 de noviembre de 2015: cort.as/-IQsd.

2. Jessir Hempel, «Inside Microsoft's AI Comeback», *Wired*, 21 de junio de 2017: cort.as/-ISEG.

3. «What Does It Mean for Google to Become an "AI- First" (Quoting Sundar) Company?», *Quora*, abril de 2016: cort.as/-ISEZ.

4. Clayton M. Christensen, *The Innovator's Dilemma* (Boston: Harvard Business Review Press, 2016).

5. Para más información sobre estos dilemas de disrupción, ver Joshua S. Gans, *The Disruption Dilemma* (Cambridge, MA: MIT Press, 2016).

6. Nathan Rosenberg, «Learning by Using: Inside the Black Box: Technology and Economics», documento de la Universidad de Illinois en Champaign-Urbana, 1982, pp. 120-140.

7. En el caso de los videojuegos, dado su objetivo —maximizar la puntuación— está íntimamente relacionado con la predicción —¿aumentará este movimiento la puntuación o la disminuirá?—, el proceso automatizado no separa el juicio de forma separada. El juicio es el simple reconocimiento de que la meta es hacer los máximos puntos posibles. Enseñar a una máquina a jugar un videojuego como Minecraft o una serie de partidas de Pokemon Go requerirá más juicio, porque cada persona disfruta con aspecto distintos de los juegos. No está claro cuál debe ser el objetivo.

8. Chesley «Sully» Sullenberger quoted in Katy Couric, «Capt. Sully Worried about Airline Industry», *CBS News*, 10 de ferbrero de 2009: cort.as/-ISF2.

9. Mark Harris, «Tesla Drivers Are Paying Big Bucks to Test Flawed Self- Driving Software», *Wired*, 4 de marzo de 2017: cort.as/-ISFL.

10. Nikolai Yakovenko, «GANS Will Change the World», *Medium*, 3 de enero de 2017: cort.as/-ISFR. Sebastian Anthony, «Google Teaches "AIs" to Invent Their Own Crypto and Avoid Eavesdropping», Ars Technica, 28 de octubre de 2016: cort.as/-ISFd

11. Apple, «Privacy»: cort.as/-ISFl.

12. Ibíd.

13. Cynthia Dwork, «Differential Privacy: A Survey of Results», en M. Agrawal, D. Du, Z. Duan y A. Li (eds.), *Theory and Applications of Models of Computation*. TAMC 2008. Vol. 4978 (Berlin: Springer, 2008): cort.as/-ISG-.

14. William Langewiesche, «The Human Factor», *Vanity Fair*, octubre de 2014: cort.as/-ISG8.

15. Tim Harford, «How Computers Are Setting Us Up for Disaster», *The Guardian*, 11 de octubre de 2016: cort.as/-ISGO.

Capítulo 18

1. L. Sweeney, «Discrimination in Online Ad Delivery», *Communications of the ACM* 56, nº 5 (2013): pp. 44-54: cort.as/-ISGX.

2. Ibíd.

3. «Racism Is Poisoning Online Ad Delivery, Says Harvard Professor», *MIT Technology Review*, 4 de febrero de 2013: cort.as/-ISGe.

4. Anja Lambrecht y Catherine Tucker, «Algorithmic Bias? An Empirical Study into Apparent Gender-Based Discrimination in the Display of STEM Career Ads», documento presentado en el NBER Summer Institute, julio de 2017.

5. Diane Cardwell and Libby Nelson, «The Fire Dept. Tests That Were Found to Discriminate», *New York Times*, 23 de julio de 2009. *US v. City of New York* (FDNY): cort.as/-ISGy.

6. Paul Voosen, «How AI Detectives Are Cracking Open the Black Box of Deep Learning», *Science*, 6 de julio de 2017: cort.as/-ISH5.

7. T. Blake, C. Nosko y S. Tadelis, «Consumer Heterogeneity and Paid Search Effectiveness: A Large-Scale Field Experiment», *Econometrica* 83 (2015), pp. 155-174.

8. Hossein Hosseini, Baicen Xiao y Radha Poovendran, «Deceiving Google's Cloud Video Intelligence API Built for Summarizing Videos», documento presentado en Talleres CVPR, 31 de marzo de 2017: cort.as/-ISHD. Ver también «Artificial Intelligence Used by Google to Scan Videos Could Easily Be Tricked by a Picture of Noodles», *Quartz*, 4 de abril de 2017: cort.as/-ISHG.

9. Ver, por ejemplo, las miles de citas a C. S. Elton, *The Ecology of Invasions by Animals and Plants* (Nueva York: John Wiley, 1958).

10. Basado en las discusiones con el decano de la Universidad de Waterloo, Pearl Sullivan, el profesor Alexander Wong y otros profesores de dicho centro el 20 de noviembre de 2016.

11. Existe un cuarto beneficio de la predicción sobre el terreno: en ocasiones, es necesario por propósitos prácticos. Por ejemplo, Google Glass debía ser capaz de determinar si un movimiento de párpado era un parpadeo —no intencionado— o un guiño —intencionado—, siendo el último un medio por el que el dispositivo podía ser controlado. A causa de la velocidad a la que dicha determinación debía realizarse, enviar los datos a la nube y esperar una respuesta era poco práctico. La máquina predictiva debía estar integrada en el dispositivo.

12. Ryan Singel, «Google Catches Bing Copying; Microsoft Says "So What?"» *Wired*, 1 de febrero de 2011: cort.as/-ISHW.

13. Ver Shane Greenstein, en una discusión donde expone las razones de que ello fuera inaceptable. «Bing Imitates Google: Their Conduct Crosses a Line», *Virulent Word of Mouse* (blog), 2 de febrero de 2011: cort.as/-ISHc. Como contrapartida, Ben Edelman, «In Accusing Microsoft, Google Doth Protest Too Much», *hbr. org*, 3 de febrero de 2011: cort.as/-ISHm.

14. Resulta también interesante que la tentativa de Google de manipular el aprendizaje artificial de Microsoft no funcionara demasiado bien. De los cien experimentos que se llevaron a cabo, solo entre siete y nueve aparecieron de hecho en los resultados de búsqueda de Bing. Joshua Gans, «The Consequences of Hiybbprqag'ing», *Digitopoly*, 8 de febrero de 2011: cort.as/-ISHx.

15. Florian Tramèr, Fan Zhang, Ari Juels, Michael K. Reiter y Thomas Ristenpart, «Stealing Machine Learning Models via Prediction APIs», documento presentado en las actas del 25º Simposio en torno a Seguridad USENIX, Austin, TX, agosto de 2016: cort.as/-ISI0.

16. James Vincent, «Twitter Taught Microsoft's AI Chatbot to Be a Racist Asshole in Less Than a Day», *The Verge*, 24 de marzo de 2016: cort.as/-ISI3.

17. Rob Price, «Microsoft Is Deleting Its Chatbot's Incredibly Racist Tweets», *Business Insider*, 24 de marzo de 2016: cort.as/-ISI9.

Capítulo 19

1. James Vincent, «Elon Musk Says We Need to Regulate AI Before It Becomes a Danger to Humanity», *The Verge*, 17 de julio de 2017: cort.as/-ISIH.

2. Chris Weller, «One of the Biggest VCs in Silicon Valley Is Launching an Experiment That Will Give 3000 People Free Money Until 2022», *Business Insider*, 21 de septiembre de 2017: cort.as/-ISIM.

3. Stephen Hawking, «This Is the Most Dangerous Time for Our Planet», *The Guardian*, 1 de diciembre de 2016: cort.as/-ISIb.

4. «The Onrushing Wave», *The Economist*, 18 de enero de 2014: cort.as/-ISIs.

5. Para más información, consúltese John Markoff, *Machines of Loving Grace: The Quest for Common Ground Between Humans and Robots* (Nueva York: Harper Collins, 2015). Martin Ford, *Rise of the Robots: Technology and the Threat of a Jobless*

Future (Nueva York: Basic Books, 2016). Ryan Avent, *The Wealth of Humans: Work, Power, and Status in the Twenty-First Century* (Londres: St. Martin's Press, 2016).

6. Jason Furman, «Is This Time Different? The Opportunities and Challenges of AI»: cort.as/-ISJC.

7. Claudia Dale Goldin y Lawrence F. Katz, *The Race between Education and Technology* (Cambridge, MA: Harvard University Press, 2009), p. 90.

8. Lesley Chiou y Catherine Tucker, «Search Engines and Data Retention: Implications for Privacy and Antitrust», documento de trabajo n° 23815, Oficina Nacional de Investigación Económica: cort.as/-ISJK.

9. Google AdWords, «Reach more customers with broad match», 2008.

10. Para saber más sobre los antimonopolios y otras implicaciones en torno a los algoritmos, datos y la IA, ver Ariel Ezrachi y Maurice Stucke, *Virtual Competition: The Promise and Perils of the Algorithm- Driven Economy* (Cambridge, MA: Harvard University Press, 2016). Para saber más sobre la visión de que todos los algoritmos estén concentrados en un solo algoritmo, consultar Pedro Domingos, *The Master Algorithm* (Nueva York: Basic Books, 2015). Finalmente, Steve Lohr proporciona una visión general de cómo las empresas están invirtiendo preventivamente en datos para adquirir una ventaja estratégica. Steve Lohr, Dataism (Nueva York: Harper Business, 2015).

11. James Vincent, «Putin Says the Nation That Leads in AI "Will Be the Ruler of the World"», *The Verge*, 4 de septiembre de 2017: cort.as/-ISJb.

12. Los informes son: (1) Jason Furman, «Is This Time Different? The Opportunities and Challenges of Artificial Intelligence» (comentarios sobre la IA actual, Universidad de Nueva York, 7 de julio de 2016): cort.as/-ISJy. (2) Oficina Ejecutiva del Presidente, «Artificial Intelligence, Automation, and the Economy», diciembre de 2016: cort.as/-ISK6. (3) Oficina Ejecutiva del Presidente, Consejo Nacional de Ciencia y Tecnología, y Comité de Tecnología, «Preparing for the Future of Artificial Intelligence», octubre de 2016: cort.as/-ISKM. (4) Consejo Nacional de Ciencia y Tecnología y Subcomité de Desarrollo e Investigación en Tecnologías de la Información y Trabajo en Red, «The National Artificial Intelligence Research and Development Strategic Plan», octubre de 2016: cort.as/-ISKS.

13. Dan Trefler y Avi Goldfarb, «AI and Trade», en Ajay Agrawal, Joshua Gans, y Avi Goldfarb (eds.), *Economics of AI* (en breve).

14. Paul Mozur, «Beijing Wants AI to Be Made in China by 2030», *New York Times*, 20 de julio de 2017: cort.as/-IO72.

15. «Why China's AI Push Is Worrying», *The Economist*, 27 de julio de 2017: cort.as/-ISL_.

16. Paul Mozur, «Beijing Wants AI to Be Made in China by 2030», *New York Times*, 20 de julio de 2017: cort.as/-IO72.

17. Ibíd.

18. «Image 37 of Impact of Basic Research on Technological Innovation and National Prosperity»: conferencia ante el Subcomité de Investigación Básica en Ciencia, Cámara de Representantes, 106º Congreso, primera sesión, 28 de septiembre de 1999, p. 27.

19. «Why China's AI Push Is Worrying».

20. Will Knight, «China's AI Awakening», *MIT Technology Review*, noviembre de 2017.

21. Jessi Hempel, «How Baidu Will Win China's AI Race— and Maybe the World's», *Wired*, 9 de agosto de 2017: cort.as/-ISLQ.

22. Will Knight, «10 Breakthrough Technologies— 2017: Paying with Your Face», *MIT Technology Review*, marzo-abril de 2017: cort.as/-ISLY.

23. Oren Etzioni, «How to Regulate Artificial Intelligence», *New York Times*, 1 de septiembre de 2017.

24. Aleecia M. McDonald y Lorrie Faith Cranor, «The Cost of Reading Privacy Policies», *I/S 4*, nº. 3 (2008), pp. 543-568: cort.as/-ISM5.

25. Christian Catalini y Joshua S. Gans, «Some Simple Economics of the Blockchain», documento de trabajo nº 2874598, Rotman School of Management, 21 de septiembre de 2017, y documento de MIT Sloan Research nº 5191-16: cort.as/-ISMC.

26. Nick Bostrom, *Superintelligence* (Oxford, UK: Oxford University Press, 2016).

27. Para consultar una excelente discusión sobre este debate, ver Max Tegmark, *Life 3.0: Being Human in the Age of Artificial Intelligence* (Nueva York: Knopf, 2017).

28. «Prepare for the Future of Artificial Intelligence», Oficina Ejecutiva del Presidente, Consejo Nacional de Ciencia y Tecnología, Comité de Tecnología, octubre de 2016.

Índice

Sobre los autores

AJAY AGRAWAL es profesor de Gestión de Estrategias y profesor Peter Munk de Iniciativa Empresarial en la Escuela Rotman de Administración la Universidad de Toronto, así como fundador del Laboratorio de Destrucción Creativa (DCL). Agrawal es también investigador asociado de la Oficina Nacional de Investigación Económica en Cambridge (Massachussets) y cofundador de los programas de iniciativa empresarial The Next 36 y Next AI. Agrawal dirige investigaciones sobre estrategia tecnológica, política científica, finanzas empresariales y geografía de la innovación, además de colaborar con las juntas editoriales de *Management Science, Strategic Management Journal* y *the Journal of Urban Economics*. Ha presentado su investigación en varias instituciones como la London School of Economics, London Business School, Harvard University, MIT, Stanford, Carnegie Mellon, Berkeley, Wharton y el Instituto Brookings. Es también cofundador de la empresa de IA/Robótica Kindred. El objetivo de esta empresa es construir máquinas artificiales con inteligencia similar a la humana.

JOSHUA GANS es profesor de Gestión de Estrategias y ostenta la cátedra Jeffrey S. Skoll de Innovación Técnica e Iniciativa Empresarial en la Escuela Rotman de Administración de la Universidad de Toronto. Joshua es también economista jefe del Laboratorio de Destrucción Creativa (DCL) de la Universidad de Toronto. Ha

producido más de 120 publicaciones académicas revisadas por expertos y es editor (estratégico) de *Management Science*. Joshua también
es autor de dos exitosos libros de texto y ha escrito cinco populares
libros: *Parentonomics* (2009), *Information Wants to Be Shared* (2012),
The Disruption Dilemma (2016) y *Scholarly Publishing and Its Dis-
contents* (2017). Posee un doctorado en Economía por la Universidad
de Stanford y, en 2008 fue galardonado con el Premio de la Sociedad
de Jóvenes Economistas de Australia (equivalente australiano de la
medalla John Bates Clark).

AVI GOLDFARB es profesor Ellison de Mercadotecnia en la Escuela
Rotman de Administración de la Universidad de Toronto. Avi es
también científico de datos jefe del Laboratorio de Destrucción
Creativa (DCL), editor jefe de la revista *Management Science* e investigador asociado de la Oficina Nacional de Investigación Económica.
La investigación de Avi se centra en las oportunidades y los retos de
la economía digital, sufragada por Google, Industry Canada, Bell
Canada, AIMIA, SSHRC, la Fundación Nacional de Ciencia y la
Fundación Sloan, entre otras entidades e instituciones. Su trabajo ha
sido objeto de debate en los informes de la Casa Blanca, en declaraciones ante el Congreso y en documentos de la Comisión Europea,
así como en *The Economist,* el *Globe and Mail,* el *National Post,* la
CBC Radio, la *National Public Radio,* las listas *Forbes* y *Fortune,* el
Atlantic, el *New York Times,* el *Financial Times* y el *Wall Street Journal,*
entre otras muchas publicaciones y medios de comunicación. Avi
ostenta un doctorado en Economía de la Universidad Northwestern.